本书是2023年度贵州财经大学引进人才科研启动项目（项目编号：2023YJ08）、贵州省教育厅高校人文社会科学研究项目（项目编号：2024RW107）的阶段性成果

推进产业结构绿色转型的财政支出制度研究

雷　正　著

中国财经出版传媒集团
中国财政经济出版社
·北京·

图书在版编目（CIP）数据

推进产业结构绿色转型的财政支出制度研究 / 雷正著. -- 北京：中国财政经济出版社，2025. 5. -- ISBN 978 - 7 - 5223 - 3978 - 8

Ⅰ. F812. 45；F269. 24

中国国家版本馆 CIP 数据核字第 20252F3G48 号

责任编辑：李肇晗　　　　责任校对：张　凡
封面设计：罗靖怡　　　　责任印制：史大鹏

推进产业结构绿色转型的财政支出制度研究

TUIJIN CHANYE JIEGOU LÜSE ZHUANXING DE CAIZHENG ZHICHU ZHIDU YANJIU

中国财政经济出版社 出版

URL：http：//www. cfeph. cn

E - mail：cfeph@ cfeph. cn

社址：北京市海淀区阜成路甲 28 号　邮政编码：100142

营销中心电话：010 - 88191522

天猫网店：中国财政经济出版社旗舰店

网址：https：//zgczjjcbs. tmall. com

涿州汇美亿浓印刷有限公司印刷　各地新华书店经销

成品尺寸：170mm × 240mm　16 开　15. 25 印张　221 000 字

2025 年 5 月第 1 版　2025 年 5 月河北第 1 次印刷

定价：68. 00 元

ISBN 978 - 7 - 5223 - 3978 - 8

（图书出现印装问题，本社负责调换，电话：010 - 88190548）

本社质量投诉电话：010 - 88190744

打击盗版举报热线：010 - 88191661　QQ：2242791300

前　言

全球气候变化已成为人类发展面临的最大的非传统安全挑战。面对日益紧迫的气候问题，越来越多的国家和地区制定了绿色发展新目标，正在以前所未有的努力积极开展国际合作，以共同应对气候危机。世界各国相继提出了碳中和目标。作为全球最大的能源消费和碳排放国家，中国政府在气候治理上表现出空前决心，也面临巨大压力。2020 年 9 月 22 日，习近平总书记首次向世界宣布了中国 2030 年前实现碳达峰、2060 年前实现碳中和的目标，并明确向世界表态，中国将以新发展理念为引领，在推动高质量发展中促进经济社会发展全面绿色转型。2021 年 10 月 24 日，中共中央、国务院印发了《关于完整准确全面贯彻新发展理念做好碳达峰碳中和工作的意见》，明确把碳达峰、碳中和纳入经济社会发展全局，以经济社会发展全面绿色转型为引领，以能源绿色低碳发展为关键，加快形成节约资源和保护环境的产业结构。在此背景下，推动产业结构全面绿色转型已势在必行，俨然成为实现高质量发展的必然选择。产业结构绿色转型作为整个国民经济体系的主体架构和核心驱动力量，是实现经济社会全面绿色转型的重要依托。因此，如何推动产业结构绿色转型形成节约资源和保护环境的产业结构，是当前社会各界普遍关注的重点话题，也是建设现代化产业体系和实现碳达峰碳中和的重要课题。

传统的产业结构转型主要采用劳动要素投入、资本要素投入和产出增加值三因子组合对产业间和产业内部资源配置的合理协调与均衡有效进行综合考量。然而，环境的恶化和资源的有限性提出了必须转变经济发展方式、实现经济高质量发展的时代命题。传统的产业结构转型研究对环境因素关注不够，在促进高质量发展上的作用效果有限。在新时代新阶段，产业结构绿色转型是对传统产业结构转型的继承和升级发展，也是传统产业结构转型在新的历史阶段和发展路径上的必然选择。在内涵上，产业结构绿色转型蕴含着资源节约、环境保护和经济增长三者协同发展的生态关系。目前，现有研究对产业结构绿色转型进行科学内涵的界定和指标体系构建的相关研究还很不够。

财政是国家治理的基础和重要支柱。作为国家治理对社会经济运行的必需投入，财政支出是政府调节资源配置、收入分配和宏观经济的重要举措，也是政府履行其职能的主要手段，对优化资源配置，推动产业结构转型升级，促进经济高质量发展和改善民生福利等方面有着重要作用。目前学界主要探讨了财政支出与经济增长及社会福利的关系，而对于财政支出与产业结构绿色转型的研究还十分缺乏。因此，本书尝试对财政支出对产业结构绿色转型的影响展开系统研究。

本书遵循“理论分析—现状分析—实证检验—结论与政策建议”的思路展开深入分析，在借鉴现有研究的基础上，主要聚焦四个方面进行论述。第一，梳理财政支出影响产业结构绿色转型的理论依据，运用可持续发展理论、外部性理论和新结构经济学理论工具建立财政支出影响产业结构绿色转型的理论分析框架。第二，在回顾中国财政支出制度助力产业结构绿色转型的变迁历程基础上，着重分析中国财政支出的现状、中国产业结构绿色转型的现状，探寻制约中国产业结构绿色转型的财政支出方面存在的问题及其根源。第三，利用实证研究方法检验财政支出影响产业结构绿色转型的作用效果和机制路径，并基于省级、市级和企业层面的面板数据，采用双向固定效应模型（FE）、双重差分模型（DID）、工具变量模型（IV）、系统 GMM 等估计方法，具体研究了财政支出规模和财政支出结构对产业结构绿色转型的不同作用效果。第四，基于研究结论提出促进中国产业结构绿色转型的财政支出政策建议。

本书的主要结论为：

第一，就中国财政支出与产业结构绿色转型的现状而言。(1) 中国财政支出在规模上，伴随经济持续下行，其绝对规模呈缓慢增加，相对规模和增速则呈下降态势。(2) 中国财政支出结构上，存在支出结构偏向问题，即重生产性支出，轻民生性支出。(3) 央地间事权分配和支出责任划分上，除国防和外交支出外，相较于中央政府，地方政府承担了大量事务支出。(4) 中国产业结构绿色转型上，产业结构绿色转型的总体水平不高，且横向耦合度水平和纵向闭合度水平在区域间发展不平衡。(5) 制约产业结构绿色转型的财政支出表现主要为两方面：一是地方财政支出结构扭曲影响政府支出决策行为，削弱了财政支出对产业结构绿色转型的积极效应；二是政府间事权和支出责任划分不合理，相较于中央政府，地方政府面临更大的财政压力，且呈"省级—市级—县乡级"自上而下逐级增加，下级政府更偏向生产性财政支出，以寻求短期经济增长和政治晋升。(6) 中国财政支出存在问题的根源来自上下级政府偏好错位和信息不对称，导致下级政府偏向显示性公共产品的提供和事权的推诿，上级政府则对下级政府采取反制措施。

第二，就财政支出规模对产业结构绿色转型的影响而言。(1) 地方政府财政支出规模显著促进了地区产业结构绿色转型的横向耦合度和纵向闭合度。(2) 政府力量和市场力量的协同作用更能推动地区产业结构绿色转型升级，特别是在推动产业结构绿色转型的纵向闭合维度上，市场力量在其中发挥了决定性作用。(3) 财政支出规模促进产业结构绿色转型效应的有效发挥还有赖于地方政府财政支出效率的提高。(4) 微观企业层面的经验证据显示，节能减排财政支出激励政策显著促进了企业绿色转型升级。

第三，就财政支出结构对产业结构绿色转型的影响而言。(1) 地方政府绿色采购支出、绿色补贴支出、绿色投资性支出均对产业结构绿色转型具有显著促进作用。(2) 提高绿色技术创新水平、提高能源利用效应和碳减排效率，是地方政府绿色采购支出、绿色补贴支出和绿色投资性支出影响产业结构绿色转型的重要机制。(3) 地方政府绿色采购支出、绿色补贴支出和绿色投资性支出对产业结构绿色转型的影响在不同税负水平、不同知识产权保护程度、不同工业化（特别是重工业化）程度和不同能源依赖程度的地区表现出异质性。(4) 交通运输支出与产业结构绿色转型之间具有倒"U"形关系，当前中国交通运输支出占比已经超过倒“U”形曲线的拐点值。(5) 科教文卫支出对产业结构绿色转型具有显著促进作用；其中，教育支出、科技支出和医疗卫生支出均对产业结构绿色转型具有显著促进作用。(6) 科教文卫支出与产业结构绿色转型之间呈倒“U”形关系，当前中国科教文卫支出占比位于倒“U”形曲线拐点值的左边，正处在有利于促进产业绿色发展的水平上。(7) 人力资本和技术创新两个作用渠道是科教文卫支出影响产业结构绿色转型的重要机制。(8) 科教文卫支出对产业结构绿色转型的正向影响会随着财政纵向失衡或经济增长压力程度的增加而被削弱。

结合上述研究结论，本书主要从以下五方面提出政策建议：第一，扩大财政支出规模，支持重点行业领域的绿色转型；提升财政支出效率，释放财政资金的引导作用；推动市场化进程，积极发挥财政支出与市场力量的协同效应。第二，优化财政支出结构，培育产业结构绿色转型动力；优化绿色采购政策、绿色补贴政策、绿色投资政策，引导和激励企业绿色创新；优化科教文卫支出政策，培育和巩固企业绿色创新外部环境。第三，缓解财政纵向失衡调动地方发展绿色产业积极性；科学划分央地政府间的事权与支出责任，调整与优化转移支付的制度设计。第四，优化政绩考核评价机制与增长目标管理模式。第五，采取其他配套措施，如加强知识产权保护力度、降低企业创新活动的税费负担、鼓励清洁低碳消费等。

目　　录

第一章

导　　论

一、研究背景与意义

（一）研究背景与问题提出

自 2015 年以来，全球气候变暖加剧，俨然已成为人类发展面临的最大的非传统安全挑战（胡鞍钢，2021）。化石能源消耗与温室气体排放是全球变暖的重要诱因（林伯强，2022）。面对日益紧迫的气候问题，越来越多的国家和地区制定了绿色发展新目标，正在以前所未有的努力积极开展国际合作，以共同应对气候危机。世界各国相继提出了碳中和目标。美国政府对碳减排承诺：2030 年温室气体排放量在 2005 年水平上减少 50%—52%，并在 2050 年前实现碳中和；英国则承诺到 2035 年温室气体排放量在 2005 年水平上削减 78%；加拿大的目标则是到 2030 年将温室气体排放量在 2005 年的基础上减少 40%—45%。作为全球最大的能源消费和碳排放国家①，中国政府在气候治理上表现出空

① 根据英国石油公司（BP）发布的《世界能源统计年鉴 2021》，2010—2020 年，中国碳排放量由 81.5 亿吨上升到 99.0 亿吨。2020 年中国碳排放量同比增加 0.6%，是全球少数几个增加的国家之一。

前的决心和力度，但同时也面临巨大压力。党的十九大报告提出，要牢固树立“绿水青山就是金山银山”的发展理念，并将建设生态文明作为中华民族永续发展的千年大计。2020 年 9 月 22 日，习近平总书记首次向世界宣布了中国 2030 年前实行碳达峰、2060 年前实行碳中和的目标（以下简称“双碳”目标），并明确向世界表态，中国将以新发展理念为引领，在推动高质量发展中促进经济社会发展全面绿色转型，此后进一步强调我国生态文明建设进入了以节能降碳为重点战略方向的阶段。2021 年 10 月 24 日，中共中央、国务院印发了《关于完整准确全面贯彻新发展理念做好碳达峰碳中和工作的意见》（以下简称《意见》），明确把碳达峰、碳中和纳入经济社会发展全局，以经济社会发展全面绿色转型为引领，以能源绿色低碳发展为关键，加快形成节约资源和保护环境的产业结构。可见，在此背景下，推动产业结构全面绿色转型已势在必行，俨然成为实现经济高质量发展的必由之路和必然选择。产业结构绿色转型作为整个国民经济体系的主体架构和核心驱动力量，是实现经济社会全面绿色转型的重要依托。因此，如何推动产业结构绿色转型形成节约资源和环境保护的产业结构，是当前社会各界普遍关注的重点话题，也是构建现代化产业体系和实现碳达峰碳中和的重要课题。

传统的产业结构转型主要讨论各产业间和各个产业内部资源配置合理协调均衡有效的状态。通常采用产业结构合理化来表征产业之间互相关联协调均衡的程度，采用产业结构高级化来表征通过技术进步和创新带动产业的素质改善和要素效率的提升，两者共同刻画了整个产业结构转型的状况（干春晖等，2011）。在指标度量上，传统的产业结构转型主要采用劳动要素投入、资本要素投入和产出增加值这三个因子组合构建合理化和高级化两个指标。然而，环境的恶化和资源的有限性提出了必须转变经济发展方式、实行经济高质量发展的时代命题。传统的产业结构转型研究对环境因素关注不够，在促进高质量发展上的作用效果有限。在新时代新阶段，产业结构绿色转型是对传统产业结构转型的继承和升级发展，也是传统产业结构转型在新的历史阶段和发展路径上的必然选择。习近平总书记指出，实现碳达峰、碳中和是一场广泛而深刻的经济社会系统性变革，要求全国一盘棋，要根据区域间发展的差异性和特殊性予以区别对待，要充分发挥各地区比较优势，实现经济、社会和生态三者协同发展和有机统一的生态关系。因此，在内涵上，自然要求产业结构绿色转型是节约资源、保护环境和经济增长三者协同发展和有机统一的生态关系。推动产业结构绿色转型要求在要素资源投入端，更强调各产业、各部门尽量减少对化石能源资源的依赖和消耗，强调能源消耗和投入的最小化，推崇节能减排降碳的绿色技术升级和清洁低碳的生产过程以及清洁能源的开发和利用；在产出端，更强调污染物排放的最小化（特别是温室气体，如二氧化碳），最终形成低投入、低消耗、低污染、高技术、高产出、高质量、高效益的产业结构新模式，全面实现经济增长模式由外延型向内涵型的转变。可见，绿色协调特征体现在整个产业链和供应链，涵盖了整个产业生态的方方面面。

党的十八届三中全会《决定》指出："财政是国家治理的基础和重要支柱，科学的财税体制是优化资源配置、维护市场统一、促进社会公平、实现国家长治久安的制度保障。"作为国家治理对社会经济运行的必需投入，财政支出是政府调节资源配置、收入分配和宏观经济的重要举措，也是政府履行其职能的主要手段与体现，其对优化资源配置，推动产业结构转型升级，促进经济高质量发展和民生福利等方面发挥着重要作用（高培勇，2014）。现有研究主要依托公共财政理论和经济增长理论，探讨了财政支出与经济增长及社会福利的关系。例如，从财政支出规模的视角，考察了促进经济增长的最优财政支出规模问题（Barro，1990；马拴友，2000；马树才和孙长清，2005）。从财政支出结构的视角，讨论了经济性财政支出与微观企业生产和宏观经济增长的关系（Fisher 和 Turnovsky，1998；Bom 和 Ligthart，2014；娄洪，2004），以及非经济性支出与社会民生福利的关系（Lucas，1988；Fougere 和 Merette，1999）。现有文献主要是基于内生经济增长模型来研究财政支出对经济增长影响。产业结构作为经济体系的重要组成部分，财政支出也自然是影响产业结构转型升级的重要原因（严成樑等，2016）。在中国政策决策层面，为贯彻落实党中央、国务院关于推进碳达峰碳中和的重大决策部署，充分发挥财政职能作用，推动如期实现碳达峰碳中和目标，

2022年5月，财政部印发了《财政支持做好碳达峰碳中和工作的意见》。这为构建绿色低碳发展的财税政策体系、支持和推动各地区加快产业结构绿色转型提供了行动指南。理论上，在促进产业结构绿色转型方面，财政支出可以通过直接或间接的渠道发挥激励效应，以促进资源节约、环境保护和经济增长三者协同发展的绿色低碳产业结构，进而形成绿色低碳发展的现代化产业体系，实现经济高质量发展。遗憾的是，目前学术界关于财政支出与产业结构绿色转型的研究还十分缺乏，进一步讲，关于深入探讨财政支出规模与产业结构绿色转型、财政支出结构与产业结构绿色转型等的相关研究则更为稀缺。

财政支出规模代表了政府对市场的干预程度。正确处理好政府与市场的关系，使市场在资源配置中起决定作用和更好发挥政府作用，是发挥有效市场和有为政府的关键。改革开放40多年来，大量文献已经证实，资本积累、人力资本和技术效率提升三个重要因素，是理解中国经济实现长期高速增长的核心原因。然而，实现这一高速增长（或增长奇迹）背后的制度性源泉又是什么，一直是困扰学界的一个焦点难题。当前，主流的中国经济理论研究已经形成了一定的理论基础。具有代表性的，如钱颖一等（1997）提出的“中国特色财政联邦主义”理论，以及周黎安（2007）提出的“晋升锦标赛”理论，这些理论都有一个共性，即认为改革开放以来，中国政府在特定的制度框架下成为一种发展型政府，致力于推动辖区经济增长（Xu，2011）。发展型政府重视通过经济发展来解决现实问题，协同有效市场和有为政府的力量是其基本内涵，强调政府能力与政府效率是发挥有为政府的关键（韩永辉，2017）。发展型政府为了发展经济，通过出台财政支出政策对产业结构绿色转型升级产生积极影响，但是这一积极效应得以有效发挥的背后自然离不开市场力量和政府效率的前置条件。具体来讲，一方面，政府通过出台一系列产业政策或财政政策试图干预要素资源的优化配置，然而发挥出积极的效果，是建立在一定的市场效率基础上的，并且在此基础上，市场机制和政策机制更多地呈现出一种互补的关系（Lin和Rosenblatt，2012）。另一方面，在地方政府自身有动机通过政府行为促进产业发展的情况下，地方政府是否能够出台符合市场规律和产业发展要求的政策措施，并通过改善政府运作效率予以有效实施，是政府行为及其激励最终能否产生积极作用的决定因素（韩永辉，2017）。

财政支出结构反映了政府在资源配置中的重点与方向。目前，既有研究对财政支出结构的划分尚未形成统一的标准，大多是基于经济增长绩效视角、环境绩效视角、政府职能视角，或者基于特定的研究主题和目的进行划分等，并且即使是同一研究主题其划分结果也存在差异。例如，从经济增长绩效的视角，既有研究将财政支出结构划分为生产性支出和非生产性支出（Aschauer，1989；Barro，1990；Devarajan 等，1996；郭庆旺等，2003）；也有部分学者将其划分为生产性支出、服务性支出和消费性支出三类（胡永刚和郭新强，2012）；或者依据研究主题的侧重点从财政支出类别中选取特定的支出占比来度量（李永友和沈坤荣，2009）。从环境绩效的视角，例如，雷明和虞晓雯（2013）将财政支出结构划分为科技支出占比、农业支出占比、工业交通和商业部门事业费支出占比和文教科卫支出占比；王艺明等（2014）和卢洪友等（2015）则将财政支出结构划分为经济性支出和非经济性支出。而从政府支出的经济性质视角，既有文献将财政支出结构划分为购买性支出和转移性支出（郭庆旺等，2003；贾康，2008；陈诗一和祁毓，2022）。可见，关于财政支出结构的划分，在未形成统一划分标准的情况下，既有文献大多是根据自身特定的研究主题和研究目的，对财政支出结构进行了针对性的划分。

在中国财政支出体系中，从支出规模看，地方财政支出占全国财政支出的比重远高于中央财政支出占全国财政支出的比重，并且这一差距仍在攀升；具体来讲，地方财政支出占全国财政支出的比重由 1994 年的 69.7%上升至 2019 年的 85.3%，相应的，中央财政支出占全国财政支出的比重则从 1994 年的 30.3%持续下降到 2019 年的 14.7%。显然，地方财政支出压力在持续加大。另外，在地方财政支出结构中还表现出一个较为突出的典型事实，即在地方财政支出结构中偏向基础建设的生产性支出，而轻视人力资本积累等民生性支出，从而造成地方财政支出结构的偏向或扭曲，最终负面影响地方政府的支出决策（傅勇和张晏，

2007；尹恒和朱虹，2011）。然而，造成地方财政支出结构扭曲的根源是什么，至少可以归结于两大因素：一是中国式分权制度下央地之间的财政纵向失衡，二是经济增长目标管理制度。具体来讲，一方面，自1994年分税改革以来，在以经济分权和政治集权为主要特征的中国式分权制度下，在财政体制层面表现出央地政府间收支背离所导致的财政纵向失衡问题（Jia等，2014）；在“自上而下”的行政官员任免制与以经济增长为基准的相对绩效评价体系下，致使地方政府官员在个人晋升预期与区域“标尺竞争”的双重激励下，势必偏好将有限的财政资源投入可带来直接经济效益或税源的支出领域，致使公共支出结构因“重经济”而异化（储德银和邵娇，2018）。另一方面，长期以来，在以经济增长为主要目标的“晋升锦标赛”机制下，中国政府在五年规划报告和政府工作报告中定期公布经济增长目标，上级政府通过设立经济增长目标来传达其对经济增长的偏好，并激励下级政府通过努力提高辖区经济增长来赢得“晋升锦标赛”，即形成所谓的经济增长目标管理制度（徐现祥和刘毓芸，2017；Li等，2019）。为了政治晋升，下级政府往往会基于上级政府制定的增长目标而“层层加码”，从而导致政府层级越低，面临的经济增长压力越大，地方官员在较短任期内为了提升政绩效果，则更偏好生产性支出，而轻民生性支出，造成财政支出结构的扭曲。可见，财政纵向失衡和经济增长压力的约束，将直接影响地方政府的支出决策，进而可能制约财政支出结构效应的有效发挥。

具体到财政支出类别上，对于直接引导和激励企业绿色发展的财政支出，诸如绿色采购、绿色补贴和绿色投资性支出等，一直以来都是地方政府为实现绿色发展的重点支出。通俗来说，可以将这类支出归结为“直接导向绿色发展的支出”，同时也属于绿色财政支出的范畴。作为构建绿色财政体系的重要内容，绿色财政支出是实现社会主义生态文明的重要引导、重要支撑和经济保障。进入21世纪初期，中国经济在持续高速增长的同时，资源的有限性和环境的不断恶化，使得中国粗放型经济增长模式难以为继。因此，寻求绿色发展和绿色转型便成了解决资源有限和环境污染的时代命题。从党的十六届三中全会提出“科学发展观”、党的十八届五中全会将生态文明建设纳入“五位一体”的中国特色社会主义总体布局、党的十九大进一步将建设生态文明提升为“中华民族永续发展的千年大计”，到习近平总书记创新性地提出“绿水青山就是金山银山”，逐步形成了以新发展理念为指引，以经济社会发展全面绿色转型为驱动的高质量发展新模式。在绿色发展理念下，构建绿色财政体系成为绿色发展理念下的内在要求。绿色采购支出、绿色补贴支出和绿色投资性支出作为绿色财政体系的重要内容，其目的就在于以财政性资金支持生态文明建设，以实现人与自然和谐共生的现代化目标。

另外，作为间接促进绿色发展的重要支出，以交通运输为代表的生产性支出和以科教文卫支出为代表的民生性支出，均对积累人力资本和技术创新等方面发挥了积极作用，为企业实现绿色技术创新提供了良好的外部环境。随着绿色技术创新水平的提高，企业能源利用效率和碳减排效率也会相应得到提升。与此同时，人力资本的积累也会引导企业投入要素结构绿色转型，转向更高产品附加值的方向发展，进而提高其市场竞争力。作为生产性财政支出的重要组成部分，交通运输支出是政府为了修正市场失灵现象、弥补私人投资不足与提高资源配置效率的支出，对社会经济稳定运行、增长具有重要支持作用，合理的交通运输支出规模与占比有利于高素质人才的流动，实现知识积累和创新激励，从而提升辖区内人力资本水平和创新产出，为产业结构绿色转型提供外部环境。而科教文卫类支出作为民生性财政支出的主要组成部分，其在积累人力资本和技术创新等方面同样发挥着重要作用（陈思霞和卢洪友，2014），可以为绿色技术创新提供良好的外部环境，进而推动产业结构绿色转型升级。当然，民生性支出还会促进居民收入水平的提高，进而引发居民对清洁公共产品和清洁消费品的需求变化，这一方面可以引导企业生产绿色产品，加大绿色研发投入，提高绿色生产技术；另一方面居民对生态环境的需求，也会倒逼政府提高辖区环境治理水平和治理能力，对企业污染物排放治理方面，如通过提高环境税率的方式，约束和抑制企业污染排放，最终实现产业结构绿色转型。因此，综合来看，交通运输支出和科教文卫支出均对产业结构绿色转型有着重要的积极影响。

基于以上认识，本书试图回答三个主要问题：首先，如何构建既体现“资源节约”和“环境保护”，又体现“经济增长”的三者协同发展的产业结构绿色转型指标体系，并分析其演进规律和存在问题，是本书首先要回答的问题。其次，在此基础上，探究财政支出规模对产业结构绿色转型的影响机理及效果，并分析如何发挥有效市场和有为政府的协同作用推动产业结构绿色转型，以及考察政府财政支出效率对财政支出规模效应的异质性影响。最后，根据本书研究的主题和目的，围绕绿色技术创新，将财政支出结构划分了直接导向绿色发展的支出和间接促进绿色发展的支出，前者重点讨论有利于缓解企业融资约束和激励企业绿色技术创新的绿色采购支出、绿色补贴支出和绿色投资性支出对产业结构绿色转型的影响及其作用机制，后者着重探讨有利于积累人力资本和技术创新的交通运输支出和科教文卫支出对产业结构绿色转型的影响及其作用机制，并在此基础上，为缓解地方生产性支出偏向，基于财政纵向失衡与经济增长压力两个方面，分别对科教文卫支出对产业结构绿色转型的影响展开调节效应分析。本书尝试回答上述问题，以期为财政支出支持产业结构绿色转型提供决策思路和可行方案。

（二）研究意义

1. 理论意义

（1）构建研究财政支出影响产业结构绿色转型的理论分析框架和机制路径，并揭示限制财政支出促进产业结构绿色转型升级存在的问题与原因。传统的产业结构转型的研究，主要基于劳动要素投入、资本要素投入和产出增加值三因子组合对产业间和产业内部资源配置的合理协调与均衡有效进行综合考量。然而，环境的恶化和资源的有限性提出了必须转变经济发展方式、实现经济高质量发展的时代命题。传统的产业结构转型研究对环境因素关注不够，在促进高质量发展上的作用效果有限。在新时代新阶段，产业结构绿色转型是对传统产业结构转型的继承和升级发展，也是传统产业结构转型在新的历史阶段和发展路径上的必然选择。在内涵上，产业结构绿色转型蕴含着资源节约、环境保护和经济增长三者协同发展的生态关系。目前，现有研究对产业结构绿色转型进行科学内涵的界定和指标体系构建的相关研究还很不够。财政是国家治理的基础和重要支柱。作为国家治理对社会经济运行的必需投入，财政支出是政府调节资源配置、收入分配和宏观经济的重要举措，也是政府履行其职能的主要手段与体现，其在优化资源配置，推动产业结构转型升级，促进经济高质量发展和民生福利等方面有着重要作用和重要职责。现有研究主要依托公共财政理论和经济增长理论，探讨了财政支出与经济增长及社会福利的关系。事实上，财政支出也是影响产业结构绿色转型的重要原因。遗憾的是，目前学术界关于财政支出与产业结构绿色转型的研究还十分缺乏。本书立足于本国国情，首先从财政支出影响产业结构绿色转型的理论依据展开分析，具体依托可持续发展理论、外部性理论和新结构经济学等理论，阐释政府财政支出影响产业结构绿色转型升级的理论依据和机制逻辑，以此搭建本书的理论分析框架。最后通过理论依据和机制路径的分析，揭示财政支出影响产业结构绿色转型的作用机理。本书的研究对财政支持做好碳达峰碳中和工作具有一定的理论意义。

（2）在理论框架指导下，本书从财政支出规模与财政支出结构两个方面，深入分析财政支出影响产业结构绿色转型的研究，丰富了研究内容的广度与深度。现有研究主要依托公共财政理论和经济增长理论，探讨了财政支出与经济增长及社会福利的关系。例如，从财政支出规模的视角，考察了促进经济增长的最优财政支出规模问题（Barro，1990；马拴友，2000；马树才和孙长清，2005）。从财政支出结构的视角，讨论了生产性财政支出与微观企业生产和宏观经济增长的关系（Fisher 和 Turnovsky，1998；Bom 和 Ligthart，2014；娄洪，2004），以及非生产性支出与社会民生福利的关系（Lucas，1988；Fougere 和 Merette，1999）。现有文献主要是基于内生经济增长模型化研究财政支出对经济增长影响。产业结构作为经济体系的重要组成部分，自然财政支出同样对产业结构绿色转型升级有着重要影响（严成樑等，2016）。目前，关于探讨财政支出规模与产业结构绿色转型、财政支出结构与产业结构绿色转型的研究较为稀缺。本书侧重分析当前中国产业结构绿色转型的现状以及其中财政支出政策存在的潜在问题。在现状分析的基础上，本书利用经验数据展开实证分析。在财政支出规模上，重点分析财政支出规模在产业结构绿色转型升级中的驱动机理以及机理路径的依赖条件，并进一步基于微观企业层面的经验证据，分析财政支出激励政策对企业绿色转型升级的微观效应。在财政支出结构上，一方面，着重分析直接导向绿色发展的财政支出（绿色采购支出、绿色投资性支出和绿色补贴）对产业结构绿色转型的影响及其作用机制；另一方面，着重分析间接促进绿色发展的财政支出（科教文卫支出）对产业结构绿色转型的影响及其作用机制，并进一步从财政纵向失衡和经济增长压力两个方面，为缓解地方政府生产性支出偏向，展开调节效应分析，以此矫正政府支出决策行为。本书的研究为财政支出影响产业结构绿色转型升级提供了一定的理论基础和实证依据。

2. 现实意义

（1）厘清财政支出影响产业结构绿色转型的作用机制，为制定有效的、促进产业绿色发展的财政支出政策提供理论指导。党的十八大以来，我国经济已从高速增长转向高质量发展，然而随着环境的不断恶化，传统的以要素驱动和投资驱动的经济发展模式，已不再适应当前的经济发展要求；以新发展理念为引导，推动经济社会全面绿色转型已经成为实现经济高质量发展的必由之路和必然选择。产业结构绿色转型作为整个国民经济体系的主体架构和核心驱动力量，是实现经济社会全面绿色转型的重要依托。财政支出作为国家治理对社会经济运行的必需投入，是政府调节资源配置、收入分配和宏观经济的重要举措，其对优化资源配置，推动产业结构转型升级，促进经济高质量发展和民生福利等方面有着重要作用和重要职责。因此，要发挥财政支出对产业结构绿色转型的激励作用，需要科学合理设计财政支出激励政策。现有研究针对财政支出与产业结构绿色转型的相关研究较少，缺乏对财政支出对产业结构绿色转型的影响效果及作用机制的系统性分析，因此无法为设计科学的财政支出激励政策提供有效指导。本书从财政支出的特征出发，通过构建财政支出影响产业结构绿色转型的理论框架，系统梳理财政支出对产业结构绿色转型的影响机理，为制定科学有效的财政支出激励政策提供理论指导。

(2) 提出财政支出激励政策的优化路径，提高财政资金的利用效率，提升产业结构绿色转型动力。随着我国经济进入“新常态”，受国际环境复杂严峻、贸易摩擦新发多发等因素影响，我国经济持续下行，政府财政收入汲取能力持续下降，财政支出保持刚性特征，使得财政收支缺口矛盾突出。在此背景下，必然要求财政支出要更加注重绩效，实现精准滴灌的效果。本书从财政支出规模和财政支出结构两个方面出发，基于省级、市级和微观企业层面的面板数据，使用因果识别方法，实证检验了财政支出对产业结构绿色转型的影响效果和作用机制，为优化财政支出激励政策促进产业结构绿色转型升级，提供了经验证据和路径选择，对构建现代化产业体系和促进经济社会全面绿色转型具有一定的现实指导意义。

二、国内外相关文献综述

(一) 财政支出对产业结构转型升级的影响

在市场经济条件下，作为一种内生过程，产业结构转型升级在本质上是对市场资源配置不断调整和优化的过程（徐朝阳和林毅夫，2010）。财政支出作为政府调节宏观经济和社会福利的重要手段，同样对产业结构转型升级有着重要的作用。在表现形式上，有直接调节方式，如政府投资性支出；也有间接调节方式，如政府采购和政府财政补贴等。财政支出是以政府为主导的，面向市场和社会的外在的调节机制。现有研究主要从财政支出规模、财政支出结构和财政支出效率三个方面对产业结构转型升级展开了研究。

1. 财政支出规模对产业结构转型升级的影响

关于财政支出规模对产业结构转型升级的影响，现有文献大体从理论和实证两个方面展开研究。

在理论研究方面。从作用路径上，有学者认为，一方面，财政支出通过影响需求结构、企业投资收益率等促进产业结构升级（Nadiri 和 Mamuneas，1994；Pereira 和 Andraz，2007；郭杰，2004；杨大楷和孙敏，2009）；另一方面，考虑到存在政策时滞、决策失误、对产出的挤出和挤入效应、资源配置扭曲等制约产业结构升级的问题，也存在与经济增长、控制通胀或通缩及其预期、保障就业、符合公共财政体制等诸多目标非一致性等“两难选择”（郭小东等，2009；储德银和建克成，2014）。

从作用效果上，又可以分为正向、负向和不确定三种影响类型。其中，认为财政支出规模对产业结构转型转型升级具有正向影响的观点，例如 Dasgupta 和 Stiglitz（1980）通过构建动态随机一般均衡模型发现，提高政府财政支出规模有助于产业结构转型升级。张同斌和高铁梅（2012）通过构建高新技术产业的可计算一般均衡（CGE）模型发现，增加财政支出规模有利于促进企业增加研发投入，提高技术创新水平，进而推动产业结构转型升级。李子伦和马君（2014）的研究也同样证实了这一结论。认为财政支出规模对产业结构转型升级具有负面影响的观点，例如郭小东等（2009）的研究认为，增加财政支出规模对第一二产业转型升级具有负面影响。彭俞超等（2020）利用非线性约束的 DSGE 模型发现，财政支出规模对工业结构转型升级有负向影响。认为财政支出规模对产业结构转型升级具有不确定影响的观点，例如郭长林（2016）通过构建动态随机一般模型发现，在纵向产业结构的维度上，财政支出规模对产业结构转型升级的影响是不确定的，对上下游产业的效果是不同的。隋建利等（2020）通过构建马尔科夫区制转移因果模型发现，财政支出规模与产业结构转型升级之间具有非线性关系。甘行琼和雷正（2022）的研究也表明，财政支出规模对产业结构高级化发展的影响具有不确定性。

在实证研究方面。众多文献基于不同国家（或地区）在不同时期的数据，从不同的角度得到的结论不一。在影响效果上，汪德华等（2007）利用跨国截面数据发现，政府支出规模和政府投资规模都对服务业比重有负向影响。储德银和建克成（2014）利用中国省级面板数据发现，财政支出规模对产业结构转型升级具有负向影响。然而，袁航和朱承亮（2020）基于中国省级面板数据发现，政府研发补贴对产业结构转型升级有显著促进作用。在影响时效性上，宋凌云和王贤彬（2013）的研究发现政府补贴显著地加快了产业结构变动，但政府补贴的结构变动效应具有短期性。王方方和李宁（2017）的研究发现，财政支出规模对产业结构转型升级的影响随着经济发展的阶段变化而有所差异。在影响异质性上，郭晔和赖章福（2011）基于中国省级数据发现，财政支出规模对产业结构转型升级具有显著正向影响，但是在不同地区间具有异质性。

2. 财政支出结构对产业结构转型升级的影响

关于财政支出结构与产业结构转型升级的研究。在理论研究方面。郭杰（2004）认为政府经济建设支出通过影响需求结构、企业投资收益率等路径，对产业结构转型升级具有积极影响。蔡建明（2006）基于经济发展阶段的视角发现，在经济发展起步阶段，提高经济性支出有利于促进产业结构转型升级，在经济发展中期，需要经济性支出和非经济性支出同时发力，有助于促进产业结构转型升级，而在经济发展成熟期，则应更加注重非经济性支出的供给，提高产业结构转型升级的质量和社会福利水平。安苑和王珺（2012）的研究发现，政府行政管理支出的波动性对产业结构转型升级有负面影响。张同斌和高铁梅（2012）通过构建一般均衡模型发现，增加政府研发支出有利于提高技术创新水平，优化高新技术产业结构。石奇和孔群喜（2012）通过构建世代交叠模型发现，生产性财政支出对产业结构转型升级有积极影响。李子伦和马君（2014）通过国际经验的总结与比较发现，增加教育、科技等财政支出有利于产业结构转型升级。刘倖奇和张同斌（2020）采用动态一般均衡模型发现，消费性和服务性财政支出结构对产业结构绿色转型具有显著促进作用。齐鹰飞和 Li（2020）的研究发现，提高财政支出的部门配置效率及其经济关联程度，能够引导产业向高新技术产业转型。任爱华和郭净（2017）基于向量自回归模型发现，在不同经济发展阶段，应该调整财政支出结构，更有利于产业结构转型升级。王华和龚珏（2013）的研究发现，提高科技财政支出能够显著促进产业结构转型升级。严成樑等（2016）的研究发现，生产性财政支出和福利性财政支出是产业结构变迁的重要驱动力量。贾敬全和殷李松（2018）的研究发现，不同的财政支出结构对劳动要素在不同地区和产业间产生集聚或回流效应。

在实证研究方面。从财政支出结构的异质性看，储德银和建克成

（2014）基于中国省际面板数据发现，教育和科技财政支出对产业结构转型升级有正向促进作用，而投资性支出和行政管理支出的作用效果则刚好相反。孔令池等（2017）利于中国省际面板数据发现，提高经济性财政支出不利于产业结构合理化发展，同时还会造成资源配置的扭曲。杨志安和李梦涵（2019）的研究表明，投资性支出和民生性支出对产业结构转型升级有显著的积极影响，而消费性支出对产业结构转型升级表现出抑制作用。在政府采购支出方面，武威和刘国平（2021）的研究发现，本地政府采购支出有利于辖区内产业结构转型升级，但对整体经济发展则表现出抑制作用。从区域经济失衡的视角，石奇和孔群喜（2012）、贾敬全和殷李松（2015）的研究认为，将财政支出与区位结合起来，利用财政的定向功能可以诱导产业结构实现优化升级。从地区异质性看，严成樑和徐翔（2016）基于中国省际面板数据发现，生产性财政支出对产业结构转型升级的影响在地区间存在异质性，具体表现为：在沿海地区的作用效果不显著，而在内陆地区则产生了积极影响。从政府财政压力的视角，宋丽颖和张安钦（2021）基于中国城市层面的数据发现，“压力型”财政支出激励对产业结构合理化发展具有抑制作用。

3. 财政支出效率对产业结构转型升级的影响

财政支出效率反映的是投入与产出的对比关系。大多考虑财政支出规模、财政支出结构而不考虑财政支出效率的文献，实质上是以财政支出效率为1作为假设前提，这会对公共品和公共服务的交付造成不准确的度量（Levine 和 Renelt，1992）。公共支出过程中的“寻租”和“非生产性寻利”等无效率行为会导致社会福利损失，影响产业结构升级（庄子银和邹薇，2003）。Bleaney 等（2001）认为政府资金在支出过程中存在某种程度的浪费，有必要建立一个与支出产出率水平相关联的参数来进行纠正。

关于财政支出效率与产业结构转型升级的文献较少，总体上可归纳为两类：一是通过构建理论模型来阐释财政支出效率对产业结构转型升级的影响效果及作用机理。如王检等（2016）通过构建内生经济增长模型发现，提高政府财政支出效率有利于促进产业结构转型升级，其中资源要素积累是其主要的作用机制。张权（2018）利用一般静态均衡模型发现，提高财政支出效率可以促进农业产业向非农产业转型发展，产业结构实现从劳动密集型向技术密集型升级。二是基于经验数据，采用实证方法研究财政支出效率对产业结构转型升级的影响。如李小奕（2021）基于中国省际面板数据发现，提高地方财政支出效率有利于促进本地制造业绿色转型升级。甘行琼等（2022）基于中国省级面板数据发现，提高地方财政支出效率有利于产业结构合理化发展，但却不利于产业结构高级化发展。

（二）财政支出对经济增长的影响

1. 财政支出与经济增长的理论研究

关于财政支出与经济增长的理论研究，大多文献主要基于内生经济增长模型的框架展开讨论。Barro（1990）的研究发现，生产性财政支出与消费性财政支出对经济增长的影响效果存在差异，前者表现为倒“U”形的关系，而后者则表现出抑制的效果。大多文献在 Barro（1990）研究的基础上，进一步讨论了财政支出结构中不同类别的财政支出对经济增长的影响（Turnovsky 和 Fisher，1995；Agénor 和 Neanidis，2011），以及实现政策目标或经济增长目标下的最优支出结构（Chen，2006；Kalaitzidakis 和 Tzouvelekas，2011），也有部分文献讨论了财政支出的拥挤性和排他性问题（Fisher 和 Turnovsky，1998；Ott 和 Turnovsky，2006）。众多文献也体现出一个共性，即认为政府财政支出对经济增长有着重要的积极意义（Brauninger 和 Vidal，2000）。

具体来看，在讨论政府社会保障支出与经济增长的关系方面。例如，Kaganovich 和 Zilcha（1999）讨论了实现经济增长最大化下最优财政支出结构，尤其是社会保障支出与教育支出的最优占比份额。Glomm 和 Kaganovich（2008）的研究发现，地区社会保障的初始水平是影响当地经济增长的重要原因。Dormont 等（2006）的研究认为，老龄化的发展会增加政府财政压力，此时政府的增税行为会削弱地方财政支出对当地经济发展和社会福利水平影响效果。Pecchenino 和 Pollard（2002）的研究发现，社会保障支出与教育支出配置的合理性直接关系到对地区经济增长的影响效果。而 Lucas（1988）、Fougere 和 Merette（1999）的研究发现提高社会保障支出和教育支出有利于人力资本的积累，为地区经济增长提供了外部环境和动力源泉。在国内的研究中，例如，贾俊雪和郭庆旺（2011）基于两部门内生增长迭代模型发现，政府增加养老保险支出不利于经济的持续增长。刘穷志和何奇（2012）结合老龄化的视角发现，政府对财政支出的行为，应根据老龄化对经济增长的影响做出对应的调整。严成樑（2017）的研究发现，政府对社会保障支出的力度应保持在一个合理的范围，否则反而会削弱对经济增长的积极效果。

在政府基础设施支出与经济增长的关系方面。长期以来，公共基础设施投资的经济影响一直是学术界关注的重点。大量文献深入剖析了公共基础设施投资对经济增长的影响及其机制（Barro，1990；Baxter 和 King，1993；Fisher 和 Turnovsky，1998；Bom 和 Ligthart，2014；娄洪，2004）。但遗憾的是，这些研究采用的均是典型主体优化模型且将全要素生产率（TFP）设为完全外生的，因而忽略了一个极其重要的理论问题——公共基础设施投资对 TFP 的影响，而 TFP 被认为是一国经济长期可持续增长的关键。这一问题对于当前中国经济而言尤为重要。改革开放 40 多年来，中国经济的发展表明公共基础设施投资支出对经济增长发挥了重要作用（张军等，2007；金戈，2016）；但是，过分依赖大规模基础设施投资拉动经济的做法近年来也备受批评，焦点集中在：其可能会固化投资驱动型增长模式，抑制市场发展和 TFP 提升，不利于中国经济的长期可持续增长（经济增长前沿课题组，2004；贾俊雪，2014）。王贤彬等（2014）基于一般均衡模型发现，增加公共基础设施投资支出，不仅可以提高经济增长，还会增加政府财政收入。贾俊雪（2017）基于一个异质性企业家模型发现，公共基础设施投资支出与全要素生产效率之间存在显著的倒“U”形关系。刘凯（2018）的研究认为，中国基础设施投资支出是影响经济增长的一个重要原因。李戎和田晓晖（2021）通过引入金融摩擦的动态随机一般均衡模型发现，不同类型的财政支出冲击对经济增长的影响存在异质性，其中基础设施投资支出得以发挥积极作用的基础，依赖于其增量对经济增长的影响以及金融加速器效应的强弱。

2. 财政支出与经济增长的经验研究

在经验研究层面，已有研究关于财政支出与经济增长的关系存在差异，大体可归纳为三种结论：正向关系、负向关系和非单调性关系。

（1）财政支出与经济增长呈正向关系的文献。例如，Gupta 等（2005）基于低收入国家的经验证据发现，政府投资性财政支出对经济增长有显著促进作用。郭庆旺和贾俊雪（2006）基于中国省际数据发现，提高政府物质资本投资支出和人力资本投资支出均有利于地区实现经济增长。靳春平（2007）基于中国省际数据，采用 VAR 模型发现，政府公共资本支出对经济增长的影响效果存在空间异质性。祝树金和虢娟（2008）基于中国省际数据发现，提高政府教育支出有助于地方长期经济增长。张卫国等（2010）基于中国省际数据发现，政府投资性支出对经济增长具有明显的正向影响。Gemmell 等（2016）的研究表明，不仅公共基础设施投资支出对经济增长有促进作用，同时政府教育支出对经济增长也有显著促进作用。孙琳和王姝黛（2019）基于 88 个国家的数据发现，提高财政支出有利于促进经济增长，且这一效应在发展中国家更为显著。储德银等（2020）立足“五大发展理念”构建了经济高质量发展的综合指标，基于中国省际面板数据发现，提高民生性支出在整个财政支出结构的占比，更有利于实现经济高质量发展。齐鹰飞和李苑菲（2021）基于 WIOD 投入产出表数据发现，提高政府消费性财政支出有助于长期经济增长。

（2）财政支出与经济增长呈负向关系的文献。如 Devarajan 等（1996）基于 43 个发展中国家数据发现，提高政府公共物质资本性支出不利于地区经济增长。Atul 等（2002）利用 19 个经合组织国家的数据发现，扩大政府财政支出规模并不会促进经济增长，反而会产生抑制作用。庄子银和邹薇（2003）的研究发现，由于调整成本的存在，财政支出对经济增长的影响效果将被削弱，甚至产生负向影响。郭庆旺等（2003）利用中国截面数据发现，财政支出规模对经济增长具有抑制作用。王春元（2009）基于中国的经验数据发现，政府教育支出对经济增长有显著促进作用，而其他政府支出则对经济增长有抑制作用。郭庆旺和贾俊雪（2009）基于中国省级面板数据，采用空间计量模型发现，无论是地方政府预算内支出还是经济性，均对地区经济增长具有显著抑制作用。

（3）财政支出与经济增长呈不确定或非单调性关系的文献。李永友和沈坤荣（2007）基于中国的经验数据发现，政府财政支出对地区经济增长的影响随着地区相对贫困程度的差异而变得不确定。严成樑和龚六堂（2009）在内生经济增长模型的基础上，基于中国省级面板数据发现，政府生产性财政支出地区经济增长的影响效果是不固定的，在地区间存在异质性。杨子晖（2011）基于62个国家和地区的经验数据发现，财政支出对经济增长的影响并不是简单的促进或是抑制效应，更多地体现的是非线性效应。文雁兵（2014）基于中国省际面板数据发现，政府财政支出对经济增长的影响，随着政府财政支出规模的变动而不同。黄少安等（2018）基于OECD国家的经验证据发现，地方公共福利支出对经济增长的影响效果，在不同福利水平的国家表现不同，具体来讲，在高福利国家表现出抑制作用，而在低福利国家则表现出倒"U"形的非线性关系。景鹏和郑伟（2019）基于养老保险缴费率的视角发现，在养老保险缴费率确定的情况下，政府生产性财政支出占比对经济增长的影响具有非线性效应，两者呈倒"U"形关系。

（三）财政支出对绿色发展的影响

1. 财政支出对环境污染的影响

传统粗放型经济发展模式滋生了环境问题。加之环境污染具有负的外部效应，仅依靠市场机制难以解决污染物带来的生态问题。因此，需要政府进行宏观调控，发挥有为政府的作用。财政支出作为政府宏观调控的主要抓手，是体现政府行政职能，治理环境污染问题和提高环境质量的重要手段（Frederik和Lundström，2001；López等，2011）。既有文献关于财政支出对环境污染的影响研究，主要从财政支出规模和财政支出结构两个方面展开。具体见下：

（1）财政支出规模对环境污染的影响。前期国外学者对财政支出的环境效应更多的是从理论层面进行探讨，这为后续研究奠定了充实的理论基础。如Heyes（2000）将环境因素纳入IS-LM模型，讨论了财政支出和环境之间互相的作用机制。Lawn（2003）在Heyes研究基础上，为确保经济在环境均衡曲线上运行，考虑技术进步的作用和制定政策工具的必要性。然后，学者进一步对研究模型进行优化。Sim（2006）解决了模型因需要外部财政或货币政策冲击才能达到最终均衡的缺陷，更为细致地探讨了财政支出环境效应的作用机理。在此基础上，有部分学者进行了实证研究，发现对于不同的环境污染物，财政支出的环境治理效应存在不同（Halkos 和 Paizanos，2013）；在控制政府腐败这一因素后，财政支出规模扩张不利于提高公共环境质量（Bernauer 和 Koubi，2013）。但也有学者研究发现财政支出规模有助于环境质量提高（Adewuyi，2016）。

就中国而言，自分税制改革以来，中央和地方政府事权分配和支出责任划分不合理长期存在，加之中央与地方政府之间财政纵向失衡程度愈演愈烈，面对日益恶化的环境问题，地方政府限于财政收入的约束，对环境治理的投入显得捉襟见肘。因此，如何利用有限的财政支出，发挥环境治理的效能，一直是学界广为关注的焦点。归纳起来，主要有以下两类文献。

一是财政支出对环境污染的直接效应。以节能环保支出作为切入点，研究政府财政支出对地区环境污染的影响是大多数文献的通用做法。作为环境污染治理的一个直接路径或渠道，节能环保支出旨在促进社会经济发展与环境保护的协调发展，从而缓解环境污染，提高环境质量。对于政府节能环保支出的规模和强度，一方面取决于地区经济发展水平和环境污染程度（朱小会和陆远权，2017）；另一方面则取决于地方政府间的策略竞争行为（尹恒和徐琰超，2011；张可等，2016）。例如，张征宇和朱平芳（2010）研究了中国式分权与地方政府环境支出之间的关系，朱小会和陆远权（2017）研究了节能环保支出与环境污染排放之间的关系，李淑瑞和薛钢（2022）研究了环境治理投资与财政环保支出分别对环境污染的影响等。

二是财政支出对环境污染的间接效应。通常来说，解决环境污染的有效途径，有直接的路径，如减少化石能源的投入，增加清洁能源的开发和利用，采用清洁能源代替化石能源，提高绿色技术创新水平，引进先进的减排技术等；除此，也有间接的路径，这主要来自政府的作用，如通过增加教育和科技等非经济性支出，来提高经济社会的人力资本水平和技术创新水平，为企业实现绿色技术创新提供了良好的外部环境，进而间接推动企业减少或控制污染排放。后者即为财政支出对污染排放的间接影响效果及其作用路径。关于这类研究，学者们主要基于理论和实证两方面进行了深入的探讨。在理论研究方面，万建香（2015）基于 Hamilton 模型发现，提高政府财政支出有利于经济实现绿色转型升级，即实现经济增长的同时，又能实现环境治理和改善生态环境，而这一效应的实现得益于财政支出的外部效应和环境效应。余长林和杨惠珍（2016）基于三部门的一般均衡模型发现，政府财政支出对环境污染的影响是不确定的，这跟政府财政支出结构有关。在实证研究方面，卢洪友等（2015）基于 103 个环境保护重点城市的面板数据，分析了财政支出对消费型环境污染的影响；余长林和杨惠珍（2016）基于中国城市层面的经验数据，分析了分权体制下中国地方政府支出对环境污染的影响。

（2）财政支出结构对环境污染的影响。一般而言，生态环境的恶化会导致市场失灵，即出现负的外部性，此时需要政府这只“有形之手”，通过财政支出的方式，发挥有为政府的作用，实现对环境污染的治理。而政府对环境污染的治理，这可以视为政府向社会提供的公共产品和服务（Pearce 和 Palmer，2001）。财政支出规模对环境污染的治理作用，往往是通过财政资金的规模效应实现的，而财政支出结构对环境污染治理可以进一步发挥特定支出类别的特有属性，来实现对环境污染的治理，如政府节能环保支出是直接导向环境污染的治理的支出，而政府教育支出则是通过提高社会人力资本水平，进而提高社会技术创新水平，实现对环境污染的治理。相较于国内的研究，国外在这方面的研究较早。其中，较为典型的文献通常通过构建理论模型来揭示财政支出结构对环境污染治理的影响及其作用机理（Ercolano 和 Romano，2018）。举例来说，López 等（2011）通过构建一般均衡模型系统讨论了财政支出结构对环境污染治理的影响效果及其实现路径。Gupta 和 Barman（2009）基于内生经济增长模型系统阐释了不同支出组合对环境污染治理的影响，以及在既定环境污染治理目标下的最优财政支出结构问题。

Galinato 和 Galinato（2016）基于农田扩张的视角，分别讨论了政府财政支出总量和支出类别对于环境污染治理在长短期的不同影响效果。

就中国而言，关于财政支出结构对环境污染的影响，有着中国的特殊性。较为典型的事实是，自分税制改革以来，中央通过上收财权、下移事权的方式，降低了地方财政收入的汲取能力，与此同时还增加了地方的支出责任，这导致一个较为明显的特征，即央地间财政纵向失衡程度愈演愈烈。尽管中央试图通过转移支付的途径，缓解地方政府的财政压力，进而调动地方积极性，然而从现实情况看，也是无济于事。这也与中国行政管理的体制模式有关，中央对地方官方有着绝对的任免权，因此为了政治晋升和实现中央制定的约束目标，地方政府往往首先是迎合中央的需求和考核目标，而忽视辖区内人民的需要，最为典型的就是 GDP 政治"晋升锦标赛"。在这一体制背景下，地方政府在财政资金有限的情况下，则会更偏向于生产性或经济性财政支出，倾向对显示性公共产品和服务的提供，以寻求短期内的经济增长，最后实现政治晋升。例如，大规模的基础设施建设（张军等，2007；尹恒和朱虹，2011）；粗放型经济发展模式下，有利于社会福利和民生建设的非经济性支出被忽视或抑制（傅勇和张晏，2007；吕炜和王伟同，2010）；在经济增长目标导向和官员政治晋升的激励下，即使经济陷入疲软状态，经济性财政支出依旧被政府所青睐，无疑这将大幅导致环境的恶化，并使经济发展陷入不可持续的逆境之中。因此，如何优化中央对地方环境治理的目标约束机制和财政支出结构的问题，一直是学者们广泛关注的焦点话题。陈思霞和卢洪友（2014）实证分析了非经济性支出占比对环境治理的影响；卢洪友等（2015）基于理论与实证相结合的方式，系统分析了非经济性财政支出占比对环境污染治理的影响及其作用机制。Huang（2018）基于空间效应视角，利用中国的经验数据系统分析了财政支出结构对环境污染治理的空间效应。Fan 等（2020）基于不平等视角，系统分析了财政支出结构对污染物排放不平等的影响及其作用机制。

2. 财政支出对绿色经济增长的影响

资源的有限性和全球生态环境的不断恶化，要求经济必须转向绿色发展。绿色经济既是经济发展新的阶段，也是发展路径上的必然选择（OECD，2009；中国科学院可持续发展战略研究组，2010）。绿色经济增长是资源节约、环境保护和经济增长三者协同发展的经济发展模式，是实现经济可持续发展和人与自然和谐相处的必由之路。现有文献关于财政支出对绿色经济增长的影响效果，国内外学者基于不同的视角给出了具体的答案，归纳起来主要分为三类文献，具体见下：

第一类文献认为财政支出对绿色经济增长有负面影响。例如，虞晓雯和雷明（2014）利用面板 VAR 模型发现，提高政府财政支出对地区绿色经济增长有显著负向影响。从财政支出结构看，雷明和虞晓雯（2013）基于空间计量模型，利用中国省际面板数据发现，提高政府农业方面的财政支出、科技支出、教育支出以及医疗卫生支出对地区绿色经济增长具有显著的抑制作用。

第二类文献认为财政支出对绿色经济增长有正向影响，这一类文献较丰富。如万建香（2015）通过 Hamilton 模型分析与数字模拟发现，提高政府财政支出规模有利于促进地区绿色经济增长，即增加政府财政支出可以实现经济增长和环境治理的双赢。叶初升和惠利（2016）基于农业绿色发展的视角，利用中国省际面板数据发现，政府财政支出对地区农业绿色经济发展具有显著正向影响。Lin 和 Zhu（2019）基于中国 282 个地级市的面板数据，利用非径向距离函数构建绿色经济增长指数，采用系统 GMM 估计方法评估了政府教育财政支出和科技财政支出对绿色经济增长的影响。研究发现，教育财政支出和科技财政支出均对绿色经济增长有促进作用，且科技财政支出和教育财政支出分别通过技术活动和人力资本密集型活动促进绿色经济增长。Feng 等（2022）选取“一带一路”国家 2008—2018 年的面板数据，使用数据包络分析和系统 GMM 估计方法来考察政府财政支出与绿色经济绩效之间的关系。结果表明，“一带一路”沿线国家绿色经济绩效指数的波动是由于缺乏严肃的政府政策造成的。此外，政府支出对绿色经济绩效具有积极的显著影响。机制分析发现，人力资本和可再生能源方面的公共支出通过劳动力带来了富有成效的绿色经济，并在技术上推动了发展实践，在不同的国家产生了不同的后果。Zhang 等（2021）基于“一带一路”沿线国家的面板数据进行分析，评估公共研发支出与绿色经济增长和能源效率的关系。研究发现，用于绿色能源技术研发和人力资源（教育）的公共支出似乎加速了绿色经济的增长。这种加速的程度在技术创新和人力资源积累方面因国家而异。Hou 等（2022）基于“一带一路”国家的数据，分析了政府支出对各国绿色经济表现的影响。研究发现，教育财政支出和研发财政支出都对绿色经济增长产生了积极影响。

第三类文献认为财政支出对绿色经济增长影响不确定或是非线性关系。如张腾飞和杨俊（2019）使用 DEA 模型测算了中国省际绿色经济发展绩效水平，基于中国省际经验数据实证分析了政府环境保护支出对绿色经济发展绩效的影响，发现政府环境保护财政支出对地区绿色经济发展绩效的影响具有非线性效应，两者间存在显著的倒“U”形关系。Zhao 等（2022）选取绿色全要素生产率作为绿色经济发展的代理变量，基于中国地级市数据，考察了财政支出规模和结构对绿色经济发展的影响。研究发现，支出规模与 GTFP 之间存在显著的倒“U”形关系；科技支出、环保支出的扩大对拉动绿色增长具有重要作用，而经济支出和行政支出则具有不利影响；公共支出主要通过人力资本积累、技术创新、环境质量改善、劳动生产率提高四个渠道促进绿色发展。

3. 财政支出对产业绿色转型的影响

节约资源和环境保护是产业绿色转型的内涵要求。关于财政支出对产业绿色转型的影响研究，现有文献大体从以下两个方面展开了讨论。

一是从中观产业视角，在讨论财政支出与产业绿色转型的关系上，大多数文献主要集中在对工业、制造业或农业绿色转型的研究。具体来讲，在工业绿色转型方面。例如，王昀和孙晓华（2017）基于中观产业层面的视角，利用联立方程模型发现，政府补贴支出对工业绿色转型升级的影响并没有表现出显著的积极效应，但带动了企业的研发投入。戴魁早和骆莙函（2022）协同环境规制和政府财政支出的综合视角，利用中国地级市层面的经验数据发现，环境规制和政府科技支出均对工业产业绿色转型具有显著正向影响，并且两者还可发挥共同促进工业产业绿色转型的协同效应。在制造业绿色转型方面。李永友（2018）的研究认为，包括制造业绿色转型在内的产业绿色转型，在本质上是要素资源在不同产业间和不同产业内部自由流动和合理配置的内生性过程。IMF（2015）的研究显示，环境的污染具有显著的负外部性，制造业作为产业体系中污染物排放的主要源头，尤其受到社会各界的关注和监督，政府无论是为了履行政府职能，还是迫于人们对清洁生态环境的需求，通过财政支出政策展开环境污染治理，是其最常用且见效的办法。李小奕（2021）基于中国省际面板数据发现，提高政府财政支出效率有利于促进制造业绿色转型升级，其中，增强科技创新能力是其重要的作用机制。刘蓉等（2022）的研究发现，构建绿色财政支出体系对于促进产业（或制造业）绿色转型具有积极影响。在农业绿色转型方面。姜智强等（2022）利用中国长江经济带的省级面板数据发现，政府节能环保支出对农业绿色转型升级具有显著正向影响，且这一影响在地区间表现出异质性。

二是从微观企业的视角，探讨财政支出与微观企业绿色转型的关系。例如，李青原和肖泽华（2020）以中国A股重污染行业上市企业的数据作为样本发现，政府环保补助支出对企业绿色技术创新的影响具有抑制作用，其原因在于企业为了获得政府补贴，采取了对政府政策的迎合效应，而并未真正增加研发投入，提高技术创新水平。唐大鹏和杨真真（2022）基于中国A股上市企业的经验数据发现，通过政府环保研发补助的路径，提高政府节能环保支出有利于促进企业增加绿色研发投入，提高绿色技术创新水平，实现企业绿色转型升级。Shao等（2022）基于中国沪深A股上市公司的经验数据发现，政府研发补贴、环保补贴和人才补贴对企业绿色技术创新有显著正向影响，而这一效应在不同的绿色技术创新上表现出异质性。

（四）产业结构绿色转型的指标测度及其相关研究

目前，与产业结构绿色转型指标测度及其相关的研究，大致可以归纳为以下两种类型。一类是对产业结构低碳化的测度及其拓展研究。例如，张伟等（2015）借助Kaya恒等式对产业体系的碳排放量进行因素分解，分析生产技术、资本和劳动力等生产要素升级对产业体系低碳化发展的影响，并以此为基础构建了产业体系碳排放指标体系，重点讨论了产业结构升级、能源结构优化与产业体系低碳化发展之间的关系。鄢哲明等（2016）从“前向低碳化”的视角切入，利用低碳产业与高碳产业相对产值的变动，构建了产业结构低碳化指标体系，并讨论了绿色技术进步对中国产业结构低碳化的影响。孙丽文等（2019）基于RAGA—PP模型，以低碳经济和产业结构优化相关理论为基础，从产业结构高度化、合理化和生态化三个方面共同构建产业结构低碳化评价体系，并从时间和空间两个维度综合评价中国产业结构低碳优化水平。Mao等（2019）从结构转型和效率转型两个方面共同测度了中国工业产业结构绿色转型指数，采用高污染产业在产业部门结构中的变化来衡量结构转型，采用绿色全要素生产率来衡量效率转型。Feng等（2019）使用绿色产业结构层次、绿色产业结构合理化和绿色产业结构变化三个维度作为区域产业结构绿色调整的代理变量，考察其与GTFP的生态福祉效应。另一类是关于各产业低碳化水平测度及其相关拓展研究。例如，李波等（2011）构建了农业碳排放指标体系，分析了中国1993—2008年农业碳排放水平、时空特征和影响因素。伍国勇等（2021）在李波（2011）的基础上，进一步测算了中国农业碳排放强度的动态演进及碳补偿潜力。Hou等（2018）采用绿色TFP作为工业绿色转型指数的代理变量，研究了工业绿色转型对碳排放强度的影响。Shi等（2021）采用网络分析法和生态效率法，构建了工业绿色转型指标体系。杨翔等（2015）基于松弛的方向性距离函数和全域Malmquist-Luenberger指数，构建了中国制造业碳生产率指标体系。冯博等（2015）参考IPCC碳排放核算方法，构建了中国区域建筑业碳排放测算模型，综合测算了中国各省建筑业的碳排放量。Wang等（2020）采用灰色关联模型从碳减排的发展程度和协调程度综合构建了中国服务业碳减排的成熟度指数，并分析其省际区域差异及动态演变规律。

（五）文献评述

与本书主题相关的既有文献，主要从财政支出与产业结构转型升级、财政支出与经济增长、财政支出与绿色发展以及产业结构绿色转型指标测度及其相关研究四个方面展开了研究，这为本书的研究提供了丰富的理论基础。不过，既有研究仍存在一些不足之处：

第一，既有文献尚未对产业结构绿色转型的内涵形成统一的标准，所构建的指标体系也存在差异。纵观已有文献，虽然构建了各产业及其结构低碳化的指标体系，但现有文献重在讨论产业结构低碳化与其他变量间的关系，对于产业结构低碳化本身的基本内涵和理论依据缺乏系统阐释，而且关于低碳化的内涵基本局限于绿色转型的狭义含义，主要是基于污染物排放的视角，重在考量污染物排放的最小化，并且对不同地区的产业结构低碳化水平在不同时期的发展演变规律也缺乏深入探讨。显然，产业结构绿色化的内涵并不局限于污染物排放的最小化，还包括资源投入尤其是能源消耗的最小化和清洁能源的开发和利用，以及经济增长的内在要求。在所构建指标反映出的经济学含义上，现有文献大多只能单一反映产业结构能源利用效率或碳减排效果的情况，却无法综合反映出能源消耗、碳排放和经济增长三者在产业之间或各产业内部的关系。本质上，产业结构绿色化蕴含着资源节约、环境保护和经济增长三者协同共赢的生态关系。基于此，本书利用 2000—2019 年中国省级面板数据，以“双碳”目标为导向，从“能源消耗”和“碳排放”两方面着手，结合各产业在国民经济体系中的相对重要程度，基于横向耦合维度和纵向闭合维度首次构建中国产业结构绿色转型指标体系，分别采用泰尔指数和环境效率进行测算，并据此分析全国各区域各省份产业结构绿色转型的时空特征、区域差异及演进趋势，以期在此基础上找准短板，为决策层面制定促进我国产业结构绿色转型政策提供策略思路。

第二，关于财政支出规模的既有文献，主要依托公共财政理论和经济增长理论，从理论和实证两端集中讨论了财政支出规模效应及其中间机制，缺乏对财政支出规模效应得以有效发挥的依赖条件进行综合考量。具体来讲，在考察财政支出规模效应的文献中，既有文献重在讨论财政支出规模对（绿色）经济增长的影响及中间机制，财政支出规模对产业结构转型升级的影响及中间机制，财政支出规模对产业（或企业）绿色发展的影响及中间机制，这为本书的研究提供了较为丰富的研究基础，但这类文献忽略了财政支出规模效应得以有效发挥的依赖条件。众所周知，财政支出规模代表了政府对市场的干预程度，正确处理好政府与市场的关系，使市场在资源配置中起决定作用和更好地发挥政府作用，是发挥有效市场和有为政府的关键。因此，要使财政支出规模效应得以有效发挥，至少应考虑两个依赖条件：一是考虑政府力量和市场力量的协同效应，二是考虑政府运作效率对财政支出规模效应影响。遗憾的是，既有文献对这方面的考虑还很缺乏。基于此，本书在考察财政支出规模对产业结构绿色转型的影响时，基于发展型政府的视角，考察了财政支出规模效应，并进一步考察了政府力量和市场力量的协同效应，以及政府财政支出效率对财政支出规模效应的调节效应。

第三，关于财政支出结构效应的既有文献，在研究内容上，对直接导向绿色发展的财政支出效应的关注不够。具体来讲，关于政府绿色采购支出、绿色补贴支出和绿色投资性支出的绿色发展效应的研究还很缺乏。在研究视角上，较少涉及财政支出结构偏向或扭曲对财政支出结构效应的影响。财政支出结构扭曲是影响政府支出决策行为的一个重要因素。现有研究主要讨论了财政支出结构的影响效果和作用路径，尚缺乏结合财政支出结构扭曲的视角全方位的考量，这使得现有研究的现实指导意义欠佳。在中国式财政分权制度和经济增长目标管理制度下，央地之间的财政纵向失衡和地方政府经济增长压力是造成地方财政支出结构扭曲的两大重要原因，直接影响着政府支出决策行为，进而影响财政支出结构效应的有效发挥，现有文献在这个方面的研究较为缺乏。基于此，根据研究主题和目的，本书围绕绿色技术创新，将财政支出结构划分为直接导向绿色发展的财政支出和间接促进绿色发展的财政支出，前者重点分析有利于缓解企业融资约束和激励绿色技术创新的绿色采购支出、绿色补贴支出和绿色投资性支出对产业结构绿色转型的影响及其作用机制，后者着重分析有利于积累人力资本和技术创新的交通运输支出和科教文卫支出对产业结构绿色转型的影响及其作用机制，并在此基础上，为缓解地方政府财政支出结构偏向问题，从财政纵向失衡和经济增长目标管理的视角，对科教文卫支出对产业结构绿色转型的影响展开调节效应分析，为缓解制约地方政府支出决策行为提供决策思路和可行方案。

三、研究内容与方法

（一）研究思路

首先，本书基于“双碳”目标发展战略和经济体系绿色转型的背景，提出财政支出对产业结构绿色转型影响研究的主题，通过梳理相关文献的研究现状，并分析现有研究的不足，阐释本书研究的创新之处。其次，展开财政支出影响产业结构绿色转型的理论分析，为本书的研究提供理论架构。再次，全面分析中国财政支出制度与产业结构绿色转型的历史演进与现状，梳理财政支出支持产业结构绿色转型的历史演进、分析中国财政支出的现状以及中国产业结构绿色转型水平与现状，分析当前中国财政支出优化产业结构绿色转型取得的成效、存在的问题、问题影响及其根源。接着，从财政支出规模、财政支出结构两个方面，分别对产业结构绿色转型的影响及其作用机制展开实证研究。最后，为本书研究结论和政策建议。具体研究思路如图 1 – 1 所示。

（二）研究内容

本书研究内容主要包括以下六个部分：

第一，导论部分。导论部分主要为本书选题背景、文献综述、研究思路、研究内容和方法，以及本书的创新之处。通过对选题背景的阐述，明确本书所要研究的核心问题，进一步梳理与本书主题相关的现有文献，具体围绕财政支出与产业结构转型升级、财政支出与经济增长、财政支出与绿色发展以及产业结构绿色转型测度及影响因素四个方面进行国内外研究现状与评述。在此基础上，提出本书的创新之处。

第二，财政支出与产业结构绿色转型的理论分析。首先，对财政支出的概念和类型、产业结构绿色转型的概念与影响因素进行准确的界定。其次，基于可持续发展理论、外部性理论和新结构经济学理论，分析政府推动产业结构绿色转型的理论依据，揭示政府推动产业结构绿色转型中应兼顾的职能和政策制定的原则。最后，对政府财政支出影响产

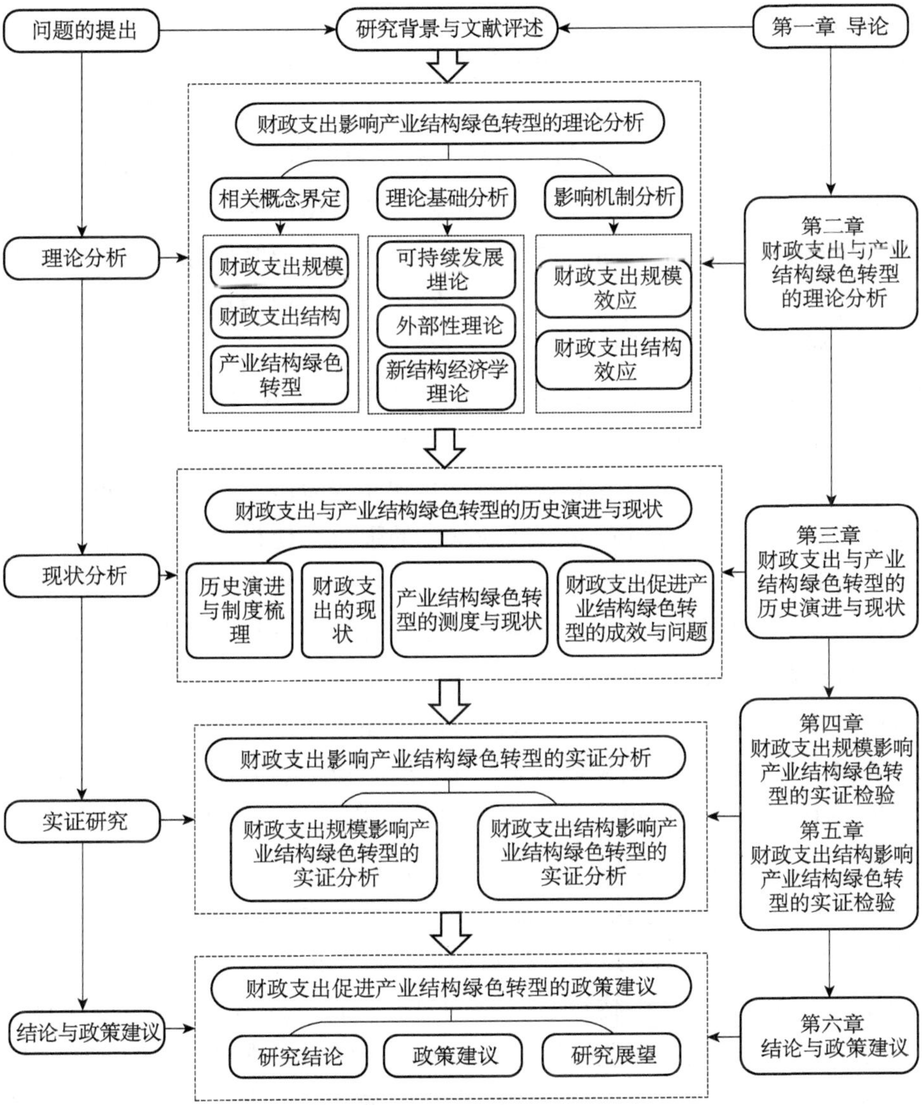

图1-1　本书研究思路

业结构绿色转型的机制路径展开分析。具体来说，一是考察财政支出规模对产业结构绿色转型的影响及其作用机制，并在此基础上，基于发展型政府视角，考察财政支出规模对产业结构绿色转型的影响的依赖条件；二是根据本书研究主题和目的，围绕绿色技术创新，将财政支出结构划分为“直接导向绿色发展的支出”和“间接促进绿色发展的支出”，前者重点分析有利于缓解企业融资约束和激励绿色技术创新的绿色采购支出、绿色补贴支出和绿色投资性支出对产业结构绿色转型的影响及其作用机制，后者着重分析有利于积累人力资本和技术创新的交通运输支出和科教文卫支出对产业结构绿色转型的影响及其作用机制，并在此基础上，基于中国地方财政支出偏向的典型事实，从财政纵向失衡和经济增长压力两个方面，对科教文卫支出对产业结构绿色转型影响展开调节效应分析。据此，揭示地方政府在推动产业结构绿色转型中财政支出激励的效果及具体作用路径。

第三，中国财政支出制度与产业结构绿色转型的历史演进与现状。首先，本章系统回顾了助力产业结构绿色转型的相关财政支出制度演变历程，具体为环保专项资金制度的建立和完善阶段、生态补偿制度的建立和完善阶段、环境财政支出激励制度的强化与建设阶段。其次，分析中国财政支出现状，具体从两方面展开：一是分析中国财政支出规模和结构现状，二是从中央和地方两个方面，分析中央和地方财政支出规模和结构现状。再次，基于前文构建的产业结构绿色转型的指标体系，具体展开现状分析。为了科学准确地刻画中国产业结构绿色转型的发展现状和演进规律，为相关领域的研究提供工具性的基础数据，本书基于2000—2019年中国省级面板数据，以“双碳”目标为导向，从“能源消耗”和“碳排放”两方面着手，结合各产业在国民经济体系中的相对重要程度，基于横向耦合和纵向闭合维度首次构建中国产业结构绿色转型指标体系，分别采用泰尔指数和环境效率进行测算，并据此分析全国各区域各省份产业结构绿色转型的时空特征、区域差异及演进趋势。最后，分析当前制约产业结构绿色转型的中国财政支出存在的问题，以及存在问题的根源及对政府行为的影响。本章旨在为财政支出领域改革和更好地促进产业结构绿色转型和经济社会转型发展提供历史维度的视角。

第四，财政支出规模影响产业结构绿色转型的实证分析。本章在前文理论阐述地方财政支出规模对产业结构绿色转型的作用机理及依赖条件的基础上，实证分析财政支出规模对地方产业结构绿色转型的影响程度及机制。结合省级面板数据，从宏观层面，实证检验地方财政支出规模在产业结构绿色转型的横向耦合度和纵向闭合度中的驱动作用，并考察政府力量与市场力量的协同互补效应以及政府支出效率在财政支出规模效应中的作用。进一步地，基于城市和企业层面的经验数据，从微观层面，拓展性分析财政支出激励政策对企业绿色转型升级的影响。

第五，财政支出结构影响产业结构绿色转型的实证分析。根据本书研究的主题和目的，围绕促进绿色技术创新的目标，从直接导向绿色发展和间接促进绿色发展两个方面，将财政支出结构划分为“直接导向绿色发展的支出”和“间接促进绿色发展的支出”，前者重点分析有利于缓解企业融资约束和激励企业绿色技术创新的绿色采购支出、绿色补贴支出和绿色投资性支出对产业结构绿色转型的影响及其作用机制，后者着重分析有利于积累人力资本和技术创新的交通运输支出和科教文卫支出对产业结构绿色转型的影响及其作用机制，并在此基础上，基于中国地方财政支出偏向的典型事实，从财政纵向失衡和经济增长压力两个方面，进一步分析其对科教文卫支出对产业结构绿色转型影响的调节效应。

第六，研究结论与政策建议。对全书进行总结，并提出针对性的政策建议，以及探讨未来可以进一步拓展的方向。

（三）研究方法

本书以实现“双碳”目标为导向，以构建现代化产业体系为目的，结合理论研究和实证研究的方法，系统分析财政支出对产业结构绿色转型的影响及其作用机制，主要采用以下三种研究方法展开分析：

第一，文献分析方法。根据本书研究主题和目的，系统梳理国内外关于财政支出与产业结构绿色转型的现有文献。遵循与本书研究主题的相关程度，着重归纳和分析财政支出与产业结构转型升级、财政支出与经济增长、财政支出与绿色发展以及产业结构绿色转型水平测度及其影响因素的研究，为本书的研究提供文献基础。与此同时，系统梳理中国财政支出制度支持产业结构绿色转型的历史演变、现状、存在问题、问题根源及对政府行为的影响。最后，为优化财政支出政策，以增强财政支出对推动产业结构绿色转型的激励效应，提供新的研究视角与解释。

第二，规范分析方法。寻找政府财政支出影响产业结构绿色转型的理论基础，在理论层面剖析，政府财政支出推动产业结构绿色转型的机制路径。具体借助可持续性发展理论、外部性理论和新结构经济学理论等理论，着重分析政府财政支出规模和财政支出结构对产业结构绿色转型的影响效果及其机制路径，以此构建本书的理论分析框架。

第三，实证分析方法。着重讨论政府财政支出规模和财政支出结构对产业结构绿色转型的影响及其作用机制。现有研究在财政支出与产业结构转型升级、财政支出与经济增长、财政支出与绿色发展的关系领域有着较为丰富的研究，而本书以产业结构绿色转型为研究对象，分析财政支出规模、财政支出结构对其的作用效果及其作用机制，是对当前产业结构绿色转型发展研究的有效补充。对于产业结构绿色转型的指标度量，本书以"双碳"目标为导向，从产业结构的能源消耗和碳排放两方面着手，结合各产业在国民经济体系中的相对重要程度，构建中国产业结构绿色转型指数。具体地，从横向耦合维度，构建基于能源消耗、碳排放和产业增加值在各产业之间横向耦合及协调配置的综合指标，利用泰尔指数进行测算；从纵向闭合维度，构建基于能源消耗、碳排放和产业增加值在各产业内部纵向闭合及绿色生产能力的综合指标，利用环境效率进行测算。基于省级、市级和企业层面的经验数据，主要运用双向固定效应模型（FE）、双重差分模型（DID）、系统矩估计模型（系统 GMM）、工具变量法（IV）等实证分析方法，系统研究财政支出规模对产业结构绿色转型的影响及其作用机理，以及财政支出结构对产业结构绿色转型的影响及其作用机理。

四、本书的创新之处

与既有文献相比，本书的创新点主要体现在以下三个方面：

（一）研究视角的创新

基于发展型地方政府的视角，从宏观层面给出了一个理解财政支出规模影响产业结构绿色转型的理论逻辑框架，并从影响机制和依赖条件上，考察有效市场和有为政府的协同效应，以及政府财政支出效率对于财政支出规模影响产业结构绿色转型的调节效应；进一步地，从微观层面给出了节能减排财政支出激励政策促进企业绿色转型的经验证据。

根据本书研究主题和目的，将财政支出结构划分为“直接导向绿色发展的支出”和“间接促进绿色发展的支出”，前者系统考察了有利于缓解融资约束和激励绿色技术创新的绿色采购支出、绿色补贴支出和绿色投资性支出对产业结构绿色转型的影响及其作用机制，为政府重点绿色支出助力产业结构绿色转型提供了经验证据。后者系统考察了有利于积累人力资本和技术创新的交通运输支出、科教文卫支出对产业结构绿色转型的影响及其作用机制；并在此基础上，为缓解地方政府生产性支出偏向，基于财政纵向失衡和经济增长压力对科教文卫支出对产业结构绿色转型的影响展开调节效应分析，为缓解制约地方政府支出决策行为提供了策略思路和可行方案。

（二）度量指标的创新

本书创新性地构建了产业结构绿色转型的指标体系。关于产业结构绿色转型指标体系的构建是本书研究的重点和难点，为了尽可能科学且客观地刻画产业结构绿色转型指数，本书以新发展理念为引领，以“双碳”目标和高质量发展为导向，结合中共中央、国务院印发《意见》的精神和要求，从三次产业的能源消耗和碳排放两方面着手，结合各产业在国民经济体系中的相对重要程度，首次构建产业结构绿色转型指标体系，为相关领域的研究提供工具性的基础数据。相较于已有研究，本书构建的产业结构绿色转型指数可以综合反映资源节约、环境保护和经济增长三者在三次产业之间和各产业内部有机统一和协同发展的共生关系。具体来讲，从横向耦合维度，构建基于能源消耗、碳排放和产业增加值在三次产业间横向耦合及协调配置的综合指标，利用泰尔指数进行测算；从纵向闭合维度，构建基于能源消耗、碳排放和产业增加值在三次产业内部纵向闭合及绿色生产能力的综合指标，利用环境效率进行测算。并以此测度全国层面或各地区的产业结构绿色转型水平，观察其历史演变的发展规律，在此基础上找准短板，为制定促进中国产业结构绿色转型提供了策略思路。

关于地方政府绿色采购支出指标的度量方式较为新颖。目前，政府绿色采购支出尚无区域层面的统计数据。少量的既有文献统计了区域层面的政府采购支出规模，主要采用宽口径和窄口径两种方式予以度量（曹润林和张景华，2015；姜爱华和朱晗，2018）。具体来说，窄口径方式来源于《中国政府采购年鉴》数据，该数据因为没有囊括招投标工程采购数据，则低估了政府采购能力；宽口径方式采用全社会固定资产投资中的国有经济投资规模来衡量省级政府采购支出的实际规模。现有文献尚未对区域层面的政府绿色采购支出展开度量。本书创新性地从中国政府采购网中针对政府采购项目，通过手工整理，采用与绿色相关的关键词对其进行检索，借鉴陈诗一和陈登科（2018）的做法，具体选取环境保护、环保、污染、能耗、节能、减排、排污、生态、绿色、低碳、空气、化学需氧量、二氧化硫、二氧化碳、PM10、PM2.5 等关键词，从而获得政府绿色采购项目，然后按照项目所属省份对绿色采购项目金额进行加总，最终获得省级政府绿色采购支出数据。

关于政府绿色补贴支出指标的度量方式也较为新颖。目前，关于政府绿色补贴支出，也尚无区域层面的统计数据。考虑到政府绿色补贴的对象最终是微观企业，本书创新性地采用微观数据加总的方式予以度量。这一做法的好处在于，政府绿色补贴支出最终的对象是微观企业，因此利用微观数据加总的数据则更具可靠性和针对性。具体计算步骤为：从沪深 A 股上市公司财务报表附注中，通过手工整理，对政府补助明细采用与绿色相关的关键词进行检索，借鉴陈诗一和陈登科（2018）的做法，具体选取环境保护、环保、污染、能耗、节能、减排、排污、生态、绿色、低碳、空气、化学需氧量、二氧化硫、二氧化碳、PM10、PM2.5 等关键词进行检索，从而获得政府绿色补助数据，然后按照企业所属省份将企业绿色补助金额进行加总，最终获得省级政府绿色补贴支出数据。

（三）学术观点的创新

本书通过搭建财政支出与产业结构绿色转型的理论分析框架，深入分析了财政支出规模和财政支出结构分别对产业结构绿色转型的影响机制，在此基础上，基于省级、市级和企业层面的经验数据，采用双向固定效应模型（FE）、双重差分模型（DID）、工具变量模型（IV）、系统 GMM 等估计方法，具体研究了财政支出规模、财政支出结构的不同作用效果，得到如下学术观点：

第一，扩大政府财政支出规模有利于促进产业结构绿色转型升级，但是这一效应的发挥效果，取决于市场化水平和政府财政支出效率的高低。

第二，地方政府绿色采购支出、绿色补贴支出和绿色投资性支出均对产业结构绿色转型具有显著正向促进作用，其中，绿色技术创新、能源利用效应和碳减排效率三个作用渠道，是地方政府绿色采购支出、绿色补贴支出和绿色投资性支出影响产业结构绿色转型的重要机制。地方政府绿色采购支出、绿色补贴支出和绿色投资性支出对产业结构绿色转型的影响，在不同税负水平、不同知识产权保护程度、不同工业化（特别是重工业化）程度、不同能源依赖程度的地区具有异质性。

第三，科教文卫支出对产业结构绿色转型具有显著正向促进作用；细分支出项目上，科技支出、教育支出、医疗卫生支出均对产业结构绿色转型具有显著正向促进作用。科教文卫支出总体上与产业结构绿色转型之间呈倒“U”形关系，并且当前我国科教文卫支出占比处在倒“U”形曲线拐点值的左边，正处在有利于促进产业绿色发展的水平上。人力资本和技术创新两个作用渠道是科教文卫支出影响产业结构绿色转型的重要机制。科教文卫支出对产业结构绿色转型的正向影响会随着财政纵向失衡或经济增长压力程度的增加而被削弱。

第二章

财政支出与产业结构绿色转型的理论分析

本章尝试建立财政支出对产业结构绿色转型影响的系统性理论分析框架。首先，对财政支出的概念与类型、产业结构绿色转型的概念与影响因素、衡量产业结构绿色转型的指标体系等方面进行分析；其次，运用可持续发展理论、外部性理论和新结构经济学理论，构建财政支出对产业结构绿色转型影响的理论分析框架。最后，从财政支出规模和财政支出结构两个层面分析财政支出对产业结构绿色转型的影响机理，揭示财政支出不同类别以及不同特征对产业结构绿色转型的影响效果。

第一节　相关概念界定

一、财政支出的概念与类型

财政支出，也称公共支出或政府支出，是指在市场经济条件下，政府为履行职能而提供公共产品和服务，以满足社会共同需要而进行的财政资金的支付。作为国家治理的重要组成部分，财政支出反映了政府活动的范围，以及财政资源配置的规模、结构和方向。在基本内涵上，大体有两层含义：一是“怎么提供公共产品和服务”，意即应该采取什么样的方式提供公共产品和服务，以履行政府职能；二是“如何实现财政支出的有效性”，意即如何通过优化支出比例和结构等方式，实现财政支出的作用效果。讨论财政支出，就必然绕不开政府与市场分工的问题。政府向社会提供公共产品的前提是，财政使用该资源的效益大于民间使用该资源的效益时，政府可以替代市场向社会提供公共产品和服务；反之则反是。总而言之，财政支出反映了政府的政策选择，是政府行使职责的成本。其中，财政支出规模和财政支出结构反映了政府为实现其职能所进行的活动范围和政策选择的倾向性。基于此，根据本书研究的内容和目的，继续阐释财政支出规模、财政支出结构等概念和内涵。

（一）财政支出规模

财政支出规模是指政府在一定财政年度内通过预算安排的财政支出总额，反映其集中和使用的经济资源数量。财政支出规模代表了政府对经济社会发展影响力的强弱或市场的干预程度。对财政支出规模的衡量和测度通常有两个指标：绝对指标和相对指标。其中，绝对指标是指政府财政支出的绝对金额，即财政支出总额。随着我国经济进入高质量发展阶段，首要任务是建立以人民为中心的考核指标，因此，也采用人均财政支出来表征政府财政支出规模。相对指标的测度通常采用绝对指标与 GDP 的比值予以度量，以此反映一定财政年度内在全社会创造的财富中由政府直接支配和使用的部分。

（二）财政支出结构

财政支出结构是指各类财政支出的组合状态和占总财政支出的比例关系，其反映了政府在资源配置中的重点与方向。目前，既有研究对财政支出结构的划分，尚未形成统一的标准，大多是基于经济增长绩效视角、环境绩效视角、政府职能视角，或者基于特定的研究主题和目的进行划分等，并且即使是同一研究主题其划分结果也存在差异。例如，从经济增长绩效的视角，既有研究将财政支出结构划分为生产性支出和非生产性支出（Barro，1990；Devarajan，1996；郭庆旺等，2003）；也有部分学者将其划分为生产性支出、服务性支出和消费性支出三类（胡永刚和郭新强，2012）；或者依据研究主题的侧重点从财政支出类别中选取特定的支出占比来度量（李永友和沈坤荣，2009）。从环境绩效的视角，例如，雷明和虞晓雯（2013）将财政支出结构划分为科技支出占比、农业支出占比、工业交通和商业部门事业费支出占比和文教科卫支出占比；王艺明等（2014）和卢洪友等（2015）则将财政支出结构划分为经济性支出和非经济性支出。而从政府支出的经济性质视角，既有文献将财政支出结构划分为购买性支出和转移性支出（郭庆旺等，2003；贾康，2008；陈诗一和祁毓，2022）。可见，关于财政支出结构的划分，在未形成统一划分标准的情况下，既有文献大多是根据自身特定的研究主题和研究目的，对财政支出结构进行了针对性的划分。这一做法的好处在于，能够更大程度地凸显出聚焦于研究主题和研究目标的特定支出类别或支出结构，其研究结论能够彰显出更加具体的、针对性的指导意义。

进入新发展阶段，经济社会全面绿色转型已经成为中国经济高质量发展的必然要求和必由之路。财政作为国家治理的基础和重要支柱，对经济社会全面绿色转型有着重要作用。在财政支出端，诸如绿色采购支出、绿色补贴支出和绿色投资性支出无疑是政府引导和激励绿色发展最为重要的绿色支出类别。作为政府推动实现经济社会全面绿色转型的一项重要财政支出，绿色采购支出是政府采购活动的一种制度创新。通过政府对诸如节能环保产品、新能源公务用车和新能源船舶的采购行为，一方面直接引导企业增加对节能环保产品的供给，以及加大对清洁能源的开发和利用，另一方面对社会绿色低碳消费起到推动和示范作用，进而倒逼企业加大对绿色低碳产品的供给，提高节能减排的绿色技术创新水平。政府绿色补贴是我国现阶段环境规制政策的主要工具之一。为了解决生态环境问题，是政府通过绿色补贴的方式对节能减排行为的一种环境补助行为。主要通过缓解企业融资约束，增加企业研发投入，提高企业绿色技术创新水平，进而促进经济社会实现绿色转型和绿色发展。作为环境友好型的投资手段，政府绿色投资行为，一方面可以增加企业扩大研发支出所需要的资金，另一方面可以引导社会投资向绿色低碳项目聚集，产生集聚效应，进而壮大绿色低碳行业的市场规模。

总的来讲，诸如绿色采购支出、绿色补贴支出和绿色投资性支出属于绿色财政支出的范畴。绿色财政支出是指在绿色经济条件下，政府为提供绿色公共产品和绿色服务，满足社会共同需要而进行的“绿色”财政支付。绿色财政支出的范围非常广泛，有综合性绿色支出，也有专项性绿色支出。其中专项性绿色支出，包括环保、科技、民生等方面。随着环境治理的不断推进，在碳达峰碳中和目标导向下，绿色发展和绿色转型已经成为引领我国经济实现高质量发展的必由之路和必然选择，自然要求在财政支出政策方面要加大绿色支出力度，大力支持绿色产业发展，培育绿色经济增长点，以满足经济社会全面绿色转型的需要。作为巩固和支持生态文明建设的需要，绿色财政支出是绿色发展理念在财政制度领域的具体实践。从狭义上讲，绿色财政支出通常指环境保护支出，如污染防治、环境保护管理事务、环境监测与监察、污染减排等支出。从广义上讲，绿色财政支出除了狭义上的内容外，还包括生态建设及能源节约利用等方面的支出，如生态补偿与保护支出、生态修复与维护支出、能源利用与管理支出、生态产业化与产业生态化支出、生态文化教育支出等。

二、产业结构绿色转型的概念与影响因素

（一）产业结构绿色转型的概念

准确把握产业结构绿色转型的内涵是科学构建产业结构绿色转型指标体系的关键。首先，需要厘清现代意义上的产业结构绿色转型与传统意义上的产业结构转型之间的区别与联系。传统的产业结构转型主要侧重于各产业间和各个产业内部资源配置合理协调均衡有效的状态。通常采用产业结构合理化来表征产业之间互相关联协调均衡的程度，采用产业结构高级化来表征通过技术进步和创新带动产业的素质改善和要素效率的提升，两者共同刻画了整个产业结构转型的状况。在指标度量上，传统的产业结构转型主要采用劳动要素投入、资本要素投入和产出增加值这三个因子构建合理化和高级化两个指标予以度量。然而，环境的恶化和资源的有限性提出了必须转变经济发展方式、实行经济高质量发展

的命题。传统的产业结构转型研究对环境因素关注不够，在促进高质量发展上的作用效果有限。因此，明确提出实现产业结构的绿色转型无疑构成了推动经济高质量发展的必然要求和关键环节。

理论上，绿色化本身就是传统产业结构转型的高级化发展的题中之义，在新时代新阶段需要高度重视和专门研究。也可以说，产业结构绿色转型是对传统产业结构转型的继承和升级发展，可以看成是传统产业结构高级化发展的延伸，也是传统产业结构转型在新的历史阶段和发展路径上的必然选择。一方面，产业结构绿色转型在要素资源投入端，更强调各产业、各部门尽量减少对能源资源的依赖和消耗，强调能源消耗和投入的最小化，推崇减排降碳的技术升级和清洁低碳的生产过程；在产出端，更强调污染物排放的最小化（特别是温室气体，如二氧化碳），最终形成低投入、低消耗、低污染、高技术、高产出、高质量、高效益的产业结构新模式，全面实现经济增长模式由外延型向内涵型的转变。另一方面，产业结构绿色转型与产业绿色发展之间密切相关，前者作为一个大概念是包含后者的，前者是从宏观或整体的视角出发，强调所有产业协调均衡发展过程中的能源消耗和碳排放最小化，着重于能源消耗、碳排放与产值在不同产业之间的协调均衡配置，聚焦于所有产业协调均衡发展过程中的能源效率和环境效率的最优①。而所谓的产业绿色发展是指单个产业内部的能源消耗和碳排放的最小化，着重产业自身内部的能源效率和环境效率的最优。可见，产业结构的绿色协调特征体现在整个产业链和供应链，涵盖了整个产业生态的方方面面。

事实上，党中央和政府相关部门也对产业结构绿色转型作出了相关部署。2021 年 10 月，中共中央、国务院发布的《意见》为我国产业结构绿色转型指明了方向，要求把碳达峰、碳中和纳入经济社会发展全局，以能源绿色低碳发展为关键，把节约能源资源放在首位，实行全面节约战略，持续降低单位产出的能源资源消耗和碳排放，提高投入产出效率，加快形成节约资源和保护环境的产业结构。可见，“节约资源”

① 当然，这里所谓的产业协调均衡发展并非指所有产业的发展质量、发展效益和发展速度简单相同或相等，而是强调不同产业之间的发展需要适应地区资源禀赋和技术水平，产业之间在能源投入、污染排放和产值方面需要相互关联和匹配适应。

和“环境保护”就构成了产业结构绿色转型的目标导向和基本内涵。“节约资源”强调各产业的能源消耗及其利用效率，“环境保护”强调各产业的碳减排效果。能源消耗从投入视角出发要求产业结构绿色转型过程尽量提高能源利用效率，并优化能源消费结构，减少高污染能源的投入使用或采用清洁能源替代化石能源等；碳减排从排放视角出发要求各产业在生产过程中尽量减少二氧化碳的排放和对环境的破坏。因此，在构建产业结构绿色转型指标过程中，不同产业的能源消耗和碳减排是最基本的考察因素，贯穿于产业结构绿色转型指数的计算全过程。在确定指标体系构建的基本要素后，为了全面刻画产业结构绿色转型水平，本书将产业生态学原理融入产业结构绿色转型的指标构建之中，结合各产业在国民经济体系中的相对重要程度，分别从横向耦合维度和纵向闭合维度衡量产业结构绿色转型水平。其中，横向耦合维度侧重于不同产业之间能源的合理配置以及污染排放负效益的最小化，强调不同产业的绿色耦合协调程度；纵向闭合维度侧重于以各产业内部绿色生产能力为起点，强调各个产业内部对能源的利用效率及污染物排放的控制能力，综合反映能源节约、环境保护和经济增长三者协调共赢的关系。

（二）产业结构绿色转型的影响因素

就产业结构绿色转型的影响因素而言，主要包括供给、需求和外部环境三个方面。具体来说，在供给侧，能源禀赋和绿色技术创新水平是两个主要的影响因素。能源禀赋是构成一个地区产业结构的重要基础，以高碳能源为主的能源结构决定了我国的工业结构中重化工产业占比较高。绿色技术创新水平可以通过提高能源利用效率，开发清洁能源，提升减排治污技术的效能等渠道影响产业结构绿色转型（秦炳涛等，2021）。绿色技术创新作为转变经济发展方式、实现绿色可持续发展的重要动力，也是一个地区实现产业结构绿色转型的关键（Mao 等，2019）。在需求侧，绿色消费需求、绿色投资需求和国外绿色需求是影响产业结构绿色转型的主要因素（孙军，2008）。依托凯恩斯需求管理理论，绿色消费需求的规模和结构均会影响绿色产品的供给，进而倒逼企业进行绿色化生产、供给绿色产品，最终实现产业结构绿色转型。国外绿色需求会对一国（地区）的出口产生拉动作用，会直接影响本国

（地区）的出口产品结构，从而可以带动本国（地区）的产业结构绿色转型。绿色投资需求往往也是由绿色消费需求带动激励形成，通过引导资金流向绿色产业，实现产业结构绿色转型（廖显春等，2020）。外部环境方面的因素主要包括政府政策制度、市场和社会三个层面。具体来说，依托外部性理论和政府职能理论，地方政府行为及其激励是影响地方产业结构绿色转型的重要因素。比如，GDP 锦标赛激励机制诱导地方政府进行有针对性的招商引资、制定产业政策和环境规制，从而影响产业结构的形成；财政分权激励机制会促使地方政府在面临事权和支出责任不匹配时，为缓解财政压力，将采取有偏的产业发展策略和安排地方支出项目，从而影响产业结构绿色转型（余永泽等，2014）。此外，经济发展水平、金融发展水平和城镇化水平等同样是影响产业结构绿色转型的重要因素。一般而言，经济发展水平通过作用需求侧来影响产业结构绿色转型（Timmons 等，1997；虞义华等，2011）；金融体系发展通过改善资金融通支持绿色产品的研发和绿色产品消费，进而形成供需内生驱动力，继而影响产业结构绿色转型（Piyabha 等，2001；Acemoglu 等，2006；易信等，2015）；而城镇化水平越高的地区则会形成人口集聚和产业集聚效应，人才和生产要素的集聚将有利于资本密集型或技术密集型产业的发展，从而可以助推产业结构绿色转型（Kolko 等，2010；Guy 等，2012；蓝庆新等，2013）。

三、衡量产业结构绿色转型的指标体系

产业结构绿色转型蕴含着资源节约、环境保护和经济增长三者协同发展的生态关系。本书以“双碳”目标为导向，从产业结构的能源消耗和碳排放两方面着手，结合各产业在国民经济体系中的相对重要程度，构建中国产业结构绿色转型指数。具体地，从横向耦合维度，构建基于能源消耗、碳排放和产业增加值在各产业之间横向耦合及协调配置的综合指标，利用泰尔指数进行测算；从纵向闭合维度，构建基于能源消耗、碳排放和产业增加值在各产业内部纵向闭合及绿色生产能力的综合指标，利用环境效率进行测算。具体见下：

（一）产业结构绿色转型指标的构建方法

1. 基于横向耦合的产业结构绿色转型指数构建

根据产业生态学原理，促进生态文明的产业结构应当充分考虑产业之间的横向耦合与协调程度（李春发等，2010），即不同产业之间资源配置的合理程度以及污染负效益的最小化等。泰尔指数最初主要用于测算收入不平等，干春晖等（2011）发现泰尔指数对于衡量产业结构的协调程度也具有良好的性质。因此，基于产业结构横向耦合视角，本书采用泰尔指数测算产业结构绿色转型指数。具体计算公式为：

$$CR_{tl} = \sqrt{\left(\sum_{i=1}^{n}\left(\frac{Y_i}{Y}\right)\ln\left(\frac{Y_i}{R_i}\Big/\frac{Y}{R}\right)\right)\times\left(\sum_{i=1}^{n}\left(\frac{Y_i}{Y}\right)\ln\left(\frac{Y_i}{W_i}\Big/\frac{Y}{W}\right)\right)} \quad \text{（式 2－1）}$$

其中，CR_{tl}表示基于横向耦合维度下的产业结构绿色转型指数，本书称之为"横向耦合度"，Y_i 表示第 i 产业的产值，R_i 为第 i 产业的能源消耗量，W_i 为第 i 产业的二氧化碳排放量，Y、R、W 分别表示三次产业总产值、三次产业能源总消耗量和三次产业二氧化碳总排放量，$\frac{Y_i}{Y}$ 表示各产业在国民经济中的重要程度。若产业体系处于均衡状态，则有 $CR_{tl}=0$；若 CR_{tl}不为 0，则表明产业结构绿色转型水平偏离了均衡状态，意即产业结构绿色转型的横向耦合结构不合理。其直观经济学含义为：当某一产业单位产出所使用的能源投入和污染排放不等于产业体系平均水平时，一定有其他产业的能源消耗和二氧化碳排放高于或低于平均水平，即能源消耗和二氧化碳排放的配额未能在产业之间实现协调配置的最优化。

2. 基于纵向闭合的产业结构绿色转型指数构建

纵向闭合维度侧重以各产业内部绿色生产能力为起点，强调各个产业对能源的利用效率及污染物排放的控制能力。国家发改委指出，在碳达峰碳中和目标下促进产业结构转型，要充分利用绿色制造技术和新一代信息技术对各产业进行全链条改造，提升各产业内部的绿色生产能力。为此，本书还基于产业结构纵向闭合的视角，通过计算各产业内部环境效率来构建产业结构绿色转型指数。具体计算公式为：

$$CR_{effe} = \sum_{i=1}^{n} \frac{Y_i}{Y}(ETF_i) \qquad （式 2-2）$$

其中，CR_{effe}为基于产业环境效率的产业结构绿色转型指数，本书称之为“纵向闭合度”，$\frac{Y_i}{Y}$表示各产业在国民经济中的重要程度，ETF_i为第 i 类产业的环境效率。该指标越大，表明纵向闭合维度下产业结构绿色转型水平越高。其直观经济学含义为：产业结构绿色转型水平由各产业内部的环境效率和产业相对重要性共同决定。这一指标的测算结果与我国产业结构调整的指导方向具有一致性。一方面，由于我国第二产业的能源消耗和碳排放强度最高，要提高 CR_{effe}的值，则必须促进第二产业节能降碳和绿色低碳转型；另一方面，我国第一、三产业能源消耗和碳排放强度相对较低，要提高 CR_{effe}的值，还要注重促进这类产业生产效率的提升，提高其产值占比。

环境效率ETF_i 的测算通常使用 DEA 模型进行。但是，由于传统的 DEA 模型存在径向有偏、测算误差较大等问题，现有研究多使用 SBM 模型来测算环境效率。但 SBM 模型评价对象的投影点是前沿面上距离评价对象最远的点，由于现实生产中总是期望以最短的路径达到前沿，因而该方法在实践指导意义上具有一定的局限性。Aparicio 等（2007）修正了该方法，提出了超效率非期望产出的 MinDS 模型，使得测算结果更加具有经济意义。因此，本书借鉴该方法测算了各产业的环境效率ETF_i。

假设每个决策单元有 m 种要素投入（$i=1, 2, \cdots m$），n_1 种期望产出（$r=1, 2, \cdots n_1$）以及 n_2 种非期望产出（$p=1, 2, \cdots n_2$）。在产业结构绿色转型过程中，要素投入主要包括各产业的能源投入，期望产出主要指各产业的产值，非期望产出主要指各产业的二氧化碳排放。超效率非期望产出的 MinDS 模型具体计算方法为：

$$Max\vartheta_k = \frac{1 - \frac{1}{\omega}\sum_{i=1}^{m}\frac{d_i^-}{x_{ik}}}{1 + \frac{1}{\varphi}\sum_{r=1}^{n_1}\frac{d_r^+}{y_{rk}} - \frac{1}{\beta}\sum_{p=1}^{n_2}\frac{d_p^-}{z_{pk}}} \qquad （式 2-3）$$

约束条件为：

$$\sum_{j \in E} x_{ij}\alpha_j + d_i^- = x_{ik} \qquad (式2-4)$$

$$\sum_{j \in E} y_{rj}\alpha_j - d_r^+ = y_{rk} \qquad (式2-5)$$

$$\sum_{j \in E} z_{pj}\alpha_j + d_p^- = z_{pk} \qquad (式2-6)$$

$$-\sum_{i=1}^{m} \nu_1 x_{ij} + \sum_{r=1}^{n_1} \nu_2 y_{rk} - \sum_{p-1}^{n_2} \nu_3 z_{pk} + \tau_j = 0 \qquad (式2-7)$$

$$\tau_j \leqslant M\vartheta_j \qquad (式2-8)$$

$$\alpha_j \leqslant M(1 - \vartheta_j) \qquad (式2-9)$$

其中，ϑ_k 为第 k 个产业的环境效率，x_{ik}、y_{rk}和 z_{pk}分别为 k 产业的要素投入、期望产出和非期望产出，d_i^- 、d_r^+ 和 d_p^- 分别表示投入、期望产出和非期望产出的松弛变量，α_j 为决策单元 DMU 的线性组合系数，E 为生产可能性集合。ν_1、ν_2 和 ν_3 分别为投入、期望产出和非期望产出的权重系数。ϑ_j 为 0－1 变量，M 为一个足够大正数。若 $\vartheta_j=0$，则 $\tau_j=0$，此时DMU_j 是DMU_k 的参考标杆；若 $\vartheta_j=1$，则 $\tau_j \leqslant M$，此时DMU_j 不是DMU_k 的参考标杆。根据上述的约束条件，若被测算的决策单元 DMU 要达到效率最大化，其充分必要条件是松弛变量 d_i^- 、d_r^+ 和 d_p^- 均为 0。

（二）各产业能源消耗总量测算方法

当前，各地区历年省级统计年鉴中，绝大多数年份的统计年鉴公布了不同产业的能源消耗总量数据，可以直接采用；但是，也有个别省份在少数年份的统计年鉴并未公布各产业能源消耗总量数据。对未公布的数据即缺失值的处理，本书借鉴邓敏等（2013）和屈超等（2016）的做法，采用线性趋势法填补缺失值。

（三）各产业二氧化碳排放测算方法

当前，尚无数据库公布了不同地区不同产业的二氧化碳排放数据，并且现有研究也未对不同地区三次产业的二氧化碳进行综合测度，仅停留在对某一行业碳排放的测度：如服务业碳排放（滕泽伟等，2017；王许亮等，2020）、制造业碳排放（杨翔等，2015）、农业碳排放（李波等，2011；伍国勇等，2021）。因此，对各地区不同产业二氧化碳排放的综合测算则成为本书产业结构绿色转型指标构建的重要内容，也是本书的贡献之一。

根据《省级温室气体清单编制指南（试行）》和《中华人民共和国气候变化第二次两年更新报告（2018）》，除了二氧化碳的排放系数不同外，由于自身属性的差异，各产业二氧化碳排放的来源也有所不同。因此，在测算各产业二氧化碳排放规模时，本书综合考虑了各产业的碳排放源和排放系数差异，从而能够更加准确地测算结果。具体来说，第一产业的二氧化碳排放源主要来自农业生产过程、化石能源消耗和电力调入调出；第二、三产业的二氧化碳排放源则主要来自化石能源消耗和电力调入调出。

1. 农业生产过程二氧化碳排放测算

目前，学界对农业二氧化碳排放存在着两种理解：一部分学者认为农业二氧化碳排放仅局限于农业生产过程中因人类生产活动而直接或间接导致的温室气体碳排效应（李团胜等，2014）；另一部分学者则认为农业二氧化碳排放还包括了农作物本身的碳汇效应（尚杰等，2019）。但是，考虑到农业低碳化主要表现为农业生产过程中减少高碳农用物资的投入以及土壤有机碳的破坏，从已有关于农业二氧化碳排放的相关研究来看，大多数研究（李团胜等，2014；田云等，2014；丁宝根等，2021）更倾向于坚持第一种理解。因此，本书主要采纳学界的第一种理解，测算农业生产过程中的二氧化碳排放量，暂未考虑农作物本身的碳汇效应。

依据《IPCC 2006 年国家温室气体清单指南 2019 修订版》和李波等（2011）、伍国勇等（2021）的研究，农业二氧化碳排放主要源自以下几个方面：①化肥、农药、农膜等农用物资投入直接或间接引致的二氧化碳排放；②农用机械柴油消耗所带来的二氧化碳排放；③灌溉耗电引起的二氧化碳排放；④翻耕破土引致的有机碳流失到空中所形成的二氧化碳排放。考虑到农业生产中柴油消耗和灌溉耗电所排放的二氧化碳分别会在能源消耗部分和电力消耗部分统一计算，为了避免重复，本书这里将化肥、农药、农膜、翻耕作为农业生产过程中直接或间接引致二氧化碳排放的来源。借鉴李波等（2011）和伍国勇等（2021）的做法，利用各种碳源的相关碳排系数测算出农业生产过程中的二氧化碳排放量，具体公式如下：

$$CO_{2\ agriculture} = \sum T_i \times \beta_i \quad \text{（式 2-10）}$$

其中，$CO_{2\ agriculture}$为农业生产过程中二氧化碳排放总量，T_i 为第 i 类碳源的规模，β_i 为第 i 类碳源的碳排放系数。农业各类碳源的碳排放系数如表 2－1 所示。

表 2－1　农业生产过程中碳源排放系数及来源

碳源	碳排放系数	参考来源
化肥	0.8956kg/kg	T. O. West 等（2002）、美国橡树岭国家实验室
农药	4.9341kg/kg	美国橡树岭国家实验室
农膜	5.18kg/kg	南京农业大学农业资源与生态环境研究所
翻耕	312.6kg/km^2	中国农业大学生物与技术学院

注：翻耕数据以当年各省份农作物实际播种面积计量。

2. 各产业化石能源消耗排放的二氧化碳测算

本书参考杨翔等（2015）、王许亮等（2020）和 IPCC 的做法，对各产业能源消耗所排放的二氧化碳采用如下计算方法：

$$CO_{2\ energy,j=1,2,3} = \sum AD_i \times NVC_i \times CC_i \times O_i \times 44/12 \quad \text{（式 2-11）}$$

其中，$CO_{2\ energy,1}$、$CO_{2\ energy,2}$、$CO_{2\ energy,3}$ 分别为第一产业、第二产业、第三产业能源消耗所产生的二氧化碳排放量，i 为各产业所使用的能源类型，AD_i 为第 i 类能源的使用量，NVC_i 为第 i 类能源的热值，CC_i 为第 i 类能源的单位热值燃料含碳量，O_i 为第 i 类能源燃烧过程中的碳氧化率，44/12 为碳转换成二氧化碳的转换系数。各类化石燃料的碳排放系数计算公式为：碳排放系数＝低位发热量×含碳量×氧化率。综合王许亮等（2020）、滕泽伟等（2017）、杨翔等（2015）、潘家华等（2011）的研究，本书将能源消耗的种类划分为 8 类，具体包括：原煤、焦炭、原油、汽油、煤油、柴油、燃料油、天然气。各类能源的热值、含碳量和碳氧化率参考值如表 2－2 所示。

表 2－2　　各类化石燃料的碳排放系数

化石燃料类型	低位发热量	含碳量	氧化率	碳排放系数
原煤	20908	26.4	0.94	0.5189
焦炭	28435	29.5	0.93	0.7801
原油	41816	20.1	0.98	0.8237
汽油	43070	18.9	0.98	0.7977
煤油	43070	19.5	0.98	0.8231
柴油	42652	20.2	0.98	0.8443
燃料油	41816	21.1	0.98	0.8647
天然气	38931	15.3	0.99	0.5897

3. 各产业电力消耗排放的二氧化碳测算

根据《省级温室气体清单编制指南（试行）》，火力发电企业燃烧化石燃料直接产生的二氧化碳排放与电力产品调入调出隐含的二氧化碳（也可称为间接排放）有着本质的区别。电力产品的特殊性以及科学评估非化石燃料电力对减缓二氧化碳排放的贡献，需要核算由电力调入调出所带来的二氧化碳间接排放量。具体计算方法为：

$$CO_{2\ electricity,j=1,2,3} = E_{j=1,2,3} \times \beta_{electricity} \qquad (式 2-12)$$

其中，$CO_{2\ electricity,1}$、$CO_{2\ electricity,2}$、$CO_{2\ electricity,3}$ 分别为第一产业、第二产业、第三产业电力调入（出）二氧化碳间接排放量，E_1、E_2、E_3 分别为第一产业、第二产业、第三产业为调入（出）电量，$\beta_{electricity}$ 为供电排放因子。其中，调入或调出电量这一数据可以从各省能源平衡表中获得；关于区域电网供电平均排放因子，考虑到我国电网实行统一调度、分级管理，为了既能反映不同地区电源结构特点，又能确定区域电网的供电平均排放因子，本书参考《省级温室气体清单编制指南（试行）》的方法，将区域电网边界按目前的东北、华北、华东、华中、西北和南方电网划分，其平均排放因子可由上述电网内各省区市发电厂的化石燃料二氧化碳排放量除以电网总供电量获得，并以千克二氧化碳/千瓦时为单位。具体参考值如表 2－3 所示。

表 2-3 各区域供电二氧化碳排放因子

电网名称	覆盖省区市	CO_2 排放因子
华北区域	北京、天津、河北、山西、山东、内蒙古	1.246
东北区域	辽宁、吉林、黑龙江	1.096
华东区域	上海、江苏、浙江、安徽、福建	0.928
华中区域	河南、湖北、湖南、江西、四川、重庆	0.801
西北区域	陕西、甘肃、青海、宁夏、新疆	0.977
南方区域	广东、广西、云南、贵州	0.714
海南	海南	0.917

第二节 财政支出影响产业结构绿色转型的理论依据

一、可持续发展理论

（一）可持续发展理论的概念与内涵

可持续发展理论是以1987年世界环境与发展委员会发布的《我们共同的未来》为起点正式提出的。该理论的基本内涵是，既满足当代人的需求，又不损害后代人满足其自身需求能力的发展。自20世纪50年代以来，工业革命与科技革命在带来发达国家经济腾飞的同时，无疑也造成全球生态环境的恶化。可持续发展理论让人们意识到，生态环境问题不仅仅包括治理和保护的内涵，还包括代际协调的问题，即生态环境问题既要满足当代人的需求，同时也要不损害后代人的需求。1992年，联合国发布了《里约宣言》，随后又颁布了《21世纪议程》和《气候变化框架公约》等一系列文件，这为全球环境治理和可持续发展提供了行动指南。而随着国际社会对环境治理的深入推进，可持续发展理论也被赋予不同角度的内涵，总结起来有以下四个方面。

一是可持续发展理论强调经济发展的必要性。历史经验表明，经济落后的地区，在生产生活中，人们更趋向于做出短视行为，以牺牲环境为代价，寻求粗放型的经济增长。要改变人们对资源利用的方式和手段，在增强经济实力的同时转变经济发展模式是必要的，也是必需的。一方面，经济实力的提高可以为生态环境治理和保护提供资金支持和技术支撑。另一方面，在经济发展的同时需求转变发展模式，更加注重经济发展的质量而非数量，强调在维持生态环境的同时，提高社会福利水平，实现经济社会可持续发展，达到经济增长和生态环境保护的双赢局面。

二是可持续发展理论注重与能源环境之间的协调关系。能源的有限性要求经济社会的发展要以此为限度，否则将会造成能源危机和环境恶化等一系列问题，最终影响人类的生存环境和经济发展的可持续性。可持续发展理论强调要以能源承载能力为限度，推崇能源资源的节约和合理开发，同时加快可再生能源的开发和利用，实现对自然能源资源的保护。

三是可持续发展理论强调代际公平。能源资源的短缺和环境的恶化等一系列环境问题，不仅会在当下展现出来，而且还会经过累积和滞后性在未来暴露出来。可持续发展理论认为，生态环境问题不仅要满足当代人的需求，同时不能损坏后代人的需求，当代人应保障后代人对生态环境需求的权利和公平。

四是可持续发展理论注重实现经济、社会、自然三者协同发展。历史经验表明，以牺牲环境和能源为代价的粗放型经济发展模式，是不可持续的，会对人类生存发展造成不可逆的负面影响。经济、社会和自然应该协同发展，既不能只考虑经济，不考虑生态环境，也不能只考虑保护生态环境，而不考虑经济社会发展。可持续发展理论强调，经济、社会和自然要三者协同发展，要以自然资源的永续利用和生态环境良性循环为前提，以经济社会发展为基础，实现人与自然和谐发展。

（二）政府推进可持续发展的节能环保财政手段

从世界各国或地区的实践经验来看，可持续发展理论在实践中的运用，主要的内容是节能环保。政府作为可持续发展理念的践行者和主体，在推动经济社会节能环保的诸多政策或手段中，法律和经济两个方面是其常用的手段形式，其中又以经济手段最为常见。财政政策作为政府推行节能减排最主要的经济手段，通常采取财政补贴、税收优惠、转移支付和投融资等方式来推动经济社会实现节能减排，以达到可持续发展的目的。具体表现为：

一是通过节能环保转移支付，促进代内公平。中国是一个地域辽阔的大国，受地理环境、资源禀赋以及政策导向等因素的影响，区域间存在不平衡不充分发展的矛盾，其中属东西部地区间的差异最为突出。东部地区靠近沿海，对外贸易发达，经济发展水平较高，生态环境保护较好；而西部地区则地广人稀，常年处于人口流出的状态，经济发展水平较为落后、生态环境保护强度偏弱。可持续发展理论中的公平性原则认为，即使处在不同的地区，人们都应该拥有平等享用资源环境的权利，强调代内公平。面对区域发展的差异和代内公平的要求，政府通常通过节能环保转移支付的方式来平衡区域间发展的差距，实现区域间协同发展。

二是通过财政补贴与税收优惠，支持绿色产业发展。绿色产业作为可持续发展目标下新的经济增长点，因其低能耗、低投入、高产出、高效益、清洁低碳等特征和生产理念，是经济社会实现可持续发展的必由之路和必然选择，是各国或地区推行绿色低碳发展的主要产业。鉴于绿色产业生产成本和技术创新水平较高，且具有正外部性，在现实中，以寻求利润最大化为首要目标的企业则不愿意付出高昂的成本，增加研发投入，提高绿色技术创新水平。对此，政府通过财政补贴与税收优惠等方式，缓解企业融资约束，激励企业提高绿色技术创新水平，实现绿色发展。具体来说，在财政补贴方面主要有直接补贴、设立专项扶持基金、降低银行贷款贴息等措施，缓解企业融资约束，促进企业绿色转型和绿色发展；在税收优惠方面主要通过减税、免税、退税和降费等方式，激励企业推动节能减排，加大绿色技术研发，提高绿色技术创新水平，推动绿色产业发展。

二、外部性理论

外部性理论在经济领域的研究和运用非常广泛，该理论最初的提出者是马歇尔和庇古。其核心观点是，经济主体的经济活动会影响到其他经济主体的经济活动。具体表现为，对其他经济主体的行为产生或正或负的影响。古典经济学认为，市场的运行是有效率的，主张充分利用市场这一只“看不见的手”来对稀缺资源进行分配。但是，外部性理论的提出对古典经济学的理论模型产生了极大的挑战，使得传统经济学的理论假设无法处于最优状态，从而与现实经济发展相悖。随时市场经济的不断发展和完善，有关外部性的解决方案也在不断优化，如科斯提出的交易费用理论，该理论认为应该将外部性所造成的成本转移为个人费用，从而减少某经济活动个体的负外部性活动。此后，有很多经济学家从不同维度对外部性的内涵做出了新的解释，具有代表性的人物如扬格、斯蒂格利茨、罗默等。本书系统研究财政支出对产业结构绿色转型的影响，不管是政府通过财政支出提供公共产品和服务，还是产业（或企业）通过节能减排实现绿色发展，均与外部性理论相关。因此，外部性理论对本书的具体研究有着重要指导意义。

外部性理论强调，市场经济活动的个体之间是相互影响的，一个经济主体的经济活动很有可能会影响到其他经济主体的经济活动，并且随着市场经济的发展，这种影响关系会更加突出。在传统的两主体经济模型中，当一个经济主体的活动（如接种疫苗、佩戴口罩或穿防护服），会减少另外一个经济主体感染病毒的风险，使得另外一个经济主体取得无成本的收益，这被称为正外部性。而当一个经济主体的活动（如吸烟），其所产生的二手烟会损害另外一个经济主体的身体健康，而这种损害也是无成本的，称之为负外部性。进一步地，不妨将其扩展到市场中的厂商之间、个人和厂商之间，也会存在相同的问题。外部性问题带来的“搭便车”问题，最终将会导致“市场失灵”。此时，市场难以有效率地发挥资源优化配置的作用，即无法通过价格将有限的资源合理利用。正是因为外部性问题的产生，就需要政府通过制度保障等行为规范市场主体的活动，使得社会福利最大化。政府参与，作为一只“看得见的手”，通过协同各类市场主体所出让的成本，进而形成公共政策，有效解决负外部性问题，从而引导市场有序运行，实现资源配置的优化。

市场经济快速发展的同时也加深了其复杂程度，各类市场主体基于自身的需求，开始对政府制定的政策提出自己的意见。迫于市场主体的需求和意见，政府会通过改变自身的政策行为，来尽可能地满足市场主体的需求。新中国成立以来，我国确立并发展了中国特色社会主体市场经济，因此外部性问题将会无法避免地产生，此时政府也就非常有必要制定相关政策以减少其外部性带来的负面影响。就本书的研究而言，包括企业排污在内的生态环境的外部性特征尤为明显，既有表现正外部性的污染治理和节能减排，也有污水和二氧化碳等具有负外部性特征的典型事实。外部性理论表明，某经济活动个体对环境的保护可以使得另外一些经济个体无成本地享受环境变好带来的益处，而无成本的环境污染却会损害其他经济个体的利益，其正向和负向的外部性都十分明显。生态环境的恶化，对于经济社会的影响是深远的，也是持续和长久的。面对日益严峻的环境问题，转变经济发展方式、调整经济结构和产业结构绿色转型，是当前各国面临的共同问题。外部性理论在指导财政支出政策助力环境治理和产业结构绿色转型等具体举措上也提供了理论支撑。

三、新结构经济学理论

新结构经济学是林毅夫提出并倡导的研究经济发展、转型和运行的第三代发展经济学理论。该理论主要采用新古典经济学分析方法作为研究工具，将要素禀赋结构作为研究的切入点，研究现代经济增长的本质及其决定因素，意即研究在经济发展过程中经济结构及其演化过程和影响的决定因素。该理论以历史唯物主义为指导，主张发展中国家（或地区）应当从自身要素禀赋结构出发，遵循比较优势原则，大力发展具有比较优势的产业，在协同有效市场和有为政府的共同力量下，推动整个经济结构转型升级。在新结构经济学看来，要素禀赋及其结构对生产力的发展同样有着重要意义。该理论认为，一国或地区，在某一时间点，其要素禀赋及其结构决定了其经济体在该时点的总预算和生产要素间的相对价格，从而也形成对选择技术和产业生产成本的差异。通俗来讲，当选择的技术和产业与该国或地区在该时点的要素禀赋结构特征相适应时，将会产生较低的生产成本，相较于其他产业，则表现出比较优势，反之则反是。进一步地，当所有产业选择的技术与该国或地区在该时点的要素禀赋结构特征相适应时，此时要素生产价格是最低的，此时的产业结构便实现了最优的产业结构，该经济体也将会表现出巨大的市场竞争力。

发挥有效市场在资源配置中起决定性作用，以及更好地发挥有为政府的作用，是新结构经济学所强调的基本政策。在有效市场下，企业会根据自身拥有的资源禀赋去选择有比较优势的产业和技术，使得该企业在整个市场上拥有较低的价格优势，以此提高企业的市场竞争力，从而实现企业利润最大化目标。随着各类市场主体不断参与经济的发展，在创造更大的资本积累时，各类企业或产业的比较优势将会发生转变，即由劳动力密集型转向资本密集型或技术密集型转变时，该时点的产业发展和技术积累会向具备更高附加值水平的产业和技术水平转变，以此来提高整个经济体系的物质基础。基于要素资源的稀缺性，企业家会根据那一时点的比较优势来发展经济。此时，有效市场的存在是企业得以利用比较优势发展和壮大产业的前提。

新结构经济学理论表明，在某一时点，一国或地区的要素禀赋及其结构决定了经济体在该时点的总预算和生产要素间的相对价格，同时也决定了此时的最优经济结构。企业在进行生产决策时，会根据要素的相对价格所反映的要素的稀缺程度，优先选择对自己而言更具比较优势的产业和技术，以获得在这方面的市场竞争力。与此同时，各类市场主体除了需要一个竞争有序的市场保证其相对优势的选择外，还需要政府发挥有为政府的作用，制定或出台相关制度和政策作为保障。由于市场失灵的存在，有为政府的作用是不言而喻的。更好地发挥有为政府的作用，需要政府在经济结构变迁和转型过程中，基于本国或地区的要素禀赋结构，发挥因势利导的作用效果，发展和壮大本国或地区具有比较优势的产业。有为政府在矫正市场失灵所带来的负外部性时，为企业实现技术创新，激励企业向更高产品附加值产业变迁的过程中，提供了必要的制度保障和政策支持，降低了企业展开技术研发与技术升级过程中的风险。

新结构经济学理论重在强调通过利用比较优势来不断提高劳动生产率和增加居民可支配收入，在主要途径上，通过利用市场这只“看不见的手”（即有效市场的力量）和政府这只“看得见的手”（即有为政府的力量）相互协同合作来提高产业生产效率，实现居民增收和经济发展。有效市场和有为政府的紧密结合，要求政府在企业的转型升级的过程中要注意因势利导，帮助企业克服行业的共同问题，如融资问题、人才培育、生产设备改造升级、土地保障以及品牌注册和研发等。由于企业或者行业的转型升级是一个动态发展的过程，因而政府因势利导的方式和时间应有所区别，这就要求政府要根据动态性因势利导，并且随着产业的升级来及时做出调整。在市场中的每个特定阶段，市场是资源配置的主要推手，也是有效率的推手，但是由于市场具有外部性，因而必须要求政府发挥积极主动作用，一定程度上对市场做出干预。在高质量发展阶段，在“双碳”目标导向下，全面推动产业结构绿色转型升级，自然也是一个动态发展和变迁的过程，政府应该根据产业发展的动态实时地做出政策调整，扶持和激励绿色环保产业的壮大和发展。

总之，新结构经济学理论作为第三代发展经济学理论，为发展中国家的成功做出了系统且全新的阐释。该理论认为，不同国家或地区，应根据自身特定的发展阶段，分析该时点下经济体内要素禀赋结构的特征，以此寻找相较于其他国家或地区，以及其他产业的具有比较优势的产业，发挥有效市场和有为政府的共同作用，大力发展比较优势产业，推动整个经济体系的产业结构转型升级。并强调在经济结构及其演化过程，要使市场在资源配置中发挥基础和决定性作用，建立竞争性市场中的价格体系；与此同时，更好地发挥政府作用，使政府在经济结构转型及其演变过程中，积极发挥因势利导的作用效果，通过制度构建和政府扶持，引导和激励产业向更高附加值产业发展。

第三节　财政支出影响产业结构绿色转型的机制分析

一、财政支出规模影响产业结构绿色转型的机制分析

（一）基础性理论分析

改革开放 40 多年来，中国经济增长创造了“中国奇迹”，其中

"GDP锦标赛"和官员晋升激励无疑是理解中国经济增长的一个重要视角（王贤彬和徐现祥，2014）。为了寻求经济增长目标和扩大税基实现财政增收的目的，各级政府利用在本辖区的政治权力，通过出台各种产业（或财政）政策和相关法律法规等方式，推动辖区内产业发展，最终实现经济规模的扩张和财政增收的目的。财政作为国家治理的基础和重要支柱，出台一系列财政政策，是政府干预要素资源在不同产业间配置的主要手段。其中，财政支出对调节要素资源配置的作用是不容忽视的。当前，中国经济已经进入高质量发展阶段，在"双碳"目标导向下，经济发展方式的转变要求产业结构转型应该从高投入、高消耗、高污染、低产出、低质量、低收益转变为低投入、低消耗、低污染、高产出、高质量、高效益，从外延型增长转为内涵型增长，即要求产业结构绿色转型。财政支出对产业结构绿色转型的影响，通常是政府作为主体，通过搜集和加工市场信息，以出台相关政策文件的形式向市场（企业）传输政策信息和执行机制（Farla，2015）。具体来讲，政府基于对辖区内产业绿色发展的现状及其演变趋势，结合地区经济发展目标，通过制定针对性的产业政策（包括财政政策），向市场主体传达政府对产业绿色发展计划和信号，进而形成对绿色要素资源在不同产业之间的配置，实现绿色产业规模的扩张，以及产业结构绿色转型。

总体来讲，财政支出主要通过两个理论机制影响产业结构绿色转型。一方面是财政支出对产业结构绿色转型的横向耦合发展的作用机制，即通过财政支出的规模效应，促进产业间实现绿色耦合发展。在现实中，由于市场失灵的存在，使得产业绿色发展面临各种外部性，在信息不对称的情况下，常常出现投资过度或是不足的情况（Hausmann和Rodrik，2003）。因此，市场的缺陷性，也使得企业无法实现对绿色资源的最优配置（Stiglitz，1993；Rodrik，1996）。市场失灵为政府干预要素资源配置提供了合理性和正当性的理由。财政支出政策作为政府对市场干预的重要手段，有利于弥补市场失灵带来的负外部性，有利于纠正因信息不对称造成的企业投资过度或不足所形成的产能过剩和过度波动的问题，从而减少产业结构在推动绿色转型过程不合理变动的摩擦，实现各类绿色要素资源在不同产业间的合理配置和耦合协调发展。

另一方面，关于财政支出对产业结构绿色转型的纵向闭合发展的作用机制，主要是通过财政支出的规模效应，促进各产业内部绿色生产能力的提升。Peters 等（2012）的研究表明，恰当的财政支出政策可以实现对产业开展绿色技术创新的引导作用。产业结构绿色转型的关键在于提高各类产业的绿色技术创新水平，而各类产业绿色技术创新水平的提高又受制于硬性和软性两大公共基础设施的约束，诸如绿色专利的保护制度、公共研发基金平台的构建以及创新性人才的支持政策等，均是各类产业实现绿色技术创新的约束条件（Pack 和 Saggi，2006）。在现实中，政府通过出台财政支出政支持和引导辖区内各类产业在“干中学”中实现绿色发展，无疑是推动地区产业结构绿色转型升级行之有效的做法（Baldwin，1969）。在产业结构绿色转型升级过程中，在财政支出政策的调节机制下，政府部门通过加强对新型基础设施建设、重大科学创新攻关计划、银行信贷扶持等操作手段，可以大幅降低企业进行绿色技术研发和应用等过程中引发的市场不确定性风险，在政府部门的政策引导下，市场各方力量集中开展绿色技术研发，有利于形成绿色技术研发的规模经济效应和集聚效应，提高地区各产业内部的绿色生产能力，实现产业结构绿色转型的纵向闭合水平提升。

（二）拓展性理论分析

改革开放 40 多年来，大多数文献已经证实，资本积累、人力资本和技术效率的提升三个重要因素，是理解中国经济实现长期高速增长的核心原因。然而，实现这一高速增长（或增长奇迹）背后的制度性源泉又是什么，一直是困扰学界的一个焦点问题。当前，主流的中国经济理论研究已经形成了一定的理论基础。具有代表性的，如钱颖一等（1997）提出的“中国特色财政联邦主义”理论，以及周黎安（2007）提出的“晋升锦标赛”理论，这些理论都有一个共性，即认为改革开放以来，我国政府在特定的制度框架下成为一种发展型政府，致力于推动辖区经济增长（Xu，2011）。从发展经济与实现现代化的关系以及政府的作用来看，我国实际上提供了“发展型政府”的加强版或创新版。发展型政府重视通过经济发展解决现实问题，协同有效市场和有为政府的力量是其基本内涵，并强调政府能力与政府效率是发挥有为政府的关键（韩永辉，2017）。发展型政府为了发展经济，通过出台财政支出政策对产业结构绿色转型升级产生积极影响，但是这一积极效应得以有效发挥的背后自然离不开市场力量和政府效率的前置条件。我们尝试在本章基础性理论分析基础上对其进行拓展性理论分析。

1. 财政支出规模影响中的市场化的作用

市场的不完善，或市场失灵，为政府发挥主观能动性、参与经济活动、提高经济效率提供了空间和可能。正确处理好政府与市场的关系，是当代中国经济改革和经济转型升级的重大核心问题。然而，如何正确处理好政府与市场的关系这一重大现实命题，党的十八大给出了明确的回答，即让市场在资源配置中起决定性作用和更好发挥政府作用。因此，在市场机制起作用的地方，应发挥市场在资源配置中的核心作用，让市场成为经济的基础性制度（林毅夫，2012）。

一般而言，当市场对资源配置未达到帕累托最优时，即存在市场失灵的情况下，政府便有了合理且正当的理由，通过政府行为来干预要素资源配置活动，纠正市场失灵带来的负外部性。此时，政府和市场似乎体现出了一种替代关系，即存在市场失灵，政府替代的市场对资源进行了配置。但是这种替代关系并不完全。Lin 和 Rosenblatt（2012）认为政府之所以能够发挥作用，是因为市场效率为政府能够发挥作用提供了基础和前提条件。市场增进论认为，政府行为及其激励并非是对市场机制的代替关系，政府通过构建制度和出台政策的方式参与市场发展，主要促进了市场主体间的协调发展。发展型国家理论将经济发展视为政府行为及其激励的目标，通过出台相关政策法规，对私人部门给予规范、指导、协调和约束，优化资源配置效率，从而实现经济的长远发展。政府与市场经济学理论认为，政府行为及其激励的有效发挥，是建立在市场在资源配置中起决定性作用的基础上的结果，但同时，政府和市场并不是相互孤立的，而是相辅相成、相互协同又互为增进的关系（李稻葵等，2020）。因此，政府行为（政策）调整机制与市场调整机制的关系更多的是一种互补的关系。

推进产业结构实现全面绿色转型升级，是当前中国经济实现全面绿色转型的重要内容和前提条件。产业结构绿色转型的横向耦合维度强调能源资源、碳排放、产业增加值等在三次产业间配置的耦合协调性，即强调资源配置的均衡性或公平性。产业结构绿色转型的纵向闭合维度强调各产业内部绿色生产能力，即强调投出产出要素的绿色生产效率。鉴于市场经济的趋利性特征，推动产业结构绿色转型，在横向耦合维度上，应更多地发挥有为政府的力量，从公平和长远的视角出发，实现对资源配置的合理性和公平性；在纵向闭合维度上，应建立在有效市场的基础上，更好发挥政府作用，提高地区各产业内部绿色生产能力，充分发挥市场力量和政府力量的协同效应。

2. 财政支出规模影响中的政府财政支出效率的作用

在本节基础性理论分析中，已经论证了地方政府财政支出规模对产业结构绿色转型产生积极作用的必要性和可能性，并基于地方政府职能和目标的角度分析了地方政府实施财政支出政策的动机。但是，地方政府财政支出政策要充分发挥其效用价值，仅仅依靠增加财政支出规模是远远不够的，还需要诸多必要条件予之辅助。一般而言，在地方政府自身有动机通过财政支出政策促进产业结构绿色转型发展的情况下，地方政府是否能够出台符合市场规律和产业自身发展要求的政策措施，并予以有效实施，是财政支出政策最终能否产生积极作用的决定因素。一项科学合理的财政支出政策的形成和实施，离不开一个有能力的主体来完成这一过程。

从实践看，财政支出政策的实施效果在不同国别或不同地区存在差异。其中，很多财政支出政策未能发挥出积极影响的主要原因在于，地方政府未能制定出符合经济发展规律的财政支出政策，或者说，地方政府即使制定了符合经济发展规律的财政支出政策，却没有足够的或高效的组织能力来保证政策得到有效的贯彻与落实。究其深层的原因，大致可归结为三个方面：一是地方政府属于“激进型政府”（游家兴等，2022），因过分积极和自信，企图短期内实现理想目标，出台了不符合经济发展规律的财政支出政策，导致政策泛滥，造成资源浪费。二是地方政府自身能力薄弱，无法将政府政策效果同国家经济发展协同起来，无法实现对资源、对政策工具的有效管理和运用（Acemoglu 等，2015）。三是政府掌权者通过制定财政支出政策，从中进行寻租贪腐、积累个人财富或家族集团资本，从而使得财政支出政策无法达到有效的结果（张曙光，2013）。

二战以后，东亚国家（特别是日本和韩国）经济的高速增长，无疑让学界重新审视国家意志和政府能力的重要性，并对东亚经济体的有为政府创造的经济奇迹大加赞赏，并逐渐形成了用以解释东亚奇迹的发展型国家理论和嵌入自主性理论（Rauch 和 Evans，2000）。其理论是建立在东亚新型工业化经济体，尤其是日本和韩国经验基础上的，关于后发国家如何实现经济跨越式发展的一组关于政府的经济理念、制度和政策的经验概括与总结。其理论强调，国家和政府对发展经济的自主性和政府自身体系的廉洁性和专业化能力，以及政府行为及其激励是建立在以经济建设为中心，增进人民福祉为目标，来进行政策的制定和实施，且这一过程不会被特定利益集团俘获，政府与市场及企业之间有着良好的双向信息沟通能力和沟通渠道，能够满足各方的信息需求，政府、市场和企业之间形成耦合协调、互为增进的良性发展关系。可见，政府制定符合经济发展规律的政策对于市场和企业是必要的，但也是有条件的，即政策制定出来，是否能够实现预期效果，还跟实施主体的运作效率有关。因此，地方政府财政支出政策的有效性，自然离不开财政支出效率作为保障，若财政支出效率低下，也必然导致此项财政支出政策增加失效或失败的风险。

二、财政支出结构影响产业结构绿色转型的机制分析

财政支出结构反映了政府在资源配置中的重点与方向。目前，既有研究对财政支出结构的划分，尚未形成统一的标准，大多是基于经济增长绩效视角、环境绩效视角、政府职能视角，或者基于特定的研究主题和目的进行划分等，并且即使是同一研究主题其划分结果也存在差异。例如，从经济增长绩效的视角，既有研究将财政支出结构划分为生产性支出和非生产性支出（Barro，1990；Devarajan，1996；郭庆旺等，2003）；也有部分学者将其划分为生产性支出、服务性支出和消费性支出三类（胡永刚和郭新强，2012）；或者依据研究主题的侧重点从财政支出类别中选取特定的支出占比来度量（李永友和沈坤荣，2009）。从

环境绩效的视角，例如，雷明和虞晓雯（2013）将财政支出结构划分为科技支出占比、农业支出占比、工业交通和商业部门事业费支出占比和文教科卫支出占比；王艺明等（2014）和卢洪友等（2015）则将财政支出结构划分为经济性支出和非经济性支出。而从政府支出的经济性质视角，既有文献将财政支出结构划分为购买性支出和转移性支出（郭庆旺等，2003；贾康，2008；陈诗一和祁毓，2022）。可见，关于财政支出结构的划分，在未形成统一划分标准的情况下，既有文献大多是根据自身特定的研究主题和研究目的，对财政支出结构进行了针对性的划分。这一做法的好处在于，能够更大程度地凸显出聚焦于研究主题和研究目标的特定支出类别或支出结构，其研究结论能够彰显出更加具体的、针对性的指导意义。

鉴于此，本书旨在以新发展理念为引领，以“双碳”目标为导向，利用财政支出的手段推动产业结构绿色转型升级，进而形成资源节约和环境保护的产业结构，实现经济高质量发展。而实现产业结构绿色转型的关键在于提升绿色技术创新水平，以及随着技术进步，通过提升能源利用效应和碳减排效率等的主要路径，推动产业结构绿色转型升级。因此，本书尝试围绕以促进绿色技术创新为首要目标，结合各类财政支出的主要目的和特性，从“直接导向绿色发展”和“间接促进绿色发展”两个方面，将财政支出结构划分为直接导向绿色发展的支出和间接促进绿色发展的支出，前者主要选取缓解企业融资约束和激励企业绿色技术创新等支出，具体包括政府绿色采购支出、绿色补贴支出和绿色投资性支出，后者主要选取有利于积累人力资本和技术创新等交通运输支出、科教文卫支出等。

（一）直接导向绿色发展的财政支出影响产业结构绿色转型的机制分析

中国正逐步进入“新常态”经济，在此过程中，产业结构绿色转型调整是经济增长的基本特征之一。当前产业结构绿色转型调整，一方面体现在政府大力扶持新材料、高端装备制造、信息技术和新能源等新兴产业，旨在通过推动低碳产业比重上升，实现产业结构“前向低碳化”；另一方面体现在政府引导高碳产业实现低碳化的技术改造，旨在通过推广节能减排技术，实现产业结构“后向低碳化”。可见，提高绿色技术创新水平，是实现产业结构绿色转型的关键；而随着技术进步，具体又可体现在要素投入端，提高能源利用效率，以及在产出端提高碳减排效率，进而实现资源节约和环境保护的现代化产业结构的形成。作为直接引导和激励企业提高绿色技术创新水平和实现绿色发展的重点支出，政府绿色采购支出、绿色补贴支出和绿色投资性支出三类支出，就是通过提高企业绿色技术创新水平，提高能源利用效率和碳减排效率等路径，促进产业结构绿色转型升级。其各自的作用机理如下。

1. 政府绿色采购影响产业结构绿色转型的机制分析

作为政府采购活动的一种制度创新，政府绿色采购是将环境准则纳入政府采购活动的一项新制度安排。因为市场机制的缺陷，即存在市场失灵的情况，这为政府干预经济活动提供了合理且正当的理由。要实现产业结构绿色转型，其关键在于提升企业绿色技术创新水平。然而现实中，绿色技术创新因具有高研发、见效慢、外部性等特点，使得企业不愿自发地加大研发投入，来提高绿色技术创新水平，此时市场对资源配置未能实现帕累托最优，出现市场失灵的问题。此时通过政府绿色采购的方式介入资源配置过程，可以引导可持续消费和清洁生产，实现生产和消费领域环境外部性的内部化，有利于解决“市场失灵”和“政府失灵”问题。一方面，对社会的绿色低碳消费起到推动和示范作用，引导和带动更多政策和社会资金支持绿色低碳发展；另一方面，对引导和倒逼企业增加研发投入，提高绿色技术创新水平，开展清洁生产和节能减排等活动起到良好的推动作用，进而有助于形成资源节约、环境保护的产业结构和生产生活方式，实现经济社会全面绿色转型。

2. 政府绿色补贴影响产业结构绿色转型的机制分析

融资约束是企业是否增加绿色投资和绿色研发的重要考量因素。政府绿色补贴可以通过缓解企业融资约束的程度，弥补企业进行绿色投资和绿色研发的成本，提高绿色技术创新水平，促进产业结构绿色转型。具体来讲，一方面，政府绿色补贴是企业增加绿色研发活动较为重要的资金来源。政府绿色补贴直接为企业绿色研发活动提供了部分资金支持，缓解了企业融资约束，降低了企业因研发活动带来的不确定性风险。另一方面，政府对企业的绿色补贴行为，可以向社会起到信息传递的作用，从而吸引其他非政府的绿色补贴支持企业的研发活动，进一步缓解企业融资约束，弥补企业绿色投资成本，进而激励企业进行绿色投资和绿色研发。可见，企业在融资约束得到缓解后，会通过增加绿色投资和绿色研发，提高自身绿色技术创新水平，随着技术进步，其能源利用效率和碳减排效率也会随之提高，在产业结构层面，实现产业结构绿色转型升级。

3. 绿色投资性支出影响产业结构绿色转型的机制分析

不同于其他控制型环境规制措施，政府绿色投资性支出的特殊性在于具有社会投资和环保规制的双重属性。政府绿色投资性支出对产业结构绿色转型的作用机理，可以从“直接效应”和“间接效应”两个方面发挥作用。在直接效应方面，政府绿色投资性支出为企业进行绿色技术创新提供了直接的资金支持，企业在获得绿色投资后，通过加大绿色研发投入，提高绿色技术创新水平，随着技术进步，会提高自身能源利用效率和碳减排效率，实现清洁低碳生产，进而促进整个产业结构实现绿色化转升级。在间接效应方面，政府绿色投资性支出通过政策的导向作用，并通过税收、补贴、折旧政策等，引导非政府投资向绿色低碳行业集聚，引导非政府部门增加绿色投资规模和投资结构，形成绿色发展的产业生态，促进整个产业结构绿色转型升级。

（二）间接促进绿色发展的财政支出影响产业结构绿色转型的理论分析

作为间接促进绿色发展的重要支出，以交通运输支出为代表的生产性支出以及以科教文卫支出为代表的民生性支出，可以通过提高人力资本水平和技术创新水平等途径，为企业实现绿色技术创新提供良好的外部环境。一般来讲，推动企业实现节能减排，一方面，可以从能源投入端直接减少投入，采用清洁低碳能源予以替代，与此同时，通过引进或研发先进的节能减排技术的方式，促进企业绿色转型升级，从而带动整个产业结构绿色转型；另一方面，可以借助政府力量和外部环境的改善，推动产业结构实现绿色转型升级。具体来讲，作为生产性财政支出的重要组成部分，交通运输支出是政府为了修正市场失灵现象、弥补私人投资不足与提高资源配置效率的支出，对社会经济稳定运行、增长具有重要支持作用，合理的交通运输支出规模与占比有利于要素资源包括高素质人才的流动，实现知识积累和创新激励，从而提升辖区内人力资本水平和创新产出，为产业结构绿色转型提供外部环境。而科教文卫类支出作为民生性财政支出的主要组成部分，其在积累人力资本和技术创新等方面同样发挥着重要作用（陈思霞和卢洪友，2014），可以为绿色技术创新提供良好的外部环境，进而推动产业结构绿色转型升级。

此外，随着人力资本的累积，也将会进一步扩大社会创新性人才的基数，这有利于企业投入要素结构的优化，实现向高端智能化、资源集约化和绿色化发展。人力资本的积累同样还会提高居民收入水平，从而导致居民对清洁公共需求的变化，这一方面可引导企业生产绿色产品，加大绿色投入，倒逼企业实现绿色转型，另一方面政府也会满足居民对生态环境的需求，提高环境治理水平，抑制企业污染排放。因此，综合来看，无论是以交通运输为代表的生产性支出，还是以科教文卫支出为代表的民生性支出，均对产业结构绿色转型有着重要的积极影响。

更进一步地，考虑到中国财政支出长期以来，存在“重生产性支出，轻民生性支出”的结构偏向，进而束缚政府支出决策行为（傅勇和张晏，2007；尹恒和朱虹，2011）。而造成地方财政支出结构扭曲的根源，至少可以归结于两大因素：一是中国式分权制度下央地之间的财政纵向失衡，二是经济增长目标管理制度。具体来讲，一方面，自1994年分税改革以来，在以经济分权和政治集权为主要特征的中国式分权制度下，在财政体制层面表现出央地政府间收支背离所导致的财政纵向失衡问题（Jia 等，2014）；在“自上而下”的行政官员任免制与以经济增长为基准的相对绩效评价体系下，致使地方政府官员在个人晋升预期与区域“标尺竞争”的双重激励下，势必偏好将有限的财政资源投入可带来直接经济效益或税源的支出领域，致使公共支出结构因“重经济”而异化（储德银和邵娇，2018）。另一方面，长期以来，在以经济发展为主要目标的“晋升锦标赛”机制下，中国政府在五年规划报告和政府工作报告中定期公布经济增长目标，上级政府通过设立经济增长目标来传达其对经济增长的偏好，激励下级政府通过努力提高辖区经济发展来赢得“晋升锦标赛”，即形成所谓的经济增长目标管理制度（徐现祥和刘毓芸，2017；Li 等，2019）。为了政治晋升，下级政府往往会基于上级政府制定的增长目标而“层层加码”，从而导致政府层级越低，面临的经济增长压力则越大，地方官员在较短任期内为了提升、凸显政绩效果，则更偏好基础建设的生产性支出。可见，财政纵向失衡和经济增长压力的约束，直接影响着地方政府的支出决策，进而可能制约民生性支出效应的有效发挥。

第三章

财政支出与产业结构绿色转型的历史演进与现状

财政支出是国家财税制度中的重要组成部分，国家通过财政支出实现一系列的经济社会目标，比如资源配置、经济发展与稳定、收入分配等。经济社会发展中的全局性、系统性、战略性问题的解决一定程度上依赖于财政支出的适当安排。产业结构绿色转型作为经济社会全面绿色转型的主体，财政支出发挥了动力机制作用。本章系统回顾中国财政支出支持产业结构绿色转型的制度演变历程（即生态环境财政支出制度的演变历程），分析当前中国财政支出规模与结构的现状，以及中国产业结构绿色转型的历史演进与现状，在此基础上，进一步分析当前制约产业结构绿色转型过程中财政支出存在的问题，以及问题根源及对政府行为的影响。本章尝试通过对上述问题的阐释，为财政支出领域改革促进产业结构绿色转型和更好地实现经济社会全面绿色转型发展提供历史维度的视角。

第一节　中国财政支出的历史演进与现状分析

一、财政支出制度的历史演进

（一）环保专项资金制度的建立与完善

为了保护生态环境，我国建立了环保专项资金制度，经历了从建立到完善的演进过程。从1973年开始[①]，在国家预算内基本建设投资计划中，新增了关于环境保护投资建设的专项支出，最开始主要用于工业污染治理，并重点放在“末端治理”上。1978年改革开放以来，我国财政体制经历了由“统收统支”向“包干制”的转变，在环境保护的支出责任划分上，明确了中央和地方的各自支出责任，并对央地间的投资体制做出了相应的改革。1979年以后，为了缓解地方政府因单一投资来源造成的财政压力，我国陆续实施了“拨改贷”“招投标”、下放项目决策管理权限等市场竞争机制，通过设立国家专业投资公司和基本建设基金等方式优化投资格局。1984年，第二次全国环境保护会议将环境保护确立为我国必须长期坚持的一项基本国策，并制定了经济、社会、环境相统一的指导方针。进入21世纪后，我国在生态环境方面的财政支出制度逐步得到完善，改革步伐明显加快。2004年，我国设立了中央环境保护专项资金制度。2006年，确定了“十一五”期间中央环境保护专项资金重点支持方向和重点支持项目；同年，“211环境保护”类财政支出科目被首次纳入国家财政支出预算科目体系之中。从2007年开始，环境保护类事项有了政府公共财政支出作为制度保障；与此同时，中央还设立了主要污染物减排专项资金，用于支持政府职能部门完成主要污染物减排指标、监测和考核等事项。为了有效解决农村

① 1973年8月，我国审议通过了第一个环境保护文件——《关于保护和改善环境的若干规定（试行草案）》。

突出环境问题，改善农村环境质量，2008 年中央财政专门设立了农村环境保护专项资金，在措施上，主要采取“以奖促治”和“以奖代补”两种方式支持农村环境治理和示范村建设。除此之外，为了强化生态环境的事前防范和保护，中央财政还专门设立了节能技术改造专项资金、可再生节能建筑材料生产利用专项资金等，有效化解了事后污染治理的被动局面（逯元堂等，2010）。

（二）生态环境补偿制度的建立与完善

2005 年，在国家决策层面提出要建立生态补偿机制，以解决现实中关键生态问题，随后在《落实科学发展观加强环境保护的决定》的官方文件中首次被明确下来。该文件强调，各级政府要把生态环境保护和改善作为政府的重要职责，同时要求各级政府要增加环境保护财政支出，完善生态补偿政策，建立生态补偿机制。2007 年，为了进一步推动建立生态补偿机制，国家环境保护总局发布了《关于开展生态补偿试点工作的指导意见》，在探索建立重点领域的生态补偿机制方面明确提出，要加快建立自然保护区、重要生态功能区、矿产资源开发、流域水环境保护等生态补偿机制建设，这为全面建立生态补偿机制奠定了重要的实践基础。从 2008 年到 2016 年，中央对国家重点生态功能区转移支付的政策扶持力度逐年增加，国家重点生态功能区建设的县（市、区、旗）数量由 2008 年的 436 个增加至 2016 的 676 个，转移支付范围在稳步扩大。

（三）环境财政支出激励制度的强化与建设

2008 年，我国实施了政府机构改革，将原先的国家环境保护总局调整升级为现在的环境保护部。在环境管理体制改革方面也做出了相应的调整，为了调动地方生态环境治理的积极性，中央加强了对地方政府的干预和调控力度，并通过强化政治和经济激励、创新生态环境财政补贴和投资制度、积极探索推进环境污染第三方治理等方式激励和约束地方环境治理行为。

一是强化对地方政府的政治激励。在“十一五”期间，中央将明确的化学需氧量的定量减排目标分配到各省，对地方政府形成了特定的约束目标。2007 年出台的《国务院批转节能减排统计监测及考核实施方案和办法的通知》，无疑是我国污染防治政策的里程碑。通知明确规定将减排目标的完成作为对各省、自治区、直辖市人民政府领导班子和领导干部综合考核评价的重要依据，实行问责制和"一票否决"制。这种将生态环境因素纳入地方政府政绩考核的方式，不仅加强了地方对生态环境保护的约束，还强化了地方政府环保晋升的政治激励。

二是强化对地方政府环境保护的经济激励。为了激励地方政府对环境治理的积极性，中央通过将对地方政府的环境保护转移支付同地方环境治理绩效挂钩的方式，强化对地方环保的经济激励。如 2007 年实施了资源枯竭型城市转移支付制度，2008 年实施了国家重点生态功能区转移支付制度，2011 年实施了节能减排综合示范城市建设的转移支付制度等。中央政府根据相关绩效考核的办法对地方政府进行考核，常见的做法是，年度考核结果与下一年的转移支付的规模和奖励资金挂钩，对于考核结果优秀的地方给予额外资金奖励，而对于考核结果不合格的地方则采取扣回的方式予以惩罚，对于情节严重的则取消相应的资金资助。通过实施相应的奖惩机制，在一定程度上强化了中央对地方生态环境保护的经济激励。

三是创新生态环境财政补贴和投资制度。随着环境治理的不断推进，中央通过多种渠道和手段来创新生态环境补贴和投资制度。以政府绿色采购为例，2006 年财政部与国家环保总局联合下发《关于环境标志产品政府采购实施的意见》，该意见为积极推进环境友好型社会建设，发挥政府采购的环境保护政策功能起到了指导性作用。政府绿色采购制度是一项政府投资制度的创新。随后，2008 年开始在全国范围内推行政府绿色采购，这种将环境准则纳入政府采购活动的制度创新，对市场要素资源配置起到了优化作用。在 2015 年正式颁布的《政府采购法实施条例》中进一步规定财政部门要协同其他部门制定政府采购政策，并明确提出要把"节能能源"和"环境保护"放在突出位置。2016 年，国务院印发《"十三五"节能减排综合工作方案》，要求进一步加大对节能减排资金投入力度，进一步优化政府绿色采购制度，并优先向节能环保产品倾斜。2022 年，财政部印发《财政支持做好碳达峰碳中和工作的意见》，要求进一步加大对重点方向和领域的财政支持力度，强化财政资金支持引导作用，积极构建有利于促进资源高效利用和绿色低碳发展的财税政策体系，推动有为政府和有效市场更好结合，支持如期实现碳达峰碳中和目标。

四是积极探索推进环境污染第三方治理。为了提高治理效率，缓解地方政府财政支出压力，一方面，中央引导地方积极开展第三方治理工作，鼓励地方政府在重点区域和重点行业污染防治、在环境监测与风险评估、生态环境综合整治、环境公用设施建设与运行等领域推行第三方治理。另一方面，为了吸引和激励第三方资本积极参与地方环境治理工作，在税收优惠上，政府给予第三方企业增值税即征即退等优惠政策；在财政补贴上，对第三方治理项目给予相应的补助和奖励支持，并通过第三方治理项目引导基金，缓解第三方企业融资难、融资贵等问题。与此同时，中央政府还通过引导地方政府积极开展第三方治理试点工作，以提升地方环境公共服务的供给水平和质量。

二、财政支出规模与结构的现状分析

（一）全国财政支出规模与结构现状

1. 财政支出规模

图 3－1 展示 2007—2019 年中国财政支出规模的变化。不难发现，从绝对规模看，人均财政支出规模在逐年增长，2019 年（17060. 7 元/人）较 2007 年（3767. 6 元/人）增长了 352. 8%。从相对规模看，财政支出占 GDP 的比重，在 2015 年以前大体呈缓慢增长态势，2015 年（25. 5%）较 2007 年（18. 4%）增长了 38. 6%；而 2015 年以后则呈缓慢下降的态势，2019 年（24. 1%）较 2015 年下降了 5. 5%，在样本期间整体表现出上升态势。在增长速率上，伴随着经济下行，GDP 增长率总体呈下降态势，与此同时，财政支出增长率也呈现持续性下降态势。其中，绝对规模逐年增加的原因可能是，经济体量的增加带来有效税基的扩张，从而增加了财政收入规模，在“以收定支”的财政运行原则下，这为财政支出规模提供了坚实的物质保障和基础。而相对规模以及财政支出增速下降的原因可能是，一方面受全球金融危机的影响，国内外经济不确定性持续增大，随着国内经济持续下行，政府财政压力

也在逐年增加，从而影响了相对支出规模和支出增长率；另一方面，随着中国经济进入高质量发展阶段，经济发展方式的转型要求财政政策更加积极有为，提质增效，在这个过程中，财政支出规模和结构得到优化，财政支出更加规范和精准，减少了不必要的资金浪费，压缩了一般性公共支出。

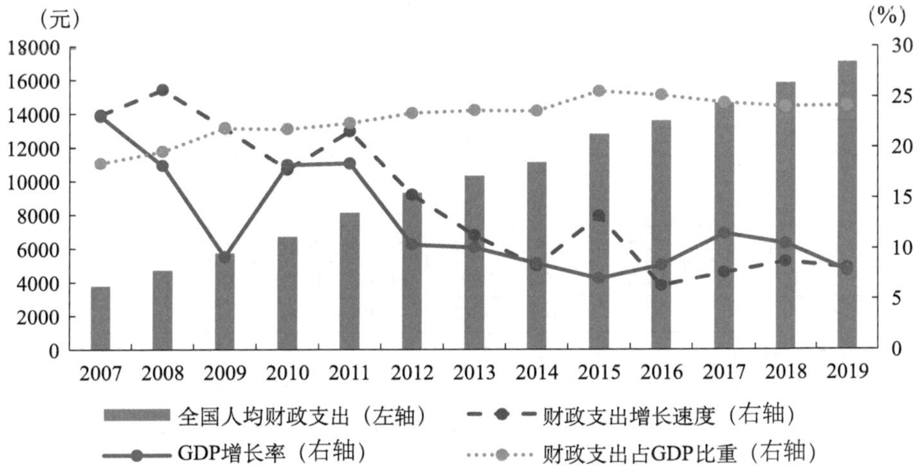

图 3－1　全国财政支出规模与增长率

2. 财政支出结构

由于中国财政收支分类科目在 2007 年进行了改革，为了保证前后统计口径的一致性，本书以 2007 年作为时间窗口的起点，分析全国财政支出结构。表 3－1 展示了 2007—2019 年全国各类财政支出占比情况。结果显示，2007 年支出规模占比最大的科目是一般公共服务支出，达到 17.10%，其次是教育支出，占比达到 14.31%，第三是社会保障和就业支出，占比达到 10.94%。2019 年支出规模占比最大的是教育支出，占比达到 14.57%，其次是社会保障和就业支出，占比达到 12.30%，第三和第四分别是城乡社区事务支出和农林水事务支出，占比分别为 10.42% 和 9.57%。从单个财政支出科目来看，政府在教育、社会保障和就业等支出较大，但综合科教文卫支出来看的话，2007 年科教文卫支出占比为 23.70%，2019 年虽然较 2007 年有所提高，其占比也仅为 27.23%，这表明中国科教文卫支出仍然过低，即民生性支出占比不高，这也从侧面反映了政府对于参与生产和投资活动支出的热衷，比如基础设施建设的投资支出等。这背后的原因可能是，由于不同类型的财政支出对推动地区经济增长作用不同，一般认为，在纵向的财政分权和晋升激励下，地方政府之间展开了激烈的增长竞争，由此地方政府热衷于生产性的基础设施建设，大量财政支出集中在基础设施建设上，从而忽视了有利于人力资本积累和社会福利保障的民生性支出。

表3-1　　　　全国各类财政支出（%）

年份	2007	2010	2013	2016	2017	2018	2019	均值
一般公共服务	17.10	10.39	9.81	7.88	8.13	8.32	8.52	10.24
外交	0.43	0.30	0.25	0.26	0.26	0.27	0.26	0.29
国防	7.14	5.93	5.29	5.20	5.14	5.11	5.08	5.65
公共安全	7.00	6.14	5.55	5.88	6.14	6.24	5.82	5.98
教育	14.31	13.96	15.69	14.95	14.85	14.56	14.57	14.85
科学技术	3.58	3.62	3.63	3.50	3.58	3.77	3.97	3.58
文化体育与传媒	1.81	1.72	1.81	1.68	1.67	1.60	1.71	1.74
社会保障和就业	10.94	10.16	10.33	11.50	12.12	12.23	12.30	10.92
医疗卫生	4.00	5.35	5.91	7.01	7.12	7.07	6.98	6.02
节能环保	2.00	2.72	2.45	2.52	2.77	2.85	3.09	2.56
城乡社区事务	6.52	6.66	7.96	9.80	10.14	10.02	10.42	8.19
农林水事务	6.84	9.05	9.52	9.90	9.40	9.55	9.57	9.05
交通运输	3.85	6.11	6.67	5.59	5.26	5.11	4.95	5.74
资源勘探电力信息等事务		3.88	3.49	3.08	2.48	2.30	2.06	3.18
商业服务业等事务		1.57	0.97	0.92	0.77	0.73	0.52	1.00
金融监管等事务支出		0.71	0.27	0.69	0.57	0.62	0.68	0.60
地震灾后恢复重建支出		1.26	0.03					0.72
援助其他地区支出			0.11	0.16	0.20	0.20	0.20	0.16
国土资源气象等事务		1.48	1.36	0.95	1.13	1.03	0.91	1.22
住房保障支出		2.64	3.20	3.61	3.23	3.08	2.68	3.13
粮油物资管理事务		1.30	1.18	1.17	1.11	0.93	0.79	1.20
灾害防治及应急管理支出							0.64	0.64
国债付息支出		2.05	2.18	2.70	3.09	3.35	3.53	2.50
其他支出	14.48	3.00	2.33	1.01	0.85	1.05	0.73	3.85
债务发行费用支出				0.04	0.03	0.03	0.03	0.03

注：（1）数据来源：《中国财政年鉴》；（2）限于页面，未展示考察期内其他年份数据。

（二）央地间财政支出规模与结构现状

1994年分税制改革将中央与地方支出责任进行了重新划分，其中国防费、武警经费、中央级行政管理费等由中央政府承担，而公检法支出、教育支出、社会保障和就业支出、地方级行政管理费等则由地方政府承担。分税制运行以来，随着中央上收财权，下沉事权和支出责任，总体上，地方财政支出责任在逐年上升。具体来看，在财政支出规模上，地方财政支出占全国财政支出的比重由1994年的69.7%上升到2019年的85.3%，而中央财政支出规模占全国财政支出的比重则由1994年的30.3%下降到2019年的14.7%。下面我们进一步分析中央和地方政府间财政支出分担和结构情况，表3－2展示了2007年与2019年中央和地方各类财政支出情况，从表中我们可以清晰地观察到中央和地方政府财政支出情况，以及财政支出的主要投向领域。

在中央和地方政府财政支出分担情况方面。不难观察到，中央政府主要承担了外交和国防支出的支出责任。其次是在科学技术、金融监管和粮油物资储备三个类别上承担了近一半的支出责任。在其他多个领域，则由地方政府承担相应的支出责任，并且在教育、社会保障和就业、医疗卫生、节能环保、城乡社区事务等领域，地方支出占比常年超过90%。在总体支出责任分担上，地方政府支出责任占比由2007年的77.02%持续上升到了2019年的85.30%，这意味着地方政府支出责任在持续增加。其中，交通运输、文化体育与传媒、科学技术等项目的支出责任在明显增加。

在中央和地方政府财政支出结构方面。从表中不难发现，在地方财政支出结构中，2007年支出占比超过10%的有一般公共服务、教育、社会保障和就业支出；2019年占比超过10%的有一般公共服务、教育、社会保障和就业、城乡社区事务、农林水事务等支出。但地方科教文卫支出占比依旧较低，2019年为29.01%（不足30%）。在中央财政支出结构中，2007年支出占比超过10%的有国防和一般公共服务支出，其中国防支出占30.43%；2019年支出占比超过10%的有国防和科学技术支出，一般公共服务支出在持续压缩，从2007年的18.88%缩减到2019年的5.65%。

综上，不难发现，一方面地方财政支出规模一直远高于中央财政支出规模，到2019年，地方政府支出与中央政府支出之比为85.30∶14.70，这意味着，现实中的大量事务支出是由地方政府承担的，而中央政府仅在少数领域明显高于地方，如国防、外交、金融监管等事务支出、粮油物资管理事务等。另一方面，在地方财政支出结构中科教文卫支出占比较低，这反映出作用于改善民生福利和积累人力资本的民生性支出占比不高，在地方政府支出结构中存在生产性支出偏向问题，这一结论与大量相关文献的结论保持一致（傅勇和张晏，2007；储德银和邵娇，2018）。

表3-2　2007年和2019年中央和地方各类财政支出

指标	各类支出中地方占全国总支出比重（%）		地方各类支出占地方支出比重（%）		中央各类支出占中央支出比重（%）	
年份	2007	2019	2007	2019	2007	2019
合计	77.02	85.30	100	100	100	100
一般公共服务	74.63	90.24	16.57	9.01	18.88	5.65
外交	0.70	0.34	0.00	0.00	1.87	1.75
国防	2.04	1.86	0.19	0.11	30.43	33.88
公共安全	82.56	86.77	7.51	5.92	5.31	5.24
教育	94.45	94.72	17.55	16.18	3.45	5.23
科学技术	48.14	62.87	2.24	2.92	8.08	10.01
文化体育与传媒	85.84	92.44	2.01	1.85	1.11	0.88
社会保障和就业	93.71	95.81	13.31	13.82	2.99	3.51
医疗卫生	98.28	98.51	5.10	8.06	0.30	0.71
节能环保	96.53	94.30	2.51	3.42	0.30	1.20
城乡社区事务	99.81	99.63	8.45	12.17	0.05	0.26
农林水事务	90.79	97.67	8.06	10.96	2.74	1.52
交通运输	59.16	87.96	2.96	5.10	6.84	4.05
资源勘探电力信息等事务		92.77		2.24		1.01
商业服务业等事务		93.35		0.57		0.23
金融监管等事务支出		41.58		0.33		2.69
国土资源气象等事务		85.61		0.92		0.89
住房保障支出		91.22		2.87		1.60
粮油物资管理事务		36.53		0.34		3.43
其他支出	72.02	63.85	13.54	0.55	17.63	1.80

数据来源：《中国财政年鉴》。

进一步地，我们继续观察省以下各级政府的财政支出责任承担比例的情况。图3-2展示了省、地级市、县乡三级政府财政支出占比的具体情况。不难发现，省级政府支出占比在2000年后迅速下降，而与之相反的是，县乡级支出占比在2000年后迅速上升，与此同时，市级支出占比总体上在下降。这可能反映了从中央到省、省到市、市到县乡，即高层级政府向低层级政府的层层向下转嫁财政压力的行为，而当转嫁至县乡级政府因无从转嫁，只能承担大部分财政支出责任，由此引发县乡财政困难问题。在现实中，为了实现经济增长目标和政治晋升，层级越低的政府，在面临更大的财政压力下，更有动机将财政支出投向短期内促进经济增长的领域，比如基建、工业园区、房地产等领域，这些领域对环境的牺牲较大，从而加重环境污染问题。

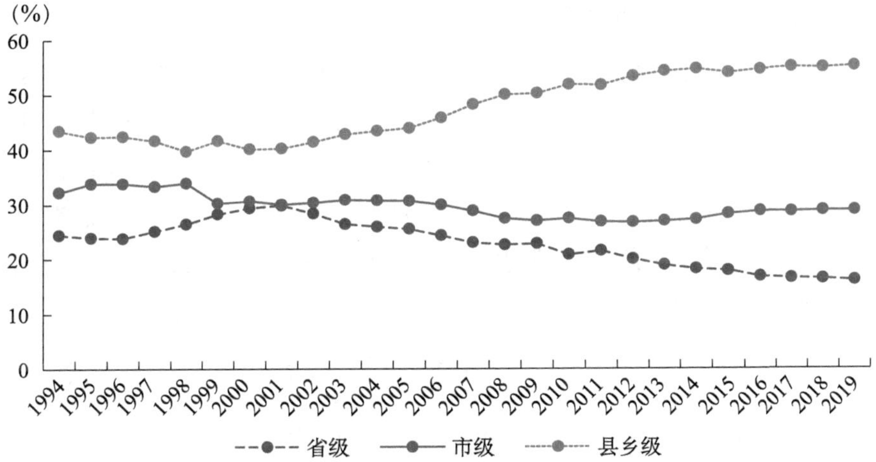

图3-2 省以下的财政支出占比

资料来源：1994—2019年一般公共预算支出级次情况［J］. 地方财政研究，2021（06）：113.

第二节 中国产业结构绿色转型的历史演进与现状分析

关于产业结构绿色转型的指标体系，前文已做详细说明，在此不再赘述。根据前文指标体系构建的方法，本节基于中国30个省市（除西藏、港澳台地区外）2000—2019年省际数据，分析中国产业结构绿色转型的历史演进与现状。测度全国及各地区产业结构绿色转型的实际水平，观察其历史演变和发展规律，寻找各地区产业结构绿色转型的优势和短板，并分析各区域产业结构绿色转型的差异及原因，以期为制定促进中国产业结构绿色转型的提供策略思路。需要说明的是，未经特殊说明，本节所示数据均来自《中国能源统计年鉴》《中国农村统计年鉴》《中国统计年鉴》和各省市历年统计年鉴。

一、中国产业结构绿色转型的分布动态演进

（一）Kernel 密度估计

为了考察全国及各区域产业结构绿色转型水平的绝对差异和动态演进规律，本部分采用Kernel密度估计的方法予以检验，分析其分布动态及演变规律。Kernel密度估计作为一种非参数方法，不需要任何有关数据分布的先验知识，对数据分布没有任何假定，只需从数据本身出发，用连续的密度曲线描述随机变量的分布特征。假设$f(x)$是中国产业结构绿色转型指数x的密度函数，则Kernel密度函数估计为：

$$f(x) = \frac{1}{Nh}\sum_{i=1}^{N} K\left(\frac{X_i - x}{h}\right) \qquad \text{（式 3-1）}$$

其中，N为观测值个数；h为带宽，决定所估计密度函数的平滑程度；X_i表示独立同分布的观测值；x表示观测值的均值；$K(\cdot)$为核密度函数。本部分采用最为常用的高斯核密度函数对全国及各区域产业结构绿色转型水平的分布动态演进进行估计和分析。

（二）中国产业结构绿色转型的分布动态及演进

1. 横向耦合维度

图3-3和图3-4分别显示了基于横向耦合维度下，全国产业结构绿色转型指数的分布动态和中国四大区域产业结构绿色转型指数的分布动态。由图3-3可知，从波峰的移动来看，全国产业结构绿色转型的横向耦合度指数分布曲线的主峰位置呈“左移—右移”的变动，说明

全国产业结构绿色转型的横向耦合水平先上升后逐步下降；从主峰高度来看，整体呈上升趋势，宽度逐步收窄，右拖尾延展拓宽，说明我国产业结构绿色转型的横向耦合度的绝对差异在缩小；从主峰的个数来看，只存在一个主峰，说明我国产业结构绿色转型的横向耦合度指数不存在极化问题。

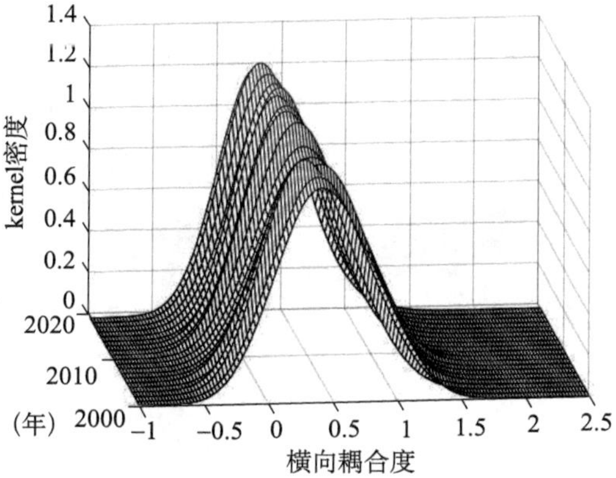

图3－3 全国产业结构绿色转型指数的分布动态（横向耦合维度）

由图3－4（a）可知，从波峰的移动来看，东部地区产业结构绿色转型的横向耦合度分布曲线的主峰位置呈“向左—向右”交替波动变化的形态，在考察期末表现出向左移的趋势，主峰高度呈升降交替变化，最后呈上升趋势，分布曲线呈右拖尾延展，只存在一个主峰，不存在区域极化现象，说明东部地区产业结构绿色转型的横向耦合水平在缩小，区域内绝对差异也在缩小。由图3－4（b）可知，中部地区产业结构绿色转型的横向耦合度分布曲线的主峰位置整体向左移，主峰高度呈上升趋势，宽度略有收缩，说明中部地区产业结构绿色转型的横向耦合水平在逐步提高，且区域内绝对差异在逐步缩小；但2011年和2012年出现两个主峰，说明存在区域极化现象。由图3－4（c）可知，西部地区产业结构绿色转型的横向耦合度分布曲线的主峰位置呈“向左—向右”交替变换，最后呈向右移趋势，主峰高度整体呈上升趋势，宽度收窄，分布曲线存在右拖尾延展拓宽，只存在一个主峰，不存在区域极化现象，说明西部地区产业结构绿色转型的横向耦合水平不高，但区域内绝对差异在缩小。由图3－4（d）可知，东北地区产业结构绿色转型的横向耦合度分布曲线的主峰位置整体向左移，主峰高度呈升降交替变换，最后呈上升趋势，宽度和右拖尾无较大变化，说明东北地区产业结构绿色转型的横向耦合水平在逐步提高，且区域内绝对差异在缩小；但分布曲线存在明显的多峰现象，说明区域内存在区域极化现象。

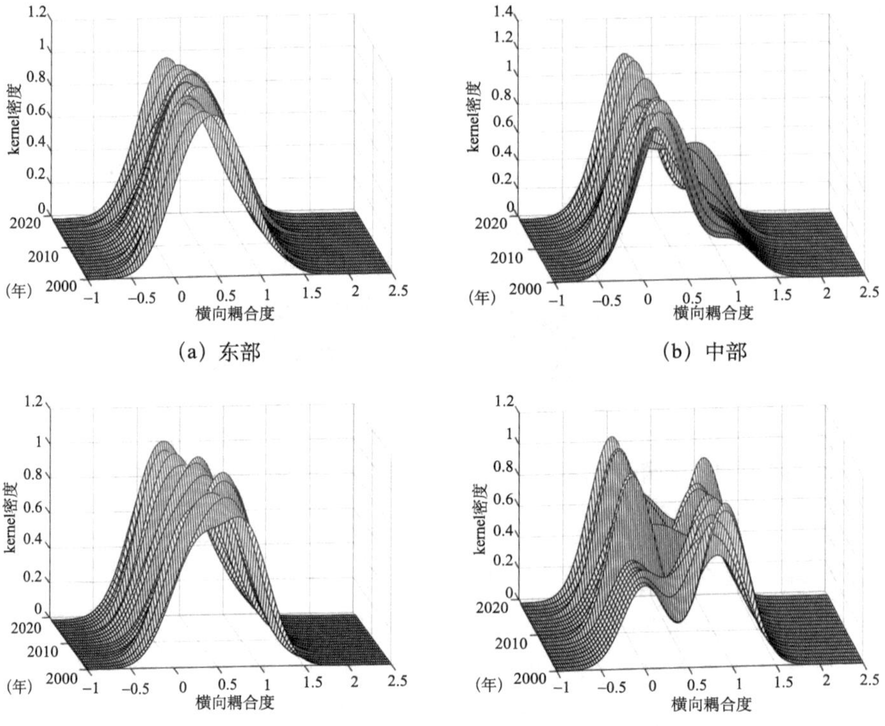

(a) 东部　(b) 中部　(c) 西部　(d) 东北

图3-4　中国四大区域产业结构绿色转型指数的分布动态（横向耦合维度）

2. 纵向闭合维度

图3-5和图3-6分别显示了基于纵向闭合维度下，中国产业结构绿色转型指数的分布动态和中国四大区域产业结构绿色转型指数的分布动态。由图3-5可知，从波峰的移动来看，全国产业结构绿色转型的纵向闭合度指数分布曲线的主峰位置整体上向右移，说明全国产业结构绿色转型的纵向闭合水平在逐步提升；从主峰高度来看，呈先波动上升后逐渐下降的趋势，宽度收窄，右拖尾延展拓宽，说明我国区域产业结构绿色转型的纵向闭合发展的不均衡程度正逐步扩大；从主峰的个数来

看，只存在一个主峰，说明我国产业结构绿色转型的纵向闭合指数不存在区域极化问题。

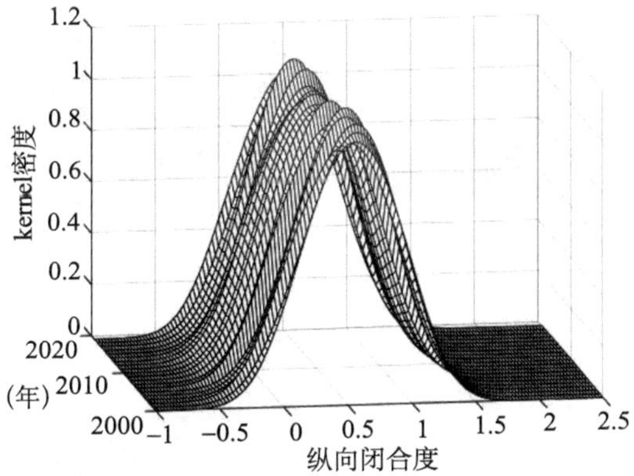

图 3-5　全国产业结构绿色转型指数的分布动态（纵向闭合维度）

由图3-6（a）可知，东部地区产业结构绿色转型的纵向闭合度指数分布曲线的主峰位置整体向右移，主峰高度呈先升后降趋势，宽度缩窄，右拖尾延展拓宽，说明东部地区产业结构绿色转型的纵向闭合水平在逐步提高，但区域内绝对差异有扩大趋势；在考察期前期的2000年，分布曲线存在两个主峰，说明存在区域极化现象。由图3-6（b）可知，中部地区产业结构绿色转型的纵向闭合度指数分布曲线的主峰位置整体向右移，主峰高度呈先降后升态势，宽度缩窄，右拖尾延展拓宽，说明中部地区产业结构绿色转型的纵向闭合水平在逐步提高且区域内绝对差异在缩小；但考察期内，多个年份的分布曲线存在两个主峰，说明存在区域极化现象。由图3-6（c）可知，西部地区产业结构绿色转型的纵向闭合度指数分布曲线的主峰位置整体向右移，主峰高度上升，宽度缩窄，右拖尾延展拓宽，说明西部地区产业结构绿色转型的纵向闭合水平在逐步提高，且区域内绝对差异在缩小；考察期内分布曲线只有一个主峰，说明不存在区域极化现象。由图3-6（d）可知，东北地区产业结构绿色转型的纵向闭合度指数分布曲线的主峰位置整体向左移，主峰高度整体下降，宽度拓宽，说明东北地区产业结构绿色转型的纵向闭合水平在逐步下降，且区域内绝对差异在扩大；考察期内，多个年份的分布曲线存在两个主峰，说明存在区域极化现象。

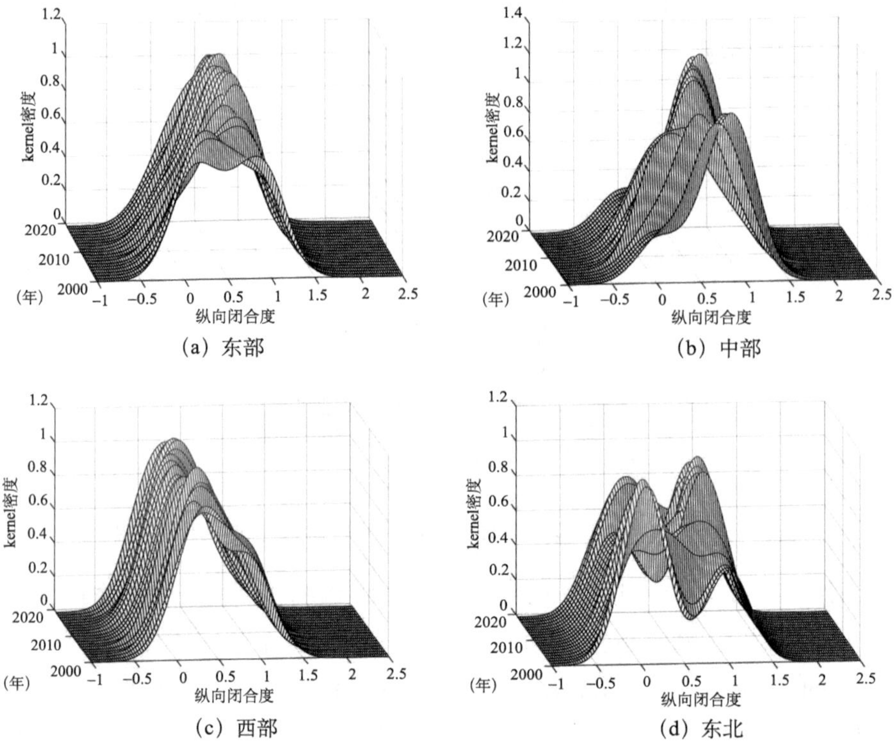

图 3-6 中国四大区域产业结构绿色转型指数的分布动态（纵向闭合维度）

结合前文分析，不难发现，当前中国产业结构绿色转型的综合水平不高，区域间发展不平衡。具体来说，中国产业结构绿色转型的横向耦合水平整体不高且呈下降趋势；横向耦合发展不平衡，由高到低呈东北—东部—中部—西部阶梯分布特征，且东北和西部地区呈下降趋势，在考察期末均低于东部和中部地区；横向耦合水平较高的省份主要集中在东部省份，横向耦合水平较差的省份主要集中在西部、东部和中部少数重工业省份；横向耦合发展的区域差异主要来自区域间差异，且全国层面及四大区域横向耦合发展的绝对差异在逐步缩小。同时，中国产业结构绿色转型的纵向闭合水平不高，发展不平衡。纵向闭合水平由高到低呈东部—中部—东北—西部阶梯分布特征，且东北地区呈持续下降趋势；纵向闭合水平较高的省份主要集中在东部省份，纵向闭合度水平较差的省份主要集中在西部和东北省份；纵向闭合发展的区域差异同样主要来自区域间差异，且全国层面及四大区域纵向闭合发展的绝对差异也在逐步缩小。

二、中国产业结构绿色转型水平分析

（一）全国产业结构绿色转型指数及变化趋势

根据前文构建的产业结构绿色转型指标体系及计算方法，本书测算了中国产业结构绿色转型水平。图 3－7 展示了 2000—2019 年中国产业结构绿色转型指数及变化趋势。根据测算结果，从横向耦合维度看，中国产业结构绿色转型的横向耦合度介于0.2407—0.3607，这意味着我国产业结构绿色转型的横向耦合水平不高①，整体呈扁平“U”形。具体地，2000—2011 年在“U”形左边，2011 年（0.2407）较 2000 年（0.3607）下降33.27%，在该时间段中国产业结构绿色转型的横向耦合水平总体上稳步上升，说明在2000—2011 年我国产业结构绿色转型的横向耦合水平较高，资源配置较合理②。2011—2019 年在“U”形右边，2019 年（0.3491）较2011 年（0.2407）增长45.03%，这意味着这些年我国产业结构绿色转型的横向耦合水平在逐步下降，说明能源消耗、碳排放和产业增加值在各产业之间耦合协调配置的合理性水平有所下降。其主要原因可能是，2008 年爆发的全球金融危机导致全球经济持续下行，我国各项经济指标都在不断恶化，特别是2013 年我国经济进入新常态，经济下行必然拖累要素资源在各产业间的合理配置水平。由于我国财政分权的内在缺陷导致地方政府的财力与事权本身就不匹配，在经济下行的背景下，地方财政缺口必然增加，地方财政压力加剧，虽然“十一五”时期（2007 年开始）中央已经明确规定将环境目标纳入地方政府考核机制，2015 年中央开始推进供给侧结构性改革，淘汰一部分落后产能，但过去多年来以 GDP 为考核指标的目标导向依然强劲，地方政府的环境目标约束较弱，在此背景下，地方政府的行为

① 理论上，当经济体系处于均衡状态时，横向耦合度为0；然而经济非均衡现象是常态，更符合现实情况，故而横向耦合度不为0，因此若横向耦合度越接近0 值，表明横向耦合水平越高，意即能源消耗、碳排放和产业增加值在产业结构之间配置更合理、更协调。

② 该时间段是我国经济保持持续增长的阶段，也是国家“十五”规划和“十一五”规划阶段，党中央相继提出科学发展观和节能减排的科学论断和战略部署，使得我国能源消耗、碳排放和产业增加值在三次产业结构之间的配置日趋合理。

依然会出现一定的扭曲，必然过分关注本地增收的产业发展，忽略产业的绿色转型，最终导致要素资源、能源消耗和碳排放在产业之间的配置不够协调，表现为横向耦合水平在“十一五”时期处于不断改善的状态，但在“十二五”和“十三五”时期却不断下降，这也表明供给侧结构性改革对产业结构调整的效果并不佳。

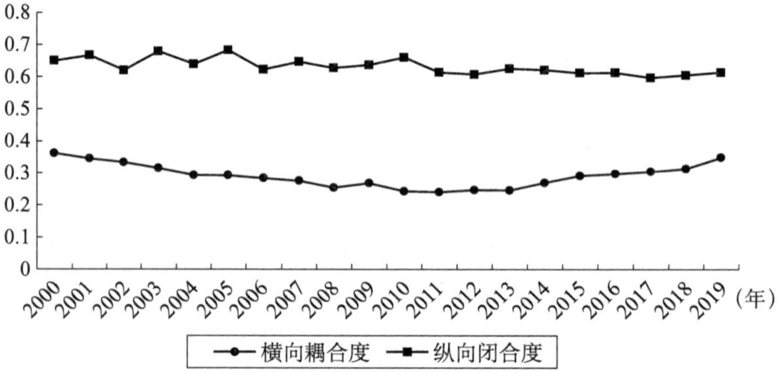

图 3－7　2000—2019 年中国产业结构绿色转型指数及变化趋势

从纵向闭合维度看，我国产业结构绿色转型的纵向闭合度介于 0. 5978—0. 6830，这意味我国产业结构绿色转型的纵向闭合水平也不高，三次产业内部的绿色生产能力还有很大的提升空间。具体来看，2000—2010 年呈波动变化，2010—2019 年小幅下降后有上升趋势，考察期内整体较为平稳。这有两种可能，一是我国产业结构的整体绿色生产能力本身就不高，且各地区大致相当；二是我国产业结构的整体绿色生产能力不强，但各地区差异较大，存在两极分化现象，综合到全国层面，整体水平在平均后所有下降。后文的分析支持了第二种可能，即我国产业结构绿色转型的纵向闭合水平在各区域间不平衡不充分发展问题较为突出。这可能是因为我国绿色研发投入严重不足，绿色技术创新力度不够，特别是 2013 年随着我国经济进入新常态后，经济下行必然制约绿色研发投入，加上中美关系动荡，部分高端产业链回流与“去中国化”，中美科技“脱钩”风险增加，“卡脖子”现象频出，导致整个技术进步受阻，绿色技术创新也增长乏力，产业绿色生产能力几乎没有明显进步。这也意味三次产业内部的绿色生产能力还有很大的提升空间。

（二）中国区域产业结构绿色转型指数及变化趋势

1. 横向耦合维度

图3－8展示了横向耦合维度下中国四大区域[①] 2000—2019年产业结构绿色转型的横向耦合度指数及变化趋势。从形态上看，西部地区产业结构绿色转型的横向耦合度呈明显的“U”形；东部地区和东北地区产业结构绿色转型的横向耦合度变化趋势呈扁平“U”形，整体波动较平稳；中部地区产业结构绿色转型的横向耦合度整体呈下降趋势。从区域差异看，东部地区产业结构绿色转型的横向耦合度指数介于0.1928—0.2872，均值为0.2299；中部地区产业结构绿色转型的横向耦合度指数介于0.2039—0.4611，均值为0.3073；西部地区产业结构绿色转型的横向耦合度指数介于0.2743—0.4663，均值为0.3595；东北地区产业结构绿色转型的横向耦合度指数介于0.1777—0.3219，均值为0.2132。横向耦合度水平从“东北—东部—中部—西部”由高到低呈阶梯分布，且东北地区和西部地区横向耦合水平下降明显，在考察期末均低于东部地区和中部地区。其中，西部地区在2010年之后，横向耦合水平持续显著下降的一个重要原因可能是，西部地区是以第二产业为主导的产业结构，在经济持续下行的压力下，第二产业占整个三次产业的经济份额在持续下降，然而相对于第一、三产业，第二产业的能源消耗和碳排放占比却依旧是最高且相对稳定的，以致能源消耗、碳排放和产业增加值在产业之间配置的耦合协调水平持续下降[②]。综合来看，我国各区域产业结构的能源消耗、碳排放和产业增加值在各产业之间协

---

① 根据国家统计局2011年6月13日的划分办法，将我国的经济区域划分为东部、中部、西部和东北四大地区。东部包括：北京、天津、河北、上海、江苏、浙江、福建、山东、广东和海南；中部包括：山西、安徽、江西、河南、湖北和湖南；西部包括：内蒙古、广西、重庆、四川、贵州、云南、西藏、陕西、甘肃、青海、宁夏和新疆；东北包括：辽宁、吉林和黑龙江。

② 经计算，在考察期内西部地区第一、二、三次产业占总产业经济份额（均值）分别为14.48%（呈下降趋势）、45.13%（呈先升后降趋势）、40.39%（呈上升趋势），其占总产业能源消耗份额（均值）分别为3.35%（呈平缓下降趋势）、81.04%（较稳定）、15.61%（呈平缓上升趋势），其占总产业CO_2排放份额（均值）分别为5.10%（呈平缓下降趋势）、79.44%（较稳定）、15.46%（呈平缓上升趋势）。不难发现，第二产业产值下降的同时，其能源消耗与碳排放份额依旧占据三次总产业的近80%，导致资源配置的不均衡程度持续扩大，表现出横向耦合水平的下降。

调配置的失衡，最主要源于西部地区，其次是中部地区，东北地区也需引起重视。

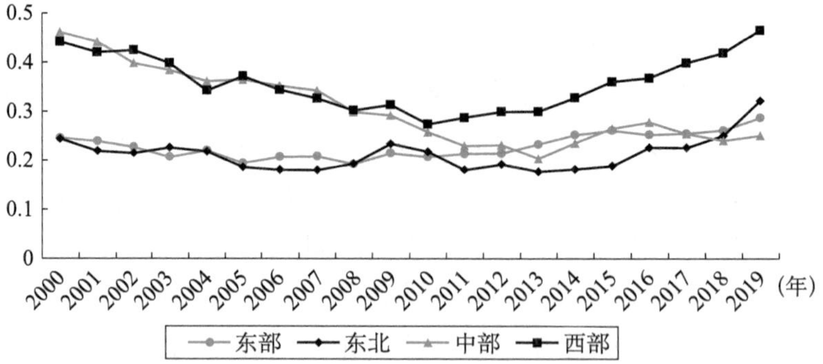

图 3－8　2000—2019 年中国产业结构绿色转型指数及变化趋势（横向耦合维度）

2. 纵向闭合维度

图 3－9 展示了纵向闭合维度下中国四大区域 2000—2019 年产业结构绿色转型的纵向闭合度指数及变化趋势。从形态看，四大区域产业结构绿色转型的纵向闭合度指数的走势除了东北地区呈下降趋势外，其他三个区域均保持平稳态势。从区域差异看，东部地区产业结构绿色转型的纵向闭合度整体上明显高于其他三个区域，其产业结构绿色转型的纵向闭合度介于 0.6738—0.7716，均值为 0.7338；东北地区产业结构绿色转型的纵向闭合度总体上介于 0.4976—0.7572，均值为 0.6395，在 2000—2004 年高于其他三个区域，在 2000—2019 年整体呈下降趋势，2019 年（0.4976）较 2000 年（0.7383）下降 32.60%；中部地区产业结构绿色转型的纵向闭合度水平在四大区域之中整体居中，其纵向闭合度介于 0.6061—0.7005，均值为 0.6402；西部地区产业结构绿色转型的纵向闭合度水平均低于其他三大区域，其纵向闭合度介于 0.5042—0.6039，均值为 0.5340，较东部地区还有很大差距。不过，随着东北地区产业结构绿色转型的纵向闭合度水平持续下降，2019 年西部地区产业结构绿色转型水平已经超过东北地区。东北地区产业结构绿色转型的纵向闭合水平持续下降的原因可能是，东北地区是以工业为主导的产业结构，相较于其他地区拥有较丰富的煤炭、铁、石油、森林等自然资源，一方面大规模的资源开采开发带来经济增长的同时，也造成自然资

源的枯竭和环境污染，另一方面东北地区工业技术装备老化、绿色技术创新水平低下、高新技术产业发展严重不足等原因使其产业竞争力逐渐下降、市场份额逐步萎缩，从而表现出各产业绿色生产能力的持续下降。比较发现，在推动产业结构绿色发展过程中，相较于东部和中部地区，西部和东北地区是加强绿色技术升级的重要着力点。

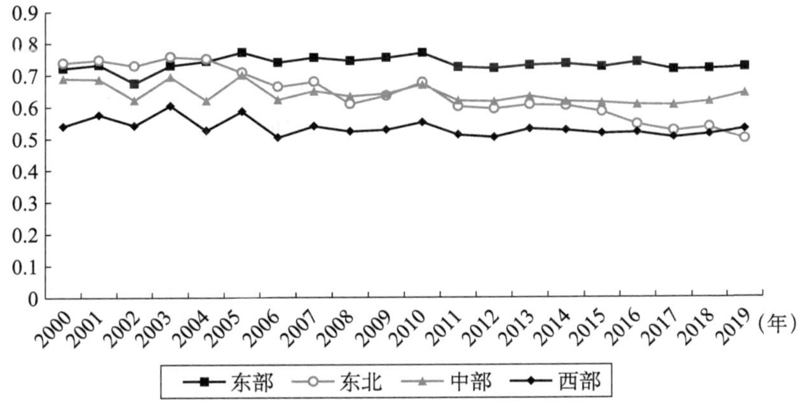

图 3-9　2000—2019 年中国产业结构绿色转型指数及变化趋势（纵向闭合维度）

其实，四大区域的横向耦合水平和纵向闭合水平的走势及其差异本质上源于各地区的资源禀赋及其产业结构特色，也是各地区经济基础和金融发展、技术研发能力和装备水平的差异的反映。虽然“十五”“十一五”时期国家开始相继推行西部大开发、东北振兴和中部崛起战略，但这些战略总体上还属总量扶持政策，尚未与产业绿色发展的具体思路实行完好对接。西部大开发战略并没有改变西部粗放型经济增长模式，在促进西部地区经济增长的同时也带来了碳排放较快增长（尹传斌等，2017）；中部崛起战略提升了中部地区资源开采强度和工业化程度的同时却加剧了中部地区的环境污染（纪祥裕，2020）；东北振兴战略促进当地经济发展的同时带来了污染产业转出，留在东北的产业横向耦合水平和纵向闭合水平并没有明显改善（王丽萍和夏文静，2019）。2008 年爆发全球金融危机后，我国经济复苏乏力，2013 年进入新常态，经济下行必然拖累产业结构绿色转型。西部的横向耦合水平在 2010 年开始大幅下降，东部、中部和东北地区的横向耦合水平在 2013 年开始出现持续小幅下降，虽然 2015 年国家开始推进供给侧结构性改革，开始淘汰一部分落后产能，依旧未能扭转这些地区的下降趋势。

根据前文分析，为了进一步反映我国四大区域产业结构绿色转型中的问题与短板，本书进一步构建雷达图呈现我国四大区域产业结构绿色转型水平在横向耦合维度和纵向闭合维度上的整体特征。

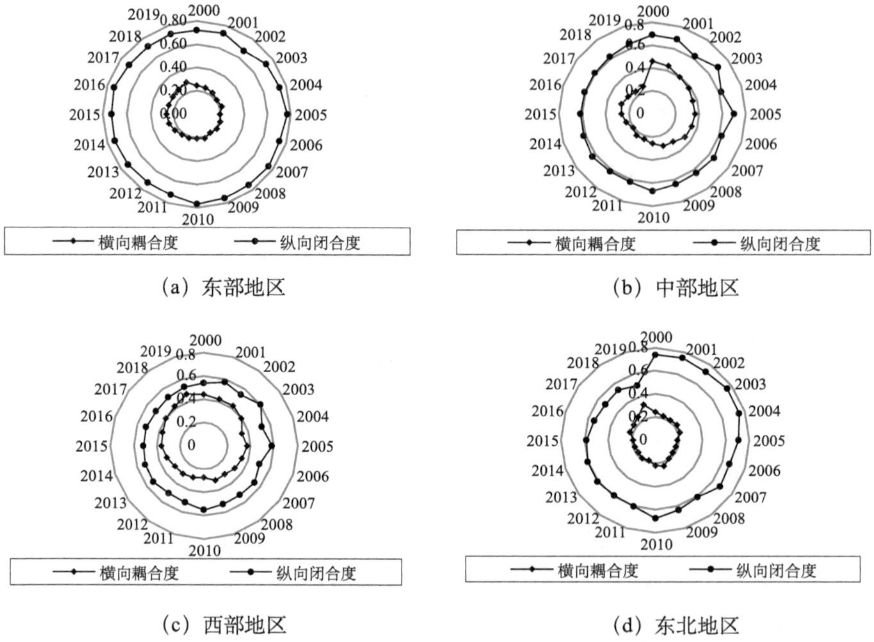

图 3－10　2000—2019 年中国四大区域产业结构绿色转型指数整体特征

根据图 3－10（a），东部地区产业结构绿色转型指数无论是横向耦合度还是纵向闭合度均分布较为均匀，其横向耦合水平和纵向闭合水平相对其他区域更高，但横向耦合水平在后期有所下降。这意味着，相较于提高各产业的绿色生产能力，东部地区产业结构绿色转型应注重改善能源消耗、碳排放和产业增加值在产业之间横向耦合的协调配置。根据图 3－10（b），中部地区产业结构绿色转型的纵向闭合度水平较稳定，分布较为均匀，但数值较东部低；中部地区产业结构绿色转型的横向耦合度指数变动较大，整体呈下降趋势。这意味着，中部地区的能源消耗、碳排放和产业增加值在产业之间的横向耦合的协调配置状态在改善，其各产业的绿色生产能力也在向东部地区靠拢。根据图 3－10（c），西部地区产业结构绿色转型的横向耦合水平和纵向闭合水平整体上较东部地区和中部地区均偏低。这意味着，西部地区产业结构绿色转型不仅要改进能源消耗、碳排放和产业增加值在产业之间横向耦合协调配置，同时还要提高各产业的绿色生产能力。根据图 3－10（d），东北地区产业结构绿色转型的横向耦合水平较高，但后期呈下降趋势，纵向闭合水平整体呈下降趋势。这意味着，东北地区产业结构绿色转型应重点提高各产业的绿色生产能力，同时也要改进能源消耗、碳排放和产业增加值在产业之间的横向耦合协调配置。

（三）各省份产业结构绿色转型指数及变化趋势

图 3－11 显示了基于横向耦合维度下，2019 年中国 30 个省份产业结构绿色转型的横向耦合度水平及排名。不难发现，2019 年中国各省份产业结构绿色转型的横向耦合度介于 0.0521—0.8995，均值（E）为 0.3491，标准差（SD）为 0.1938，各省差异较大。本书借鉴魏敏等（2018）的思路，根据均值与标准差的关系，将产业结构绿色转型的横向耦合度大于 E＋0.5SD，即大于 0.4460 的省份称为“低水平省份”；将横向耦合度小于 E－0.5SD，即小于 0.2522 的省份称为“高水平省份”；将横向耦合度大于 0.2522 小于 0.3491 的省份称为“中高水平省份”；将横向耦合度大于 0.3491 小于 0.4460 的省份称为“中低水平省份”。

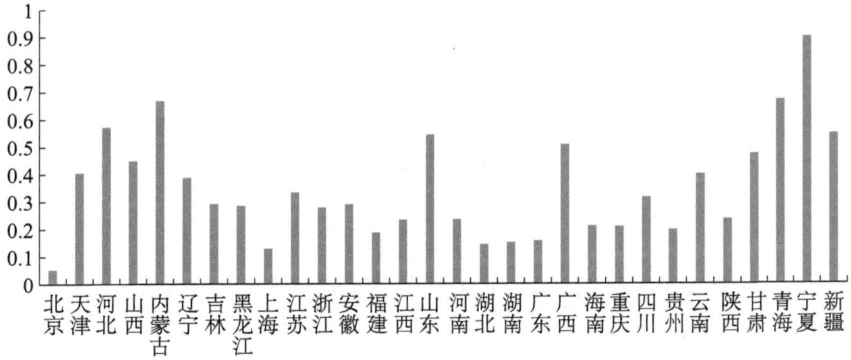

图 3－11　2019 年中国各省份产业结构绿色转型指数排名（横向耦合维度）

由图 3－11 知，产业结构绿色转型的横向耦合度低于 0.2522 的高水平省份有 12 个，分别是北京、上海、湖北、湖南、广东、福建、贵州、重庆、海南、江西、河南、陕西。这些省份产业结构绿色转型的横向耦合水平较高，其中以北京和上海处于绝对领先地位。产业结构绿色转型的横向耦合度介于0.2522—0.3491的中高水平省份有6个，分别是浙江、黑龙江、安徽、吉林、四川、江苏，这些省份产业结构绿色转型的横向耦合水平相对较高，不过仍有进一步提升空间。产业结构绿色转型的横向耦合度介于0.3491—0.4460的中低水平省份有3个，分别是辽宁、云南、天津，这些省份产业结构绿色转型的横向耦合水平较差，表明在推动产业结构全面绿色转型中，对碳达峰碳中和的绿色发展重视不足，存在较大追赶空间；产业结构绿色转型的横向耦合度大于0.4460的低水平省份有9个，占考察省份总数的30%，分别是山西、甘肃、广西、山东、新疆、河北、内蒙古、青海、宁夏，这些省份对推进碳达峰碳中和实现产业结构绿色转型发展的重视程度最低，与其他地区差距很大，存在很大提升空间。

为了进一步观测2019年我国各省份产业结构绿色转型的横向耦合度对应所在区域的分布情况，本书做了进一步梳理和归纳，如表3-3所示。由表3-3可知，从2019年各省份产业结构绿色转型的横向耦合度在各区域分布来看，处在“高水平”的13个省份中，东部省份占比最多，其次是中部省份，再次是西部省份，东北地区没有位于高水平的省份。处在“低水平”的9个省份中，西部省份占比最多。东北省份主要处于“中高水平”和“中低水平”。不难发现，就横向耦合的视角看，当前我国产业结构绿色转型的发展存在显著的区域不平衡问题；东部省份、中部省份和少数西部省份产业结构绿色转型的横向耦合水平较高，而大多数西部省份、少数重工业东部和中部省份产业结构绿色转型的横向耦合水平较低。

表3-3　产业结构绿色转型的四种类型省份的区域分布（横向耦合维度）

	东部地区	中部地区	西部地区	东北地区
高水平	北京、上海、广东、福建、海南	湖北、湖南、江西、河南	贵州、重庆、陕西	
中高水平	浙江、江苏	安徽	四川	黑龙江、吉林
中低水平	天津		云南	辽宁
低水平	山东、河北	山西	甘肃、广西、新疆、内蒙古、青海、宁夏	

图3－12显示了基于纵向闭合维度下，2019年中国30个省份产业结构绿色转型的纵向闭合水平及排名。可以发现，2019年中国产业结构绿色转型的纵向闭合度介于0.3378—0.9045，其均值（E）为0.6137，标准差（SD）为0.1610，各省份差异同样较大。本书同样根据均值与标准差的关系，将纵向闭合度大于E＋0.5SD，即大于0.6942的省份称为"高水平省份"；将纵向闭合度小于E－0.5SD，即小于0.5332的省份称为"低水平省份"；将纵向闭合度大于0.5332小于0.6137的省份称为"中低水平省份"；将纵向闭合度大于0.6137小于0.6942的省份称为"中高水平省份"。

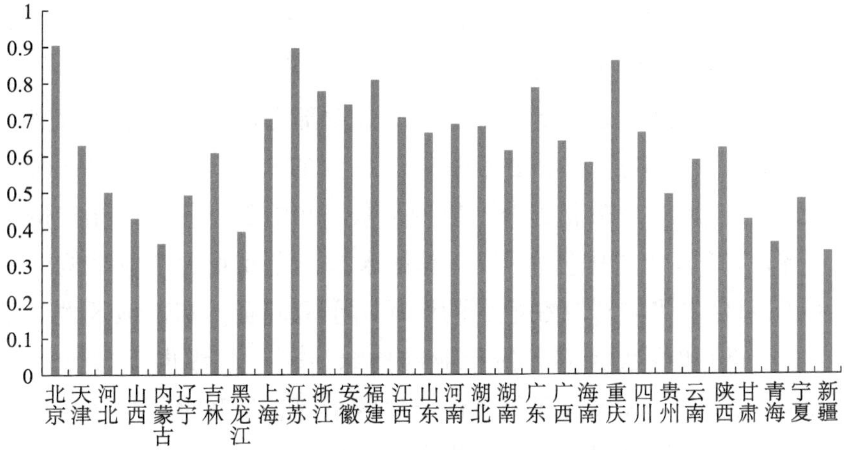

图3－12　2019年中国各省份产业结构绿色转型指数排名（纵向闭合维度）

具体来说，产业结构绿色转型的纵向闭合度高于0.6942的"高水平省份"有9个，从高到低分别是北京、江苏、重庆、福建、广东、浙江、安徽、江西、上海，这些省份在推进产业结构全面绿色转型、实现碳达峰碳中和的过程中，其产业绿色生产能力较强，其中北京和江苏处在绝对领先位置。产业结构绿色转型的纵向闭合度大于0.6137小于0.6942的"中高水平省份"有8个，分别为河南、湖北、四川、山东、广西、天津、陕西、湖南，这些省份在推进产业结构全面绿色转型、实现碳达峰碳中和过程中，其产业结构绿色生产能力相对领先，但仍有提升空间。产业结构绿色转型的纵向闭合度大于0.5332小于0.6137的"中低水平省份"有3个，分别是吉林、云南、海南，这些省份产业结构绿色转型的纵向闭合度位于均值以下，对推进产业结构全面绿色转型，实现碳达峰碳中和发展的重视不足，有较大提升空间。产业结构绿色转型的纵向闭合度小于0.5332的“低水平省份”有10个，占考察省份总数的33.33%，分别是河北、贵州、辽宁、宁夏、山西、甘肃、黑龙江、青海、内蒙古、新疆，这些省份对推进产业结构全面绿色转型，实现碳达峰碳中和发展的重视度最低，与其他地区差距很大，有很大提升空间。

为了进一步反映出2019年中国各省份产业结构绿色转型的纵向闭合度指数在各区域的分布情况。同样，本书做了进一步梳理和归纳，如表3－4所示。由表3－4可知，从2019年各省份产业结构绿色转型的纵向闭合度在各区域分布来看，处在“高水平”的9个省份中，东部省份占比最多，其次是中部省份，再次是西部省份，东北地区没有。处在“低水平”的10个省份占考察省份总数的33.33%，其中，西部省份占比最多，其次是东北省份，最少是东部和中部省份。东北省份主要处于“低水平”和“中低水平”。总体来看，当前我国产业结构绿色转型的纵向闭合水平同样存在显著的区域不平衡问题，东部地区大多数省份、中部省份和少数西部省份产业结构绿色转型的纵向闭合度水平较高，而东北省份、大多数西部省份、少数东部省份和少数中部老工业或欠发达省份产业结构绿色转型的纵向闭合度水平较低，这些省份三次产业的绿色生产能力较差。

表3－4　产业结构绿色转型的四种类型省份的区域分布（纵向闭合维度）

	东部地区	中部地区	西部地区	东北地区
高水平	北京、江苏、福建、广东、浙江、上海	安徽、江西	重庆	
中高水平	山东、天津	河南、湖北、湖南	四川、广西、陕西	
中低水平	海南		云南	吉林
低水平	河北	山西	贵州、宁夏、甘肃、青海、内蒙古、新疆	辽宁、黑龙江

进一步对比分析各省份产业结构绿色转型的横向耦合度和纵向闭合

度，可以发现各省份在推进产业结构全面绿色转型和实现碳达峰碳中和进程中的优势和短板，从而可为各地区各省份进一步推动产业结构绿色转型提供科学指导。表 3－5 显示了 2019 年全国 30 个省份产业结构绿色转型的横向耦合度和纵向闭合度的测算结果。

表 3－5　　2019 年中国各省份产业结构绿色转型指数排名

排名	横向耦合度		纵向闭合度	
1	北京	0.0521	北京	0.9045
2	上海	0.1290	江苏	0.8960
3	湖北	0.1449	重庆	0.8605
4	湖南	0.1520	福建	0.8083
5	广东	0.1583	广东	0.7872
6	福建	0.1875	浙江	0.7773
7	贵州	0.1973	安徽	0.7412
8	重庆	0.2097	江西	0.7049
9	海南	0.2117	上海	0.7008
10	江西	0.2341	河南	0.6864
11	河南	0.2362	湖北	0.6802
12	陕西	0.2375	四川	0.6633
13	浙江	0.2791	山东	0.6627
14	黑龙江	0.2856	广西	0.6401
15	安徽	0.2911	天津	0.6289
16	吉林	0.2924	陕西	0.6223
17	四川	0.3163	湖南	0.6139
18	江苏	0.3338	吉林	0.6083
19	辽宁	0.3878	云南	0.5880
20	云南	0.4013	海南	0.5815
21	天津	0.4052	河北	0.5009
22	山西	0.4487	贵州	0.4944

续表

排名	横向耦合度		纵向闭合度	
23	甘肃	0. 4744	辽宁	0. 4919
24	广西	0. 5078	宁夏	0. 4810
25	山东	0. 5430	山西	0. 4295
26	新疆	0. 5458	甘肃	0. 4263
27	河北	0. 5723	黑龙江	0. 3926
28	内蒙古	0. 6691	青海	0. 3609
29	青海	0. 6701	内蒙古	0. 3595
30	宁夏	0. 8995	新疆	0. 3378

从横向耦合维度看，2019 年全国产业结构绿色转型的横向耦合度均值为 0. 3491，其中位于均值以下的省份有 18 个，其余 12 个省份位于均值以上；特别地，位于 E + 0. 5SD 即 0. 4460 以上的省份有 9 个，分别是山西、甘肃、广西、山东、新疆、河北、内蒙古、青海、宁夏，主要为西部省份，其次是东部地区的山东和河北这样的重工业省份，这些省份产业结构绿色转型的横向耦合水平较低。其中，横向耦合水平最低的宁夏（0. 8995）与横向耦合水平最高的北京（0. 0521）相比，存在巨大差距。这说明全国各省能源消耗与碳排放在产业之间配置的合理性较差，存在资源要素配置的扭曲现象。

从纵向闭合维度看，2019 年全国产业结构绿色转型的纵向闭合度均值为 0. 6137，其中位于均值以上的省份有 17 个，其余 13 个省份位于均值以下。此外，位于 E − 0. 5SD 即 0. 5332 以下的省份有 10 个，分别是河北、贵州、辽宁、宁夏、山西、甘肃、黑龙江、青海、内蒙古、新疆，主要还是西部省份，其次是东北省份，这些省份产业结构绿色转型的纵向闭合水平较低。这 10 个省份的均值（0. 4275）与纵向闭合水平最高的北京（0. 9045）相比同样存在巨大差距。这说明我国各省各产业的绿色生产能力的差异也很大，意味着西部省份和东北省份各产业在能源利用效率和碳排放强度控制方面需进一步加强绿色技术改造与升级。

三、中国产业结构绿色转型的区域差异

（一）Dagum 基尼系数及分解方法

基尼系数最初是用于定量测度收入分配差异程度的方法。Dagum（1997）在传统基尼系数方法的基础上，进一步将总体基尼系数分解为区域内差异 G_w、区域间净差异 G_{nb} 和超变密度 G_t 三个部分，后两者共同构成区域间差异的总贡献。该方法可以较好地测度中国产业结构绿色转型水平的区域差异及其来源。具体测算方法如下：

$$G = \frac{\sum_{i=1}^{k}\sum_{m=1}^{k}\sum_{j=1}^{n_i}\sum_{r=1}^{n_m}|y_{ij} - y_{mr}|}{2n^2\mu} \quad \text{（式 3-2）}$$

$$\mu_m \leqslant \cdots \leqslant \mu_i \leqslant \cdots \leqslant \mu_k \quad \text{（式 3-3）}$$

$$G_{ii} = \frac{\sum_{j=1}^{n_i}\sum_{r=1}^{n_i}|y_{ij} - y_{ir}|}{2n_i^2\mu_i} \quad \text{（式 3-4）}$$

$$G_{im} = \frac{\sum_{j=1}^{n_i}\sum_{r=1}^{n_m}|y_{ij} - y_{nr}|}{n_i n_m(\mu_i + \mu_m)} \quad \text{（式 3-5）}$$

$$G = G_w + G_{nb} + G_t \quad \text{（式 3-6）}$$

$$G_{gb} = G_{nb} + G_t \quad \text{（式 3-7）}$$

$$G_w = \sum_{i=1}^{k} G_{ii}p_i s_i \quad \text{（式 3-8）}$$

$$G_{nb} = \sum_{i=2}^{k}\sum_{m=1}^{i-1} G_{im}(p_i s_m + p_m s_i)D_{im} \quad \text{（式 3-9）}$$

$$G_t = \sum_{i=2}^{k}\sum_{m=1}^{i-1} G_{im}(p_i s_m + p_m s_i)(1 - D_{im}) \quad \text{（式 3-10）}$$

$$D_{im} = \frac{d_{im} - p_{im}}{d_{im} + p_{im}} \quad \text{（式 3-11）}$$

$$d_{im} = \int_0^{\infty} dF_i(y)\int_0^{y}(y - x)dF_m(x)p_{im} = \int_0^{\infty} dF_m(y)\int_0^{y}(y - x)\,dF_i(y)$$

（式 3-12）

$$p_i = \frac{n_i}{n} \quad s_i = \frac{n_i\mu_i}{n\mu} \quad i = 1,2,3\cdots,k \qquad \text{（式 3－13）}$$

其中，G 表示总基尼系数，反映所有省份间产业结构绿色转型水平的相对差异。基尼系数越大，表明区域差异越大；y_{ij}表示第 i 个区域第 j 个省的产业结构绿色转型水平；n 表示省份个数；k 表示区域个数；n_i 表示第 i 个区域中省份个数；μ 表示全国产业结构绿色转型水平的均值；G_{ii}表示第 i 个区域的基尼系数；G_{im}表示第 i 个和第 m 个区域间的基尼系数；D_{im}表示第 i 个和第 m 个区域间产业结构绿色转型水平的相对影响；d_{im}表示区域间产业结构绿色转型水平的差值，即第 i 个和第 m 个区域中所有 $y_{ij}-y_{mr}>0$ 的样本值加总的数学期望，p_{im}为第 i 个和第 m 个区域中所有 $y_{mr}-y_{ij}>0$ 的样本值加总的数学期望；F_i 为第 i 个区域的累积密度分布函数。

（二）中国产业结构绿色转型的区域差异及来源

1. 横向耦合维度

图 3－13 显示了在横向耦合维度下中国产业结构绿色转型指数的总体差异和区域内差异。可以发现，横向耦合度指数的总体基尼系数大体呈先下降后上升的态势，其均值为 0.2604。这说明中国产业结构绿色转型的横向耦合度的区域差异正在逐渐扩大。

（1）区域内差异。由图 3－13 可知，从形态上看，东部地区和西部地区产业结构绿色转型的横向耦合度区域差异呈波动平缓上升的态势；中部地区的区域差异呈先上升后下降再上升的态势；东北地区的区域差异波动最大，总体呈“M”形波动，最后呈下降趋势。从数值上看，东部地区横向耦合度的区域差异最大，其均值为 0.2699，最后呈上升趋势，2019 年（0.3246）较 2000 年（0.2349）上升了 38.19%；西部地区横向耦合度的区域差异次之，其均值为 0.2264，整体波动较稳定，2019 年（0.2557）较 2000 年（0.2331）上升了 9.70%；中部地区横向耦合度的区域差异整体最小，其均值为 0.1412，不过最后也表现出上升趋势；东北地区横向耦合度的区域差异整体波动较大，其均值为 0.1649，最后呈下降趋势。这可能是因为东西两个地区包含了横向耦合水平较高的省份，比如东部地区的北京、上海、广东，西部地区的重庆，使得这两个地区内部的横向耦合度差异比较大。中部地区不同产业之间的资源配置大致协调，不同产业之间的能源消耗、碳排放和产值的分布大致比较均衡稳定，使得中部地区内部差异较小。东北地区作为老工业基地，可能是因为受到“十一五”时期东北振兴规划和“十三五”时期供给侧结构性改革的政策冲击，产业横向耦合度差异波动比较大，“十三五”后期区域内部差异开始出现明显下降，标志着东北地区内部差异渐小。

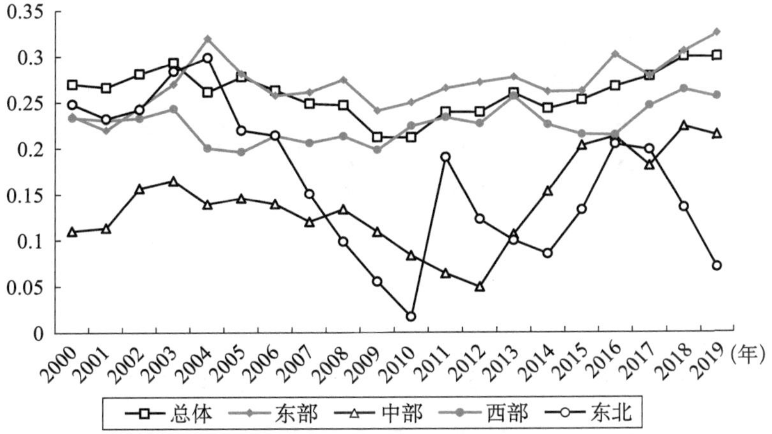

图 3－13　中国产业结构绿色转型的总体差异及区域内差异（横向耦合维度）

（2）区域间差异。图 3－14 显示了中国产业结构绿色转型的横向耦合度的区域间差异。可以发现，除了中—西区域间的差异呈波动上升外，其他地区之间的差异大体呈“U”形关系，但在考察期内的后三年，东北—西部、东部—东北、中部—东北的区域间差异在逐步缩小。这可能要归功于 2015 年开始推进的供给侧结构性改革，东北老工业基地实行产业结构绿色转型方面已经取得一定的成效。具体来看，中国产业结构绿色转型的横向耦合度的区域间差异最大的是东北—西部地区，其均值为 0.3136，其次是东部—西部地区（0.3127），最小是中部—东北（0.2286），东部—中部（0.2683）、东部—东北（0.2530）和中部—西部（0.2299）地区差异居中。总体来看，在考察期内的后期，区域间产业结构绿色转型的横向耦合度差异在逐步扩大，中部—东北地区间的横向耦合度差异最小且在逐步缩小，东北—西部和东部—东北差异较大但呈缩小趋势，东部—西部、东部—中部和中部—西部地区差异较大且呈扩大趋势。“十二五”以来，中部地区在不断承接和消化东部地区的产业转移，在承接东部产业的过程中，西部地区相对滞后，因而导致东部—中部、中部—西部、东部—西部间的横向耦合度差异较大。数字经济有助于正向激励产业绿色技术创新，因而数字经济的不均衡发展可能会带来强者恒强的地区马太效应，继而可能会扩大这种地区之间的横向耦合度差异。

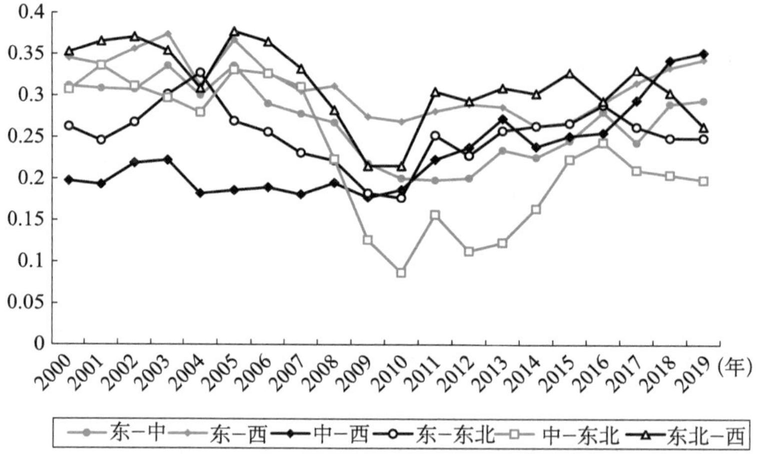

图 3－14　中国产业结构绿色转型的区域差异（横向耦合维度）

（3）区域差异的来源及贡献。图 3－15 显示了基于横向耦合维度下中国产业结构绿色转型指数的总体差异来源。从贡献率大小看，区域间贡献率总体上最大，介于30.98%—54.48%，平均贡献率为 44.03%；其次是超变密度贡献率，介于22.42%—40.03%，平均贡献率为 29.63%；最小是区域内贡献率，介于 22.67%—29.00%，平均贡献率为 26.35%。这说明区域间差异是中国产业结构绿色转型的横向耦合度指数差异的主要来源，并且区域间样本的交叉重叠问题对产业结构绿色转型的横向耦合度区域差异的影响也较大，意即某些区域内某些省份的横向耦合水平较高，而与之对应的其他区域内某些省份的横向耦合水平较低，即存在极化现象。从演变过程看，区域间贡献率呈“下降—上升—下降—上升”的分布形态，超变密度贡献率曲线走势恰与之相反，区域内贡献率变化相对平稳。总体来看，区域间贡献率最大意味着，在各个区域间，不同产业的能源消耗和碳排放以及产值的配置不够协调均衡。这也许是根源于区域间的资源禀赋、产业结构特色、经济基础和金融发展水平、人口结构及其素质、消费需求等方面的异质性，也可能是根源于政策干预不当。区域间的产业横向耦合度差异可以同时理解为区域间经济发展不平衡的原因和标志。区域内产业横向耦合度差异最小，意味着一个区域内部各省份不同产业之间的能源消耗和碳排放以及产值配置比较协调均衡稳定，可能是根源于同一个区域内部各省份在资源禀赋、产业结构特色、经济基础和金融发展、人口结构及素质、需求结构等方面的同质性，可以理解为一个区域内部大多数省份的要素资源在不同产业之间的配置相对合理均衡。

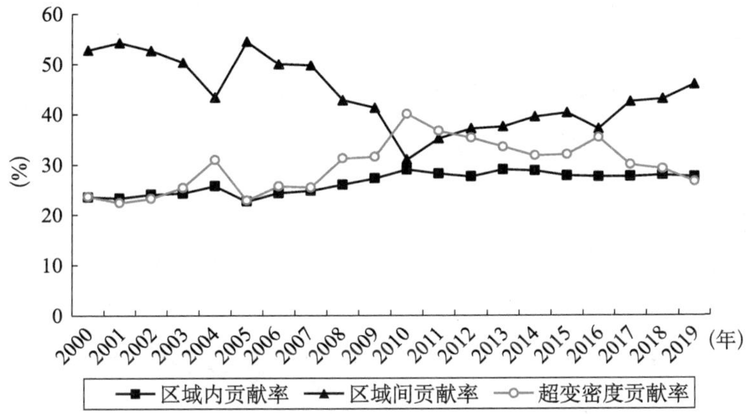

图 3－15　中国产业结构绿色转型总体差异的来源（横向耦合维度）

2. 纵向闭合维度

图 3－16 显示了在纵向闭合维度下中国产业结构绿色转型的总体差异和区域内差异。可以发现，中国产业结构绿色转型的纵向闭合度的总体基尼系数呈先下降后小幅上升的态势，其均值为 0.1367。这说明中国产业结构绿色转型的纵向闭合度指数的区域差异正逐步扩大。

（1）区域内差异。由图 3－16 可知，从形态上看，东部地区和西部地区产业结构绿色转型的纵向闭合度的区域内差异变动轨迹大体与全国总体差异的变动轨迹相同；中部地区差异的变动轨迹在 2012 年以前大体上与全国、东部地区和西部地区区域内差异的变动轨迹一致，2012

年以后，主要呈下降趋势；东北地区纵向闭合度的区域差异主要呈先波动下降后波动上升的趋势，在考察期内最后一年表现出下降趋势。从数值上看，西部地区区域内差异最大，其基尼系数均值为0.1451，后期呈上升趋势；东部地区区域内差异次之，其基尼系数均值为0.0907，后期呈上升趋势；中部地区区域内差异总体较东部地区略小，其基尼系数均值为0.0899，在考察期内整体呈下降趋势；东北地区区域内差异最小，其基尼系数均值为0.0773，在考察期内的区域差异呈先缩小后扩大的趋势。这可能是因为西部和东部两个地区包含了纵向闭合度较高的省份，比如西部的重庆、东部的北京、上海、广东等，使得这两个地区内部的纵向闭合度差异比较大，中部地区的大部分省份都属于中高水平，内部差异较小，东北地区的三个省份都属于中低水平，内部差异不大。总体来说，中部地区产业结构绿色转型的纵向闭合度的区域差异在逐步缩小，东部地区区域差异较平稳，西部地区区域内差异较大且呈继续扩大趋势，东北地区差异较小但呈逐步扩大趋势。

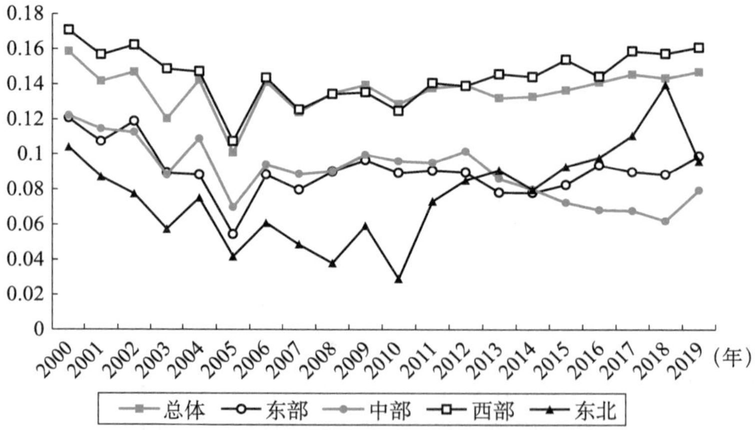

图3-16　中国产业结构绿色转型的总体差异及区域内差异（纵向闭合维度）

（2）区域间差异。图3-17显示了中国产业结构绿色转型的纵向闭合度的区域间差异。可以发现，从形态上看，在考察期内的2005年以前，各区域间的差异大体呈下降趋势，2005年后，各区域间的差异在短期扩大后，除了东部—东北和中部—东北地区的区域间差异呈波动上升外，其他区域间的差异主要呈平缓波动变化。具体来看，东部—西部地区的区域间差异最大，其基尼系数均值为0.1837，其次是中部—西部（0.1468）和东北—西部（0.1467），最小是中部—东北（0.1001）。东部—东北（0.1201）和东部—中部（0.1132）居中。这也是我国地区经济发展不均衡的表现。东部地区的经济发展领先，产业绿色生产能力领先。“十二五”时期以来，中部地区在快速承接和消化东部地区的产业转移进程之中，而西部地区却相对滞后。因此，东—西部地区的区域间差异最大，东—中部地区间差异相对较小，而且在缩小状态中。东北地区的经济发展和绿色生产能力明显滞后于东部和中部地区，相应地，东部—东北地区间差异大于中部—东北地区间差异。

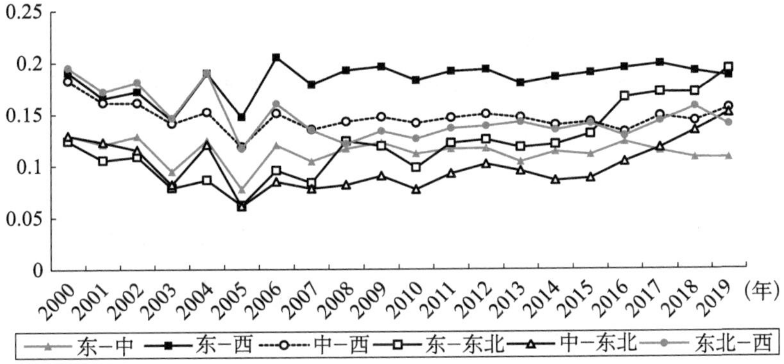

图3-17　中国产业结构绿色转型的区域差异（纵向闭合维度）

（3）区域差异的来源及贡献。图3-18显示了基于纵向闭合维度下中国产业结构绿色转型水平的总体差异来源。从贡献率大小看，区域间贡献率最大，介于39.39%—62.09%，均值为54.75%；超变密度贡献率介于15.22%—33.50%，均值为22.45%；区域内贡献率介于22.33%—27.16%，均值为23.79%。这表明区域间差异是产业结构绿色转型纵向闭合度指数差异的主要来源。从演变过程看，区域间差异的贡献率轨迹呈“平缓下降—上升—平缓下降”的态势，超变密度贡献率曲线走势恰与之相反，区域内贡献率变化则相对平稳。中国地域辽阔，地区之间资源禀赋、产业结构特色、经济基础、金融发展和技术水平等各不相同，必然导致地区产业绿色生产能力差异。而一个地区内各省份的资源禀赋、产业结构、经济基础、金融发展和技术水平大致相近，因而一个地区内各省的产业绿色生产能力也大致相当。因此综合来看，要解决中国产业结构绿色转型的纵向闭合度的区域差异问题，依旧应重点以缩小区域间差异为主，其次才是消除区域内差异问题。

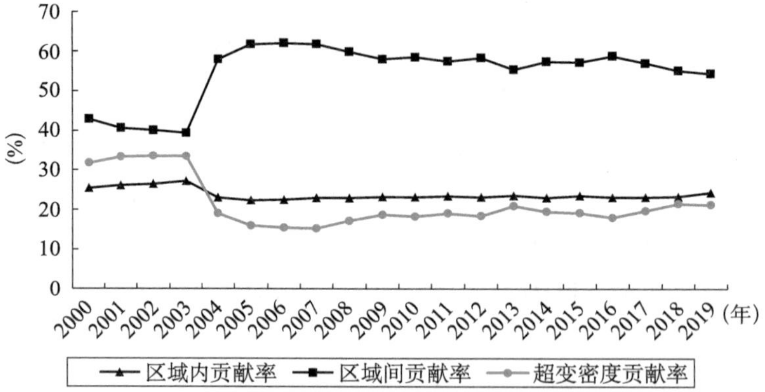

图 3－18　中国产业结构绿色转型总体差异的来源（纵向闭合维度）

第三节　财政支出促进产业结构绿色转型的成效与问题

一、财政支出促进产业结构绿色转型的成效

在产业结构绿色转型方面。从 1973 年我国审议通过了第一个环境保护文件——《关于保护和改善环境的若干规定（试行草案》，到 2007 年建立生态环境补偿制度，再到 2022 年我国财政部印发《财政支持做好碳达峰碳中和工作的意见》，在生态环境保护方面，我国实现了由开始意识环境问题到全面治理环境问题的大幅转变。其间，在财政支出端，我国相继建立了环保专项资金制度、生态环境补偿制度和环境财政支出激励制度等推动产业结构绿色转型升级。结合前文对产业结构绿色转型的现状分析，总体来讲，我国产业结构绿色转型水平在区域间的差异较大，整体呈现出“东强西弱，南强北弱”的特点，但地区间差异无论是横向耦合水平还是纵向闭合水平均在逐步缩小。这意味着整体上

能源资源、碳排放和产业产值在三次产业间和各产业内部的耦合协调配置和绿色生产能力在逐步提高，展现出良好的发展态势。以新发展理念为引领，以实现“双碳”目标和高质量发展为主要目标导向，我国正迎来节约资源、保护环境、经济增长三者协同发展的产业结构新格局和新业态。

具体来讲，我国通过一系列财政支出手段支持推动产业结构绿色转型，取得一定的成效，最为突出地表现在以下几个方面：一是制造业正从传统制造业向先进制造业转型。“十三五”期间累计退出钢铁落后产能达 1.5 亿吨以上，水泥过剩产能达 3 亿吨左右，地条钢实现了全面出清。先进制造业不断发展壮大，截至本书样本期末，2019 年高技术制造业增加值增长 8.8%，占规模以上工业增加值的比重为 14.4%；装备制造业增加值增长 6.7%，占规模以上工业增加值的比重为 32.5%。两项数据较 2012 年分别提高了 5.0 和 4.3 个百分点。二是产业结构能源资源利用效率持续提升。特别是在工业行业领域，节能降耗明显，截至本书样本期末，2019 年中国工业能源利用效率为 76.6%、采矿业能源利用效率为 74.4%、原材料行业能源利用效率 76.9%、钢铁行业产能利用率为 80.0% 等，各项数据均是“十二五”以来的最高值。三是产业结构的绿色供给能力不断增强。在推动实现绿色产业链供应链强链补链进程中，关键核心技术攻关连连取得新成就和新突破，百万千瓦水轮发电机组顺利投产发电；截至本书样本期末，2019 年我国多晶硅、硅片、电池、组件产量全球占比接近 70%，新能源汽车产销量连续 5 年居全球第一，其产量超过了 124.2 万辆，且发展势头迅猛。四是环保产业规模不断壮大，对国民经济贡献率逐步提升。截至本书样本期末，2019 年全国环保产业营业收入约 1.78 万亿元，较 2018 年增长约 11.3%，其中环境服务营业收入约 1.12 万亿元，同比增长约 23.2%，增速均远超 GDP 增速；我国环保产业体系正在向绿色、低碳、循环发展等领域快速拓展，逐渐成为我国新的经济增长点。

在财政支出方面。由于环境外部性和市场失灵的存在，使得政府参与市场资源配置有了正当性和合理性。为了解决环境问题，推动产业结构绿色转型升级，我国财政支出端也在不断优化升级。具体表现在：一是财政支出规模不断扩大，为经济绿色发展和绿色转型提供了必要的资金支持。结合前文对财政支出现状的分析，不难发现，2007 年以来，无论是人均财政支出规模还是财政支出与 GDP 占比的相对规模，整体上呈现出上升态势，这为我国产业结构绿色转型提供了必要资金保障。二是财政支出结构不断优化，财政支出的公共性、普惠性在不断提高。其中，经济建设支出占比在逐步缩减，而作用于人力资本积累和公共服务保障的民生性支出份额在逐步扩大。三是财政资源统筹能力在不断强化。突出体现在统筹宏观调控需要和防范财政风险、优化政策组合工具、集中财力办大事、落实国家重大战略任务等方面，财政统筹资源的能力在不断加强。四是调节区域间财力水平和保障基本公共服务均等化方面取得良好成效。中央对地方转移支付在不断增加，保障了地方财力水平，实现了财力下沉，缓解了地方财政压力。五是重点行业领域和关键环节得到较好的资金保障。特别是在科技攻关、生态环保、基本民生、区域重大战略等方面财政资金落地落实明显。

二、财政支出促进产业结构绿色转型的问题

（一）存在的问题

根据前文的分析，我们发现制约产业结构绿色转型的财政支出存在的问题主要有两个方面：一是地方政府财政支出结构偏向，影响政府支出决策行为；二是政府间事权和支出责任划分不合理，导致地方财政压力过大，地方政府对资源配置低效。

1. 财政支出结构偏向

分税制改革无疑对增强国家财力和维护中央权威等方面具有重要意义，但也存在诸多问题。一方面，分税制改革在实现中央财权上收的同时，也致使中央政府将事权和支出责任下放，从侧面反映出，地方财权被大幅削弱的同时，地方事权和支出责任的增加，从而形成财政失衡状态，增加地方财政压力。为了获取更多的财源以缓解财政压力，地方政府之间则会为有限的市场资源展开竞争和地方保护。包括财政支出结构偏向和重复建设在内政府间博弈行为，无疑抑制了地方技术创新水平和生产效率的提升，造成要素市场资源的错配和扭曲局面。另一方面，在

中央政策决策层面，在每年的政府工作报告中都会明确当年或未来五年的经济增长目标，为了完成既定目标和寻求政治晋升，在纵向政府层级之间，形成了从中央到地方经济增长目标层层加码的现象，这意味着层级越低的地方政府面临的经济增长压力则越大，则更倾向于在短期内实现经济增长目标的政策行为，在财政支出决策方面，则更偏向于生产性支出，而弱民生性支出。总的来讲，这势必诱导地方政府降低公共服务支出水平，更加偏向于生产性支出项目，从而延误或抑制了区域民生福利和产业绿色发展。

2. 政府间事权和支出责任划分不合理

根据前文对我国财政支出规模和结构的现状分析，结合 2016 年国务院颁发的《关于推进中央与地方财政事权和支出责任划分改革的指导意见》[①]，不难发现，一方面，我国财政事权和支出责任划分对完善社会主义市场经济体制、促进社会公平正义和保障和改善民生等方面发挥了重要作用；另一方面，在新的形势下，现行的中央与地方财政事权和支出责任划分还不同程度存在不清晰、不合理、不规范等问题，主要表现为：第一，政府职能定位不清。政府与市场的边界辨析不清，政府存在越界和缺位的现象，如一些本可由市场调节或社会提供的事务，财政包揽过多，同时一些本应由政府承担的基本公共服务，财政承担不够；第二，中央与地方财政事权和支出责任划分不尽合理；第三，不少中央和地方提供基本公共服务的职责交叉重叠，表现在中央和地方政府共同承担的事项较多；第四，省以下财政事权和支出责任划分不尽规范；第五，有的财政事权和支出责任划分缺乏法律依据，法治化、规范化程度不高。

在上述存在的主要问题中，属第二项最为严重，即央地政府之间事权和支出责任划分不合理问题较为突出。具体表现为：一些本应由中央直接负责的事务交给地方承担，例如国际界河的保护、跨流域大江大河的治理跨地区污染防治等；而一些宜由地方负责的事务，中央承担过多，地方没有担负起相应的支出责任，例如区域性重大基础设施建设到

---

① 详见：http：//www. gov. cn/gongbao/content/2016/content_ 5109314. htm。

农村厕所改造等地方项目。按照财政分权理论，地方政府活动要与其受益范围相对应，否则容易致使地方政府行为产生扭曲。若地方政府某项活动使得其他地方受益或者受损，即该项活动表现出外部性时，这项活动则应由上级政府负责承担，诸如跨流域江河治理责任则应由上级政府承担。

中央和地方政府之间事权和支出责任划分不合理，会对推进经济绿色发展和绿色转型产生不利影响。产业结构绿色转型是整个经济绿色转型的驱动力量，转变经济增长方式需要在一个统一市场中进行系统调节和结构优化，实现全国一盘棋。然而，从中央或者全局经济视角看，一项合理的政策选择，对地方来说可能并不是最优的选择。例如从全国层面推出的绿色发展政策，由于会受到政治晋升和地方保护等因素的制约，地方政府可能会利用所拥有的事权干预辖区的资源配置，从而导致全局要素资源配置的低效。

本书认为，中央和地方政府间事权和支出责任划分存在的问题，可能远不止上述五点那么简单。中央和地方政府间事权分配和支出责任的划分与政府职责范围有关，而政府职责范围又与政府间行政架构有关，因此中央和地方政府间事权分配和支出责任的划分必然涉及政府间行政架构。在中国现行体制下，偏好错位和信息不对称时中国上下级政府间存在的根本性问题，对上下级政府均产生深刻影响。

（二）问题根源及对政府行为的影响

制约中国产业结构绿色转型的财政支出根源，主要源于中央和地方政府间事权分配不合理所致，而中央和地方政府事权分配问题存在的深层次根源，则与我国历史悠久的郡县制传统有着密切关系（吕冰洋，2022）。在郡县制下，下级政府官员的任免和晋升主要取决于上级政府。这一体制下会在上下级政府间衍生出两个根本性问题，即官员偏好错位与信息不对称。

1. 两个根本性问题：官员偏好与信息传递

一是官员偏好错位问题。官员偏好错位问题的产生，是由于官员任免和政治晋升机制导致的。一般来说，地方官员的权力来自上级政府，为了获得权力和实现政治晋升，地方官员的执政目标则首先是为了满足上级政府的偏好，而不是辖区内居民的偏好。在上下级政府间的偏好上，有时一致，而有时不一致。当存在一致的时候，会发挥上级（或中央）和下级（或地方）政府的合力，提高政策效率，较快地实现统一的目标。而当存在不一致的时候，即产生上下级政府偏好错位现象，由此影响地方官员的执政方向。例如，为了政治晋升和经济增长目标考核，下级政府（或地方官员）就会偏向对显示性公共产品的提供，以促进辖区经济增长和财政收入，从而忽略对环境和社会民生的改善，因此将在一定程度上会制约产业结构绿色转型升级。

二是政府间信息不对称问题。中国疆域辽阔，民族众多，政府层级也多，这使得地方政府之间信息复杂程度大，地方（或下级）与中央（或上级）政府之间信息传递的链条过长，从而导致中央（或上级）和地方（或下级）政府间存在信息不对称问题，加之官员偏好的错配问题，将对中央（或上级）与地方（下级）政府行为产生深远影响，见图 3－19。

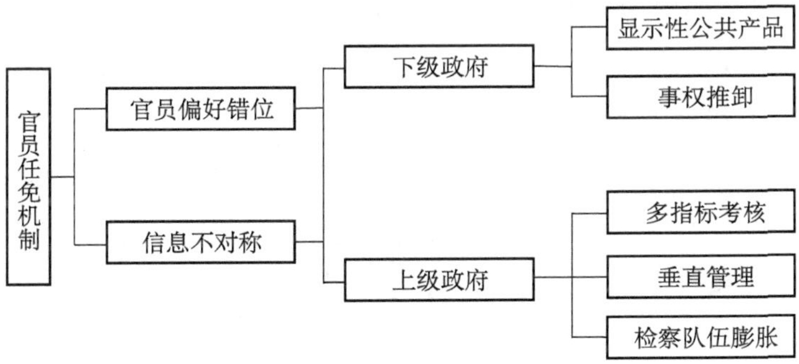

图 3－19 事权分配问题存在的根源

2. 对下级政府行为的影响

一是偏向“显示性公共产品”的提供。官员偏好的错配与政府间信息不对称会使得下级政府偏向“显示性公共产品”的提供。显示性公共产品因很容易被观察到且在政绩评价中占有较大权重的特点，而备受下级政府青睐。为了满足上级政府的偏好和制定的目标，以及满足当地企业和居民对公共产品的需求，下级政府会在优先满足上级政府的偏好下，其次满足本辖区内企业和居民的需求，如教育、医疗、交通设施、社会保障等。然而，不同的公共产品对财政资金投入的反应（或时效性）是不一样的。诸如交通设施和城市改造这样的公共产品，会产生立竿见影的效果，而像教育这样的公共产品，因为有时滞效应的原因，在短期内则观察不到实质的变化。下级政府官员因为任期有限和财政资金的约束，自然会更青睐于偏向“显示性公共产品”的提供。

二是事权推卸。我国正在迈向新经济社会形态的新社会转型阶段，寻求经济高质量发展。在转型时期的社会，不仅需要地方政府的参与，同时也需要地方政府的治理，这意味着，地方地方将拥有更多的事权。然而，在一些特定事务的治理上，由于不同公共产品的特殊性质，导致地方政府间存在事权推卸的行为。例如环境治理，由于具有外部性特征，很难甄别治理效果是归功于哪个地方政府。又如教育类公共产品，由于这类公共品治理效果存在时滞性，很难在短期内显示出地方政绩，因此在有限的官员任期内，地方官员不愿意提供这类公共产品。总的来讲，因为治理的外部性和治理效果的时滞性等原因，会使得地方政府不愿意投入更多的资金和精力从事这样的地方事务治理，从而出现地方政府间事权推卸现象。

3. 对上级政府行为的影响

上级政府对公共产品的提供往往是从全局出发，为了调动下级政府的积极性，以履行提供公共产品的职能，会根据下级政府财政支出结构的偏向和对事权的推卸等行为，针对性地采取反制措施，予以纠正。

一是对下级政府采取多指标考核方式。一般来讲，相对于企业考核方式而言，政府考核则较为复杂，不像企业那样可以采取单一的指标（如利润率），去评估企业或职工的业绩；由于政府承担的职能较多，为了更加综合地反映出政府或官员的业绩，往往需要采用多目标考核的方式。在现实中，大致包括经济发展、社会发展和社会评价三个维度，在不同维度的大类下，又进一步划分为若干明细指标。然而，这种多目标考核方式也存在至少三方面的问题。一是无法处理好长期指标和短期指标的矛盾。有些指标（如交通设施、经济增长等）因为见效快，在短期内可以被观察到，而有些指标（如教育）却需要较长时间的积累和沉淀才能被观察出来。二是无法处理好显性指标和隐形指标的矛盾。一般来讲，市政工程属于显性指标，社会保障和社会治理则属于隐形指标，这类政绩不好评估。三是无法处理好考核指标和非考核指标的矛盾。从2007年开始，环境目标约束首次被纳入地方官员考核指标之中，并实行问责制和“一票否决”制，使得地方官员格外关注环境治理方面的投入，但也同时忽视了非考核指标的投入，即纳入考核可以提升技术效率，但也降低了资源配置效率。另外，这种兼具硬性指标和软性指标、惩罚指标和激励指标，以及“一票否决”指标的综合考核方式，虽然能从多个维度考察下级政府官员的政绩，但在现实中，却也衍生出下级政府为了迎合上级政府的检查和考核，催生出数据造假和做“表面功夫”的不良现象。

二是实行垂直管理（条条管理）。我国行政管理是一种中央“条条”管理与地方“块块”管理的条块关系。现实中，地方政府对辖区内资源的调动具有较大的自主性，为了实现任期内的执政目标，地方政府对各行政部门、国有企业和地方商业银行有较强的调动能力。某种程度上，地方政府对辖区内资源调动的能力越强，则会削弱中央政府的权威和控制。为了纠正地方执政过程中的扭曲行为，加强上级政府的控制能力，上级政府则会将更多的部门实行垂直管理（也称条条管理），以此脱离同级政府的控制。但这种垂直管理模式，在一定程度上也不可避免地降低了政府行政效率和治理能力。

三是监察力量的增强。官员偏好的错配与政府间信息不对称致使地方政府偏向显示性公共产品的提供，为了纠正地方这些扭曲行为，中央政府会加强对地方政府的监察。其中，“一票否决”制最能反映中央对地方监察力量。从20世纪80年代的计划生育领域，到现在的环境治理领域，“一票否决”制无疑彰显出中央对地方政府的威慑作用。随着“一票否决”制逐渐在多个领域扩展①，在将地方政府行为导向中央政府目标的同时，也带来了诸多不利影响，导致地方政府疲于应对等问题随即也不可避免地造成监察机构和队伍的扩张，以及监察行为的增加。

① “一票否决”制被广泛运用于社会治安综合治理，向信访控制、招商引资、环境保护、节能减排、安全生产森林防火、反腐倡廉等多个领域。

第四节　本章小结

本章剖析了中国财政支出与产业结构绿色转型的历史演进与现状。具体来说，分析了支持产业结构绿色转型的财政支出制度的历史演进，分析了当前中国财政支出规模和结构的情况，基于前文构建的产业结构绿色转型的指标体系对其展开现状分析，在上述分析的基础上，解释了当前支持产业结构绿色转型的财政支出存在的问题、问题根源及对政府行为的影响。得到如下几点结论：

（1）在中国财政支出规模上，伴随经济持续下行，其绝对规模呈缓慢增加，相对规模和增速则呈下降态势；（2）在中国财政支出结构上，存在支出结构偏向问题，即重生产性支出，轻民生性支出；（3）在央地间事权分配和支出责任划分上，除国防和外交支出外，相较于中央政府，地方政府承担了大量事务支出；（4）在中国产业结构绿色转型上，产业结构绿色转型的总体水平不高，且横向耦合度水平和纵向闭合度水平在区域间发展不平衡；（5）制约产业结构绿色转型的财政支出表现主要为两方面：一是地方财政支出结构扭曲影响政府支出决策行为，削弱了财政支出对产业结构绿色转型的积极效应，二是政府间事权和支出责任划分不合理，相较于中央政府，地方政府面临更大的财政压力，且呈“省级—市级—县乡级”自上而下逐级增加，下级政府更偏向生产性财政支出，以寻求短期经济增长和政治晋升；（6）中国财政支出存在问题的根源来自上下级政府偏好错位和信息不对称，导致下级政府偏向显示性公共产品的提供和事权的推诿，上级政府则对下级政府采取反制措施。

本章的研究具有几点启示：第一，科学划分央地政府间的事权与支出责任，在降低央地政府间财政纵向失衡的同时推进财力均衡、区域协调和责任明晰的新型央地政府间财政关系的构建；第二，合理控制与不断降低我国财政纵向失衡的程度，规避财政纵向失衡水平上升对公共支出结构的偏向以及其他负面效应；第三，尝试将民生工程纳入地方政府官员考核指标体系，彻底改变唯 GDP 论英雄的考核导向，从源头规避地方政府因盲目发展经济导致财政支出结构的扭曲；第四，贯彻“双碳”目标导向，以“节约资源”和“环境保护”为准则，加快推进产业结构全面绿色转型，建设实现资源节约和环境保护的现代化产业体系。

第四章

财政支出规模影响产业结构绿色转型的实证检验

财政支出规模代表了政府对市场的干预程度。正确处理好政府与市场的关系，使市场在资源配置中起决定作用和更好发挥政府作用，是发挥有效市场和有为政府的关键。改革开放 40 多年来，中国的高速经济增长被看成是一种“奇迹”。标准的经济增长理论文献已经证实，这一经济增长奇迹是由持续的资本积累、人力资本提升和技术效率改进带来的。更深层次的一个问题是，这种生产要素积累和技术效率提升的动态进程背后的制度性源泉是什么。当前，主流的中国经济理论研究已经形成了一定的理论基础，无论是钱颖一等人提出的“中国特色财政联邦主义”理论（Qian 和 Weingast，1997），还是“晋升锦标赛”理论（周黎安，2007），都一致认为中国的地方政府在特定的制度框架下成为一种发展型政府，致力于推动辖区经济增长（Xu，2011）。发展型政府参与市场发展，不仅强调有效市场和有为政府的协同作用，还强调政府能力或政府效率是政府行为及其激励得以充分发挥的关键（韩永辉，2017）。具体来讲，一方面，很多政府政策能够发挥其积极作用，是建立在一定的市场效率基础上的，或者是顺应市场效率增进的结果，市场机制和政策机制，更多地呈现出作用的互补性（Lin 和 Rosenblatt，2012）。另一方面，在地方政府自身有动机通过政府行为促进产业发展的情况下，地方政府是否能够出台符合市场规律和产业发展要求的政策措施，并通过改善政府运作效率予以有效实施，是政府行为及其激励最终能否产生积极作用的决定因素（韩永辉，2017）。

基于此，本章结合第二章中关于财政支出规模影响产业结构绿色转型的理论逻辑框架，尝试基于发展型地方政府视角，利用中国省际面板数据，实证检验财政支出规模对产业结构绿色转型的影响及其中间机制，并在影响机制的依赖条件上，进一步考察有效市场和有为政府的协同效应，以及政府财政支出效率对于财政支出规模影响产业结构绿色转型的调节效应。除此之外，为了更加微观地观测到财政支出激励政策对企业绿色转型升级的影响，本章在拓展性分析中，基于“节能减排财政政策综合示范城市”的准自然实验，利用城市和企业层面的经验数据，进一步检验财政支出激励政策对微观企业绿色转型升级的影响效果。

第一节　研究设计

一、模型构建

（一）基准模型设定

为检验财政支出规模对产业结构绿色转型的影响，构建如下基准模型：

$$GTIS_{it} = \beta_0 + \beta_1 SFE_{it} + \beta_2 Z_{it} + \mu_i + \delta_t + \varepsilon_{it} \qquad （式 4-1）$$

模型（4-1）式中，$GTIS_{it}$表示省级地区 i 在时期 t 的产业结构绿色转型水平，分别从横向耦合维度和纵向闭合度维度综合刻画产业结构绿色转型，具体包括横向耦合度指数（LC）和纵向闭合度指数（VC）。SFE_{it}表示省级地区 i 在时期 t 的财政支出规模，向量 Z_{it}表示一系列控制变量，μ_i 表示省级地区 i 不随时间变化的个体固定效应，δ_t 表示控制时间固定效应，ε_{it}表示随机扰动项。系数 β_1 衡量地方财政支出规模对产业结构绿色转型的影响。在横向耦合维度或纵向闭合维度下，若 β_1 均显著大于零，表明财政支出规模能够显著提高产业结构绿色转型的横向耦合水平和纵向闭合水平，意即综合表现为财政支出规模显著推动产业结构绿色转型升级。

进一步对拓展性理论假说进行实证检验，考察政府力量与市场力量的协同对产业结构绿色转型影响的检验结果；考察政府财政支出效率在财政支出规模对产业结构优化升级的机制中的作用。

（二）财政支出规模与市场力量的协同效应模型设定

在基准模型（4－1）式的基础上，添加反映政府力量和市场力量的交互项，即财政支出规模×市场化水平（SFE×ML）作为解释变量扩展为实证模型（4－2）式：

$$GTIS_{it} = \beta_0 + \beta_1 SFE_{it} + \varphi_1 SFE_{it} \times ML_{it} + \beta_2 ML_{it} + \beta_3 Z_{it} + \mu_i + \delta_t + \varepsilon_{it}$$

（式 4－2）

模型（4－2）式中，若 φ_1 显著大于零，表明政府财政支出规模（或政府力量）与市场力量的联合作用显著促进了地区产业结构绿色转型升级。若 β_2 显著大于零，则表明地方经济市场化水平的提高有助于推动产业结构绿色转型升级。其余变量与式（4－1）相同。

（三）财政支出效率对财政支出规模效应影响的模型设定

在基准模型（4－1）式的基础上，假定财政支出规模作用系数 β_1 是政府因素变量 GF 的函数，即 $\beta_1 = \gamma_1 + \gamma_2 \times GF$。其中，$\gamma_2$ 表示的是政府因素对财政支出规模作用的影响，γ_1 则表示与政府财政支出效率无关的其他因素。将其展开后有：$\beta_1 SFE_{it} = \gamma_1 SFE_{it} + \gamma_2 SFE_{it} \times GF_{it}$，将其带入模型（4－1）式，得到如下带有政府财政支出效率影响机制的实证模型（4－3）式：

$$GTIS_{it} = \beta_0 + \theta_1 SFE_{it} + \theta_2 SFE_{it} \times GF_{it} + \theta_3 GF_{it} + \beta_2 Z_{it} + \mu_i + \delta_t + \varepsilon_{it}$$

（式 4－3）

模型（4－3）式中，基于本书的研究目的，政府财政支出效率

（*GF*），本章借鉴甘行琼等（2021）的做法，基于三阶段 DEA 模型进行测算得到。其中，若 θ_2 显著大于零，则表明提高财政支出效率可以强化财政支出规模对产业结构绿色转型的正向影响。若 θ_3 显著大于零，则表明政府财政支出效率的提高对产业结构绿色转型有着重要的积极影响。其余变量与模型（4－1）式一致。

二、指标说明

第一，被解释变量。采用本章测算的产业结构绿色转型的横向耦合度指数（*LC*）和纵向闭合度指数（*VC*）予以衡量。其中，考虑到横向耦合度指数是逆向指标，为了计量解释的方便，在此取其相反数予以度量。关于横向耦合度和纵向闭合度指标的具体计算方法参见上文内容。此处不再赘述。

第二，核心解释变量。作为政府对经济调节能力的重要保障和调节收入分配的重要手段，财政支出规模在指标度量上，通常有两种度量方法：绝对规模和相对规模。鉴于我国经济已由高速增长转向高质量发展阶段，按照党的十九大报告的要求，高质量发展的首要任务是建立以人民为中心的考核指标，即人均发展水平。因此，基于此前的工作（卞元超等，2018；周游等，2021）和本书研究的目的，这里采用省级政府一般公共预算支出指标，并且为了控制地方政府财政支出规模与人口数量之间可能存在的正向关系，我们对该指标进行人均化，此外，为了消除数据异方差问题，进一步对其取自然对数，即财政支出规模（*SFE*）= ln（一般公共预算支出/总人口）。

第三，控制变量。借鉴韩永辉等（2017）的做法，本章控制变量的选取参照产业结构绿色转型升级的供给和需求两类驱动因素加以归纳。供给因素变量包括：（1）市场化水平（*ML*），采用各省非国有企业固定资产投资占地区总固定资产投资的比重来度量；（2）人力资本（*HC*），采用高等学校平均在校生数取对数表示；（3）金融发展水平（*LFD*），使用金融机构年末贷款余额与 GDP 之比表示。需求因素变量包括：（1）居民消费（*RC*），采用各省居民消费水平表示；（2）国外需求（*FD*），选用地区出口额与 GDP 比值度量衡量；（3）投资需求

（*IN*），采用外商直接投资总额与 GDP 比值度量；（4）能源需求（*ED*），采用各省人均能源消费总量度量。

三、数据来源与描述性统计

本章所采用的数据为中国 30 个省市（除西藏、港澳台地区外）2008—2019 年的中国省际面板数据，未经特殊说明，文中所示数据均来自《中国统计年鉴》《中国财政年鉴》《中国劳动统计年鉴》《中国固定资产投资统计年鉴》《中国能源统计年鉴》和各省历年统计年鉴和 EPS 数据库。对未公布的数据即缺失值的处理，本章借鉴邓敏等（2013）和屈超等（2016）的做法，采用线性趋势法填补缺失值。

表 4－1 为本章主要变量的描述性统计结果。结果显示，产业结构绿色转型的横向耦合度的最大值为－0.037，最小值为－0.899；产业结构绿色转型的纵向闭合度的最大值为 0.974，最小值为 0.151；财政支出规模的最大值为 1.226，最小值为－1.419，说明不同地区不同时间的财政支出规模与产业结构绿色转型水平均存在明显差异。另外，各控制变量同样在不同地区间也存在着明显的差异。这与我国各地发展不均衡的实际情况相吻合。

表 4－1　变量的描述性统计

类别	变量	样本量	均值	标准差	最小值	最大值
被解释变量	横向耦合度	360	－0.277	0.136	－0.899	－0.037
	纵向闭合度	360	0.620	0.151	0.297	0.974
核心解释变量	财政支出规模	360	－0.073	0.552	－1.419	1.226
控制变量	市场化水平	360	0.751	0.120	0.365	1.044
	金融发展水平	360	1.289	0.443	0.537	2.585
	居民消费	360	1.744	1.018	0.443	6.535
	国外需求	360	0.143	0.156	0.007	0.835
	能源需求	360	3.564	1.722	1.223	10.667
	投资需求	360	0.014	0.010	0.000	0.058
	人力资本	360	7.778	0.321	6.876	8.817

第二节　实证结果分析

一、基准回归结果

表4－2报告了财政支出规模影响产业结构绿色转型的基准回归结果。第（1）（2）列表示被解释变量为横向耦合度的回归结果，第（3）（4）列表示被解释变量为纵向闭合度的回归结果。结果显示，第（1）列为未加入控制变量的估计结果，财政支出规模变量的估计系数在1%统计水平上显著为正，第（2）列在第（1）列基础上加入控制变量后，财政支出规模变量的估计系数依旧在1%统计水平上显著为正，估计结果保持稳健。从经济意义看，人均财政支出每增加1%，则会显著促进产业结构绿色转型的横向耦合度指数提高0.260个单位。

第（4）列在第（3）列基础上加入控制变量，财政支出规模变量的估计系数为0.109，依旧保持1%的正向显著性水平，表明人均财政支出每增加1%，将显著促进地方产业结构绿色转型的纵向闭合度指数提高0.109个单位。

从上述回归结果可见，无论被解释变量为横向耦合度，还是纵向闭合度，财政支出规模变量的估计系数均显著为正，这说明财政支出规模显著促进了横向耦合水平和纵向闭合水平，初步验证了本书的理论假设，即总体而言，财政支出规模能够促进产业结构绿色转型。其直观含义为：增加地方政府财政支出规模，既可以提高地区能源资源、碳排放和产业增加值在三次产业间配置的合理性和均衡性，也可以提高地区各产业内部绿色生产能力。

表4－2　　财政支出规模与产业结构绿色转型：基准回归结果

变量	(1)	(2)	(3)	(4)
	横向耦合度		纵向闭合度	
财政支出规模	0.292***	0.260***	0.160***	0.109***
	(0.052)	(0.040)	(0.029)	(0.029)

续表

变量	(1)	(2)	(3)	(4)
	横向耦合度		纵向闭合度	
常数项	0.010 (0.049)	-0.446 (0.328)	0.773*** (0.027)	0.463* (0.244)
控制变量	否	是	否	是
省份效应	是	是	是	是
年份效应	是	是	是	是
样本量	360	360	360	360
R^2	0.271	0.676	0.235	0.384

注：***、**、*分别表示1%、5%、10%的显著性水平，括号内为稳健标准误，下同。

二、财政支出规模增量作用的检验

上文采用地方财政支出规模存量数作为核心解释变量，验证了地方政府财政支出规模对地方产业结构绿色转型的正面作用。表4-3进一步采用地方政府财政支出规模当年新增数作为解释变量，检验财政支出规模增量对产业结构绿色转型的影响，重复表4-2的回归。这一做法有别于常规的稳健性检验，单独对财政支出规模增量效应展开检验，一方面，可以验证本章基本结论的稳健性，另一方面，还可以在基本结论的基础上，进一步说明财政支出规模对产业结构绿色转型影响的边际效应。

表4-3报告了财政支出规模增量影响产业结构绿色转型的回归结果。第（2）列结果显示，在被解释变量为横向耦合度的回归中，财政支出规模增量变量的估计系数在1%统计水平上显著为正；第（4）列结果显示，在被解释变量为纵向闭合度的回归中，财政支出规模增量变量的估计系数在5%统计水平上显著为正。这一结果进一步验证了本章的基本发现，并且也说明了，增加财政支出规模的边际增量也可以促进产业结构绿色转型升级。

表 4-3　　财政支出规模增量作用检验

变量	(1)	(2)	(3)	(4)
	横向耦合度		纵向闭合度	
财政支出规模增量	0.029***	0.018***	0.081***	0.018**
	(0.007)	(0.007)	(0.010)	(0.007)
常数项	-0.226***	0.140	0.162***	0.077
	(0.050)	(0.192)	(0.061)	(0.059)
控制变量	否	是	否	是
省份效应	是	是	是	是
年份效应	是	是	是	是
样本量	354	354	354	354
R^2	0.777	0.817	0.185	0.655

三、内生性与稳健性检验

地方政府制定财政支出政策的动机和能力可能是与当地产业结构绿色转型水平和产业发展水平相关联的。一是地方政府财政支出政策的制定和实施可能是依据经济发展及产业调整形势而做出的，比如产业结构绿色转型进入调整期，则地方政府可能相应出台相应的财政支出政策；二是地方政府出台财政支出政策的能力和水平可能有差别，那些经济发展水平较高、产业结构较完善、产业绿色发展水平较高的地区，可能会出台更加有效且合理的财政支出政策。为此，本章采用五种方法对内生性问题进行检验：

（1）采用财政支出规模的滞后项作为解释变量进行回归。将核心解释变量取滞后一期重新回归，可以在一定程度上缓解因反向因果导致的内生性问题；与此同时，还可以观测到财政支出规模对产业结构绿色转型的长期影响。表 4-4 第（1）（2）列报告了相应的回归结果。结果显示，财政支出规模滞后一期变量的估计系数均显著为正。这意味着财政支出规模滞后期对产业结构绿色转型有正向促进作用，同时也蕴含着财政支出规模对产业结构绿色转型有正向持续影响。这一结论与本章基本结论相符，说明本章基本结论具有一定稳健性。

（2）以财政支出规模的滞后项作为工具变量进行回归。一方面，地方政府财政支出规模具有一定延续性，故而财政支出规模的前一期与当期具有相关性；另一方面，财政支出规模滞后项，是事前的行为，对当期产业结构绿色转型指数或扰动项具有外生性，故而，将财政支出规模滞后项作为工具变量满足相关性和外生性的两个约束条件。因此，将其作为工具变量具有一定合理性。表4－4第（3）（4）列报告了相应的回归结果。结果显示，面板2SLS第一阶段回归联合检验稳健的F值为358.557，均远大于10，故通过了弱工具变量检验。第（3）（4）列结果还显示，财政支出规模变量的估计系数均显著为正，这一结论与基准回归一致，证明了本章选取的工具变量的合理性。

表4－4　　财政支出规模滞后一期与面板2SLS回归结果

变量	（1）	（2）	（3）	（4）
	核心解释变量滞后一期		面板2SLS	
	横向耦合度	纵向闭合度	横向耦合度	纵向闭合度
财政支出规模			0.352*** （0.053）	0.200*** （0.040）
L.财政支出规模	0.245*** （0.040）	0.139*** （0.029）		
常数项	－0.539 （0.356）	0.501* （0.256）	－0.984*** （0.378）	0.386 （0.281）
控制变量	是	是	是	是
第一阶段F值			358.557	358.557
省份效应	是	是	是	是
年份效应	是	是	是	是
样本量	330	330	330	330
R^2	0.684	0.439	0.915	0.961

注：L.表示一期滞后算子。

（3）排除宏观因素系统性变化进行固定效应估计。考虑到各地区资源禀赋与发展阶段不同，而经济发展水平较高和产业结构较完善的地区更易获得优先发展的机会，因而在政府支持力度和产业绿色发展上拥有先发优势，使得本章实证分析面临内生性问题。为克服这一问题，本章通过设定省份与年份交互项效应，以此缓解政府财政支出和产业绿色发展可能带来的宏观系统性变化。表4－5第（1）（2）列报告了相应的回归结果。结果显示，财政支出规模变量的估计系数均显著为正，表明在控制宏观因素系统性变化后，实证结果依旧保持稳健。

（4）采用弱内生性样本，即采用横向耦合度和纵向闭合度相对较低的弱内生性子样本（中西部子样本）进行回归检验。表4－5第（3）（4）列报告了相应的回归结果。结果显示，财政支出规模变量的估计系数均显著为正。说明检验结果进一步支持了财政支出规模显著促进产业结构绿色转型的理论假说。

表4－5　排除宏观因素系统性变化与采用弱内生性样本回归结果

变量	(1)	(2)	(3)	(4)
	排除宏观因素系统性变化		采用弱内生性样本	
	横向耦合度	纵向闭合度	横向耦合度	纵向闭合度
财政支出规模	0.250***	0.098***	0.331***	0.131***
	(0.040)	(0.029)	(0.049)	(0.036)
常数项	−10.471**	−11.830***	−0.211	0.140
	(4.071)	(2.973)	(0.368)	(0.272)
控制变量	是	是	是	是
省份效应	是	是	是	是
年份效应	是	是	是	是
省份×年份效应	是	是		
样本量	360	360	240	240
R^2	0.682	0.416	0.763	0.466

（5）更换核心解释变量度量方式。采用地方财政规模与GDP的比重，即相对财政支出规模度量财政支出规模。表4－6报告了相应的估计结果。结果显示，无论被解释变量为横向耦合度还是纵向闭合度，相对财政支出规模变量的估计系数均在1%统计水平上显著为正，这一结论与本章基准结论相符。进一步说明无论是采用人均财政支出衡量的绝对规模，还是采用财政支出占GDP的相对规模度量，均说明财政支出规模对产业结构绿色转型具有显著促进作用。

表 4－6　　更换核心解释变量度量方式重新回归

变量	(1)	(2)
	横向耦合度	纵向闭合度
相对财政支出规模	0.402***	0.531***
	(0.106)	(0.094)
常数项	−1.279***	−0.298*
	(0.193)	(0.172)
控制变量	是	是
省份效应	是	是
年份效应	是	是
样本量	360	360
R^2	0.668	0.785

第三节　市场化与财政支出效率的调节效应分析

一、市场化的调节效应

表 4－7 报告了添加财政支出规模和市场化水平交互项的回归结果，以检验地方政府财政支出与市场力量的协同效应。表中同时呈现了财政支出规模变量、财政支出规模与市场化水平交互项和市场化水平变量对产业结构绿色转型的影响。其中，第（1）列表示被解释变量为横向耦合度指数的回归结果。结果显示，财政支出规模变量的估计系数显著为正，财政支出规模和市场化水平的交互项的估计系数为正，但不显著，市场化水平变量的估计系数为正，但也不显著。对比本章基准回归模型的估计系数看，在加入财政支出规模和市场化水平交互项变量后，财政支出规模变量的估计系数虽然显著为正，但估计系数（0.228）的大小较基准回归的结果（0.260）有所降低。这意味着，促进产业结构绿色转型的横向耦合水平的发展，即促进能源资源、碳排放和产业增加值在三次产业之间配置的合理性和协调性，主要依托于政府的力量，但市场

的力量也不可或缺。

第（2）列表示被解释变量为纵向闭合度指数的回归结果。结果显示，财政支出规模变量的估计系数在1%统计水平上显著为正；财政支出规模和市场化水平的交互项估计系数在5%统计水平上显著为正，说明政府财政支出和市场力量的协同作用显著促进了产业结构绿色转型的纵向闭合水平，即政府财政支出和市场力量的协同作用显著促进地区各产业内部的绿色生产能力的提高；市场化水平变量的估计系数在1%统计水平上显著为正，说明市场化水平的提高对于促进产业结构绿色转型的纵向闭合水平的发展即提高各产业内部的绿色生产能力也相当重要。

总体来看，地方政府财政支出和市场力量的协同作用能够促进产业结构绿色转型升级，特别是对于该地区各产业内部绿色生产能力的提高，具有重要作用。

表4-7　　市场化对财政支出规模效应的调节作用检验

变量	(1)	(2)
	横向耦合度	纵向闭合度
财政支出规模	0.228***	0.107***
	(0.063)	(0.029)
财政支出规模×市场化水平	0.038	0.104**
	(0.070)	(0.050)
市场化水平	0.002	0.112***
	(0.054)	(0.039)
常数项	-0.744**	0.257
	(0.316)	(0.227)
控制变量	是	是
省份效应	是	是
年份效应	是	是
样本量	360	360
R^2	0.672	0.416

进一步地，为了考察市场化水平的重要性。依据$\widehat{\beta_1}\ SFE_{it}+\widehat{\varphi_1}\ SFE_{it}\times ML_{it}+\widehat{\beta_2}\ ML_{it}$的关系来计算财政支出规模和市场化水平对产业结构绿色

转型的横向耦合度指数或纵向闭合度指数的影响程度。以样本最后一年2019年为例，将当年全国的30个省（市）的财政支出规模变量的均值代入上式，分别计算当年市场化水平最低和最高省（市）的相应的产业结构绿色转型的横向耦合度指数或纵向闭合度指数，将两者进行比较。基于表4－7中第（1）列的回归结果，测算结果分别是0.1122和0.1255，不难发现，市场化水平最高的省（市）的产业结构绿色转型的横向耦合度指数是市场化水平最低的省（市）的横向耦合度指数的1.13倍，两者相差不大。这进一步说明对于产业结构绿色转型的横向耦合水平的提高，即能源资源、碳排放和产业增加值在三次产业间的耦合协调配置，应主要依托于政府的力量。基于表4－7中第（2）列的回归结果，测算结果分别是0.1077和0.2164，即市场化水平最高的省（市）的产业结构绿色转型的纵向闭合度指数是市场化水平最低的省区的纵向闭合度指数的2.01倍。这一显著的差异突出地显示了，各个地区的市场化水平差异导致了产业结构绿色转型的纵向闭合度的差异，即各产业内部绿色生产能力的差异，说明市场化的经济效应不容忽略。

二、财政支出效率的调节效应

各国和各级政府往往热衷于制定和实施财政支出政策助力产业发展，但财政支出政策的效果却存在巨大差别，这很大程度上是因为一些政府尽管出台了财政支出政策，但这些政府本身在管理能力和效率等方面的差异使得财政支出政策效果显著不同。因此，本节验证政府财政支出规模对产业结构绿色转型的影响效果是否依赖于政府财政支出效率的作用。本章认为，那些财政支出效率较高的财政支出产生了相对积极的效果，而那些财政支出效率较差的财政支出可能制约了产业结果绿色转型。关于财政支出效率指标的度量，本章借鉴甘行琼等（2021）的做法，基于三阶段DEA模型进行测算得到。

表4－8报告了在地方政府财政支出效率调节下财政支出规模对产业结构绿色转型影响的回归结果。结果显示，无论被解释变量为横向耦合度指数还是为纵向闭合度指数的回归结果，财政支出规模变量至少在5%统计水平上显著为正，表明地方政府财政支出规模依旧是促进产业

结构绿色转型的重要力量；财政支出规模和财政支出效率的交互项估计系数显著为正，说明财政支出效率因素对地方政府财政支出的有效实施具有重要的正向影响，意即提高地方政府财政支出效率能够显著增强地方政府财政支出规模对产业结构绿色转型升级的促进作用；财政支出效率变量的估计系数在1%统计水平上显著为正，说明地方政府财政支出效率同样对产业结构绿色转型有积极作用，无论是增强能源资源、碳排放和产业增加值在各产业之间配置的耦合协调性，还是提高地区各产业内部的绿色生产能力，财政支出效率的提升均对其有显著的积极影响。

表4-8　　政府财政支出效率影响机制的检验

变量	(1)	(2)
	横向耦合度	纵向闭合度
财政支出规模	0.339***	0.065**
	(0.038)	(0.029)
财政支出规模×财政支出效率	0.008*	0.008*
	(0.004)	(0.004)
财政支出效率	0.058***	0.042***
	(0.008)	(0.006)
常数项	-0.375	-0.207
	(0.285)	(0.139)
控制变量	是	是
省份效应	是	是
年份效应	是	是
样本量	360	360
R^2	0.730	0.802

同样地，为进一步考察政府效率的重要性，我们依据 $\widehat{\theta}_1 SFE_{it} + \widehat{\theta}_2 SFE_{it} \times GF_{it} + \widehat{\theta}_3 GF_{it}$ 计算第 t 年地方政府财政支出效率和财政支出规模对产业结构绿色转型的横向耦合度或者纵向闭合度的影响程度。同样以样本最后一年2019年为例，将当年全国30个省（市）的财政支出规模的均值代入上式，分别计算当年政府财政支出效率最低和最高省（市）的相应的横向耦合度或者纵向闭合度数值，并将两者进行比较。基于

表4－8的第（1）列回归结果，测算的结果分别是0.2544和0.6713，即政府财政支出效率最高的省（市）的产业结构绿色转型的横向耦合度指数是政府财政支出效率最低的省（市）的产业结构绿色转型的横向耦合度指数的2.639倍；基于第（2）列回归结果，测算结果分别是0.1027和0.4114，即政府财政支出效率最高的省（市）的产业结构绿色转型的纵向闭合度指数是政府财政支出效率最低的省（市）的产业结构绿色转型的纵向闭合度指数的4.01倍。这些差异突出地显示了，各省（市）的地方政府财政支出效率差异导致了产业结构绿色转型的横向耦合度和纵向闭合度的差异，其经济效应同样不容忽略。

综上可知，地方政府财政支出规模对产业结构绿色转型发挥积极作用是有可能的，但此种可能性是有条件的，地方政府财政支出规模对产业结构绿色转型的影响作用取决于地方政府财政支出效率的高低。这意味着，地方政府财政支出规模的效果和国家经济发展依赖于政府能力，需要发挥好“有为政府”的作用，地方政府财政支出规模才能更有效地促进地区的产业结构绿色转型升级。

第四节　拓展性分析：基于微观企业层面的经验证据

前文从地区（宏观）层面分析了财政支出对产业结构绿色转型的影响效果，并探讨了基于市场化水平和财政支出效率两个方面的调节效应。接下来，本节进一步聚焦在微观企业层面，拓展性验证财政支出激励政策对企业绿色转型的影响效果。基于微观企业层面的实证分析，一方面可以在一定程度上缓解宏观层面研究因影响机制（或路径）链条过长导致的内生性问题，另一方面还可以在宏观层面研究结论的基础上进一步深入剖析财政支出政策对微观企业绿色转型升级的影响效果，可以增强本书研究结论的深度和广度。为了比较有效地识别财政支出激励政策对企业绿色转型影响的净效应，本节基于“节能减排财政政策综合示范城市”试点的准自然实验，采用双重差分模型，实证分析财政支出激励政策对企业绿色转型升级的影响。

为了进一步降低能耗和碳排放强度，以达到节能减排的目标，实现经济结构的调整和经济发展方式的转变，2011 年，报经国务院批准，财政部、国家发展改革委（以下简称“两部委”）分三批共计选择 30 个城市（见表 4－9），开展节能减排财政政策综合示范工作，具体称为“节能减排财政政策综合示范城市”试点工作，通过采取“以奖代补”的政策方式展开试点工作①。示范城市建设享有财政资金支持，除了中央财政按照城市性质划分给予示范城市 4 亿—6 亿元的综合资金支持外，试点城市所在的省级和本市级政府也要给予相应的专项资金支持；在政策扶持上，各项节能减排的优惠政策也要向示范城市倾斜；在政策措施上，强调以节能减排为抓手，淘汰落后产能，限制高污染、高能耗产业的发展；在绩效考核上，建立了一套节能减排绩效考核机制，以加强试点政策的约束力和公信力。随之发布的《节能减排财政政策综合示范指导意见》明确指出，节能减排财政政策综合示范城市建设要以城市为平台，通过整合财政政策为手段，将包括“产业低碳化”“建筑绿色化”“交通清洁化”在内等“六化”建设作为政策目标，开展为期 3 年的节能减排试点工作（刘昆，2015）。示范城市试点作为一项促进绿色低碳转型的财政支出激励政策，为本书研究财政支出对企业绿色转型升级的影响提供了一个良好的准自然实验。

表 4－9　　节能减排财政政策综合示范城市名单

试点时间和批次	2011 年第一批次	2013 年第二批次	2014 年第三批次
试点城市	北京市、深圳市、重庆市、杭州市、长沙市、贵阳市、吉林市、新余市	石家庄市、唐山市、铁岭市、齐齐哈尔市、铜陵市、南平市、荆门市、韶关市、东莞市、铜川市	天津市、临汾市、包头市、徐州市、聊城市、鹤壁市、梅州市、南宁市、德阳市、兰州市、海东市、乌鲁木齐市

① 2011 年 6 月 22 日，两部委联合发布《财政部　国家发展改革委关于开展节能减排财政政策综合示范工作的通知》（财建〔2011〕383 号）。

一、模型设定与指标说明

（一）模型设定

为了识别“节能减排财政政策综合示范城市”政策对企业绿色转型的净效应，本节利用双重差分法来评估示范城市建设对企业绿色转型升级的影响效果。具体地，我们将示范城市视为处理组[①]，其余城市视为控制组。

$$GTE_{it} = \alpha + \beta Policy_{it} + \delta X_{it} + \gamma_i + \mu_t + \varepsilon_{it} \qquad (式4-4)$$

其中，GTE_{it}为被解释变量，表示t年i企业的绿色转型情况；$Policy_{it}$为核心解释变量，表示i企业所处的城市t年是否被列为示范城市的虚拟变量，其系数β是本节重点关注的，用于衡量节能减排财政政策综合示范试点城市建设对企业绿色转型的政策效应，若β显著为正，说明综合示范城市建设能促进企业绿色转型升级，若符号为负，则说明综合示范城市建设对企业绿色转型有抑制作用；X_{it}是城市层面和企业层面的一系列控制变量；γ_i和μ_t分别是企业和年份固定效应，ε_{it}为随机误差项，服从独立同分布。

（二）变量选取与数据说明

1. 变量设定

企业绿色转型升级：由于数据的可得性，本节采用企业绿色技术创新水平和能源消耗强度反映企业绿色转型程度。理论上，企业绿色技术创新水平和能源消耗强度两个方面可以综合体现一个企业从过程到结果的绿色转型，可以反映出企业绿色转型升级的水平。其中，绿色技术创新水平（*GTI*）借鉴徐佳和崔静波（2020）的做法，采用企业绿色专利申请数予以度量；能源消耗强度（*ECI*）借鉴韩亚芬和孙根年（2008）的做法，采用万元产值能耗予以度量。

核心解释变量：采用节能减排财政政策综合示范城市虚拟变量表示。具体来说，若某一城市在当年入选或已入选示范城市名单，则赋值

---

① 由于海东市在2013年才成为地级市，考虑到2013年之前数据的缺失，本节未将海东市纳入研究样本中，故实证分析中共有29个试点城市。

为 1，否则为 0。

控制变量：遵循大多数文献的做法，本节在城市和企业层面选取了一系列指标作为控制变量。具体来说，城市层面选取：①经济发展水平（*PGDP*），采用地区人均 GDP 衡量；②对外开放水平（*FDI*），采用当年实际使用外资金额来衡量；③产业结构（*IS*），采用第三产业产值与第二产业产值的比值衡量；④政府规模（*GS*），采用地方财政支出规模衡量。企业层面选取：①企业规模（*ES*），采用企业年度员工人数衡量；②总资产收益率（*ROA*），采用净利润与总资产比值衡量；③企业集中度（*EC*），采用第一大股东持股比例衡量；④固定资产比率（*FAI*），采用固定资产净额与总资产比值衡量；⑤投资价值（*IV*），采用账面市值比衡量；⑥公司成长性（*CG*），采用托宾 Q 值衡量。同时，为了消除异方差的影响，对上述变量均进行对数化处理。

2. 数据来源与描述性统计

本节数据来源于 2006—2017 年城市层面和上市公司的数据，其中城市层面的数据源于《中国城市统计年鉴》和 EPS 数据库，上市公司的数据主要源于 CSMAR 数据库，绿色创新数据通过国家知识产权专利数据库和 WIPO 的国际专利分类绿色清单匹配获得，能源消耗数据通过手工查阅上市公司《企业社会责任报告》中“环境和可持续发展”的披露内容，部分上市公司以吨标准煤为单位；示范城市试点的城市名单在财政部等政府网站手工整理获得。另外，为了保证数据的有效性，消除异常样本对研究的影响，本节对样本进一步剔除了金融企业、ST 和 PT 企业、剔除财务和公司治理数据缺失的样本，并对主要连续变量在 1% 和 99% 的分位数上使用 Winsorize 缩尾处理。表 4－10 报告了本章主要变量的描述性统计结果。

表 4－10　　主要变量的描述性统计结果

变量名	样本量	均值	标准差	最小值	最大值
Policy	52537	0.182	0.386	0.000	1.000
绿色技术创新	20013	0.430	0.907	0	7.671
能源消耗强度	48073	45.721	10.714	18.570	90.970

续表

变量名	样本量	均值	标准差	最小值	最大值
企业规模	25247	21.941	1.512	10.842	30.892
总资产收益率	25249	0.045	0.204	-6.714	20.788
投资价值	25235	1.129	6.247	0.000	401.684
托宾 Q	24413	2.475	17.097	0.153	1752.705
企业集中度	25250	0.353	0.153	0.003	0.900
劳动力规模	21856	4.355	1.054	0.412	5.868
产业结构	48012	1.254	0.797	0.094	4.166
经济发展水平	48115	11.027	0.619	8.138	12.579
政府规模	52501	15.671	1.253	10.962	18.139
对外开放度	52112	12.212	1.601	1.099	14.941

二、节能减排财政政策对企业绿色转型影响的实证分析

（一）基准回归结果

表4-11报告了节能减排财政政策综合示范城市试点政策对企业绿色转型影响的估计结果。其中，第（1）列和第（2）列分别表示被解释变量为绿色技术创新和能源消耗强度的回归结果。第（1）列的结果显示，核心解释变量 *Policy* 的回归系数在5%统计水平上显著为正，表明相较于非示范城市，节能减排财政政策综合示范城市建设能有效促进企业绿色技术创新水平。第（2）列的结果显示，核心解释变量 *Policy* 的回归系数在5%统计水平上显著为负，表明相较于非示范城市，节能减排财政政策综合示范城市建设能显著降低企业能源消耗强度，提高能源利用效率。总体而言，节能减排财政政策综合示范试点城市建设显著促进了企业绿色转型升级。

表4-11　　节能减排财政政策与企业绿色转型：基准回归结果

变量名称	(1)	(2)
	绿色技术创新	能源消耗强度
Policy	0.9384**	-0.9737**
	(0.0178)	(0.4812)

续表

变量名称	（1）	（2）
	绿色技术创新	能源消耗强度
常数项	−2.2553***	44.3187***
	（0.1540）	（0.2796）
控制变量	是	是
企业固定效应	是	是
年份固定效应	是	是
样本量	18902	21298
调整 R^2	0.1012	0.9390

注：括号内为聚类在行业层面的稳健标准误。

（二）平行趋势检验

双重差分法模型估计的有效性是建立在平行趋势假设的基础上的，即假设没有实施节能减排财政政策综合示范城市试点工作，则实验组和控制组企业绿色转型升级情况的变化具有相同趋势，为了验证平行趋势假设，本节设定如下模型：

$$GTE_{it} = \alpha + \sum_{j=-3}^{j=4} \beta_j Policy_{it}^j + \delta X_{it} + \gamma_i + \mu_t + \varepsilon_{it} \quad （式 4-5）$$

其中，变量$Policy_{it}^j$为一系列虚拟变量，表示节能减排财政政策综合示范城市建设这一事件。具体而言，本节将节能减排财政政策综合示范城市建设的上一年作为基准年，即上式中未纳入$Policy_{it}^{-1}$。若 β_j 在 j 小于 0 时，该系数不显著异于 0，则表明通过平行趋势假设检验；若 β_j 在 j 大于等于 0 时，该系数显著异于 0，则表明节能减排财政政策综合示范城市建设具有显著动态影响。图 4-1 展示了平行趋势检验。

平行趋势检验结果显示，无论被解释变量为绿色技术创新，还是能源消费强度，当 j 小于 0 时，β_j 的值不显著且异于 0，表明节能减排财政政策综合示范城市示与非示范城市在试点前绿色技术创新和能源消耗强度指标并无显著差异，这意味着样本满足平行趋势假设。当 j 大于等于 0 时，β_j 的值显著且为正，表明节能减排财政政策综合示范城市建设对企业绿色转型升级具有持续影响效应。

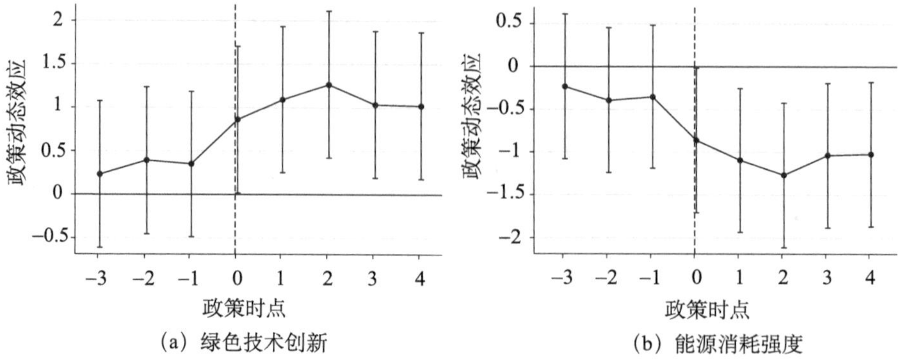

图 4－1　平行趋势检验

第五节　本章小结

财政支出规模代表了政府对市场的干预程度。正确处理好政府与市场的关系，使市场在资源配置中起决定作用和更好发挥政府作用，是发挥有效市场和有为政府的关键。改革开放 40 多年来，中国的高速经济增长被看成是一种“奇迹”，其背后的制度性源泉是发展型政府的作用。发展型政府参与市场发展，不仅强调有效市场和有为政府的协同作用，还强调政府能力或政府效率是政府行为及其激励得以充分发挥的关键。具体来讲，一方面，很多政府政策能够发挥其积极作用，是建立在一定的市场效率基础上的，或者是顺应市场效率增进的结果，市场机制和政策机制，更多地呈现出作用的互补性。另一方面，在地方政府自身有动机通过政府行为促进产业发展的情况下，地方政府是否能够出台符合市场规律和产业发展要求的政策措施，并通过改善政府运作效率予以有效实施，是政府行为及其激励最终能否产生积极作用的决定因素。

本章基于 2008—2019 年中国省际面板数据，运用双向固定效应模型，实证检验财政支出规模在产业结构绿色转型升级中驱动机理。此外，为了进一步探析政府财政支出激励政策对企业绿色转型升级的微观效应，本章进一步采用“节能减排财政政策综合示范城市”试点进行准自然实验，具体采用双重差分模型，实证分析了财政支出激励政策对企业绿色转型的影响。得到如下结论：（1）地方政府财政支出规模显著促进了地区产业结构绿色转型的横向耦合度和纵向闭合度。（2）政府力量和市场力量的协同作用更能够推动地区产业结构绿色转型升级，特别是在推动产业结构绿色转型的纵向闭合维度上，市场力量在其中发挥了决定性作用。（3）财政支出规模效应的有效发挥还取决于地方政府财政支出效率。（4）微观企业层面的经验证据显示，政府财政支出激励政策对企业绿色转型升级具有显著正向促进作用。

本章的发现具有以下几点政策启示。第一，地方政府财政支出规模能显著促进地区产业结构绿色转型升级。这肯定了地方政府财政支出的存在价值，即政府行为及其激励对市场调控的积极作用，地方政府应科学地把握财政支出政策“增长甄别”和“因势利导”的作用，不断完善财政支出政策体系以推动产业结构绿色转型升级。第二，市场化水平的提高能显著促进产业结构绿色转型升级，特别是在推动各产业内部绿色生产能力方面起到了决定性作用。第三，地方政府财政支出政策和市场化之间是协同发展的关系。财政支出政策在顶层制度设计上，要以新发展理念为引领，以促进高质量发展和实现“双碳”目标为导向，理顺政府与市场的关系，积极发挥有效市场和有为政府的协同力量。第四，地方政府财政支出效率的持续提高是财政支出规模促进产业结构绿色转型的重要前提，强调有效政府的运作效率。

第五章

财政支出结构影响产业结构绿色转型的实证检验

财政支出结构反映了政府在资源配置中的重点与方向。目前，既有研究对财政支出结构的划分，尚未形成统一的标准，大多是基于经济增长绩效视角、环境绩效视角、政府职能视角，或者基于特定的研究主题和目的进行划分等，并且即使是同一研究主题其划分结果也存在差异。例如，从经济增长绩效的视角，既有研究将财政支出结构划分为生产性支出和非生产性支出（Barro，1990；Devarajan，1996；郭庆旺等，2003）；也有部分学者将其划分为生产性支出、服务性支出和消费性支出三类（胡永刚和郭新强，2012）；或者依据研究主题的侧重点从财政支出类别中选取特定的支出占比来度量（李永友和沈坤荣，2009）。从环境绩效的视角，例如，雷明和虞晓雯（2013）将财政支出结构划分为科技支出、农业支出、工业交通和商业部门事业费支出和文教科卫支出；王艺明等（2014）和卢洪友等（2015）则将财政支出结构划分为经济性支出和非经济性支出。而从政府支出的经济性质视角，既有文献将财政支出结构划分为购买性支出和转移性支出（郭庆旺等，2003；贾康，2008；陈诗一和祁毓，2022）。可见，关于财政支出结构的划分，在未形成统一划分标准的情况下，既有文献大多是根据自身特定的研究主题和研究目的，对财政支出结构进行了有针对性的划分。这一做法的好处在于，能够更大程度聚焦于研究主题和研究目标的特定支出类别或支出结构，其研究结论能够彰显出更加具体的、有针对性的指导意义。

鉴于此，本书旨在以新发展理念为引领，以“双碳”目标为导向，利用财政支出的手段推动产业结构绿色转型升级，进而形成资源节约和环境保护的产业结构，实现经济高质量发展。而实现产业结构绿色转型的关键在于提升绿色技术创新水平，以及随着技术进步，通过提升能源利用效应和碳减排效率等主要路径，推动产业结构绿色转型升级。因此，本章尝试围绕以促进绿色技术创新为首要目标，结合各类财政支出的主要目的和特性，从“直接导向绿色发展”和“间接促进绿色发展”两个方面，将财政支出结构划分为直接导向绿色发展的支出和间接促进绿色发展的支出，前者主要包括政府绿色采购支出、绿色补贴支出和绿色投资性支出，后者主要选取有利于积累人力资本和技术创新的交通运输支出和科教文卫支出等，分别对产业结构绿色转型的影响展开实证分析。

第一节　研究设计

一、模型构建

为检验财政支出结构对产业结构绿色转型的影响，构建如下基准模型：

$$GTIS_{it} = \beta_0 + \beta_1 FES_{it} + \beta_2 Z_{it} + \mu_i + \delta_t + \varepsilon_{it} \qquad (式 5-1)$$

式（5－1）中，$GTIS_{it}$表示省级地区 i 在时期 t 的产业结构绿色转型水平，具体包括横向耦合度指数（LC）和纵向闭合度指数（VC）。FES_{it}表示省级地区 i 在时期 t 的财政支出结构指标，具体来说，在直接导向绿色发展的财政支出中，包括绿色采购支出、绿色补贴支出、绿色投资性支出，在间接促进绿色发展的财政支出中，包括交通运输支出和科教文卫支出。向量 Z_{it} 表示一系列控制变量，μ_i 表示省级地区 i 不随时间变化的个体固定效应，δ_t 表示控制时间固定效应，ε_{it} 表示随机扰动项。系数 β_1 衡量地方财政支出结构对产业结构绿色转型的影响。若 β_1 显著大于零，表明财政支出结构能够显著提高产业结构绿色转型的横向耦合水平和纵向闭合水平，综合表现为推动产业结构绿色转型升级。另外，需要说明的是，在检验交通运输支出和科教文卫支出对产业结构绿色转型的影响部分，为了进一步捕捉是否存在最优的交通运输支出占比和科教文卫支出占比结构，本章在式（5－1）基础上，增加交通运输支出和科教文卫支出各自的平方项，并在实证结果分析的基准回归中同时列出。

二、指标说明

（一）被解释变量

被解释变量采用本书测算的产业结构绿色转型的横向耦合度指数（*LC*）和纵向闭合度指数（*VC*）予以衡量。其中，考虑到横向耦合度指数是逆向指标，为了计量解释的方便，在此取其相反数予以度量。关于横向耦合度和纵向闭合度指标的具体计算方法参见前文内容，此处不再赘述。

（二）核心解释变量

1. 绿色采购支出

关于政府绿色采购支出，目前尚无区域层面的统计数据。少量的既有文献统计了区域层面的政府采购支出规模，主要采用窄口径和宽口径两种方式予以度量（曹润林和张景华，2015；姜爱华和朱晗，2018）。具体来说，窄口径方式，来源于《中国政府采购年鉴》数据，该数据因为没有囊括招投标工程采购数据，低估了政府采购能力；宽口径方式，采用全社会固定资产投资中的国有经济投资规模来衡量省级政府采购支出的实际规模。现有文献尚无对区域层面的政府绿色采购支出展开度量。本章创新性地从中国政府采购网中针对政府采购项目，通过手工整理，采用与绿色相关的关键词对其进行检索，借鉴陈诗一和陈登科（2018）的做法，具体选取环境保护、环保、污染、能耗、节能、减排、排污、生态、绿色、低碳、空气、化学需氧量、二氧化硫、二氧化碳、PM10、PM2.5 等关键词检索，从而获得政府绿色采购项目，然后按照项目所属省份对绿色采购项目金额进行加总，最终获得省级政府绿色采购支出数据。在实证估计中，绿色采购支出指标采用政府绿色采购支出规模与地方财政支出的比重度量。为消除可能存在的极端值影响，本章使用 Winsorize 方法，对其按照 1% 和 99% 的水平进行缩尾处理。进一步地，本章还采用人均绿色采购支出规模做稳健性检验。

2. 绿色补贴支出

关于政府绿色补贴支出，目前也尚无区域层面的统计数据。考虑到政府绿色补贴的对象最终是微观企业，本章创新性采用微观数据加总的方式予以度量。这一做法的好处在于，政府绿色补贴支出最终将落在微观企业身上，因此利用微观数据加总的数据更具可靠性和针对性。具体计算步骤为：从沪深 A 股上市公司财务报表附注中，通过手工整理，对政府补助明细采用与绿色相关的关键词进行检索，借鉴陈诗一和陈登科（2018）的做法，具体选取环境保护、环保、污染、能耗、节能、减排、排污、生态、绿色、低碳、空气、化学需氧量、二氧化硫、二氧化碳、PM10、PM2.5 等关键词进行检索，从而获得政府绿色补助数据，然后按照企业所属省份将企业绿色补助金额进行加总，最终获得省级政府绿色补贴支出数据。在实证估计中，绿色采购支出指标采用政府绿色补贴支出规模占地方财政支出的比重予以度量。需要说明的是，该数据未包括非上市公司的绿色补助数据，其原因：一是鉴于数据的可得性，目前尚无数据库统计了非上市公司的数据；二是采用上市公司的数据具有一定代表性，从上市公司中获取的来自政府的绿色补助金额虽然不是政府全部的绿色补助金额，但是可以视为是可获得数据的最小绿色补助金额，若在实证检验中最小值也正向促进了产业结构绿色转型，则间接说明政府全部的绿色补助更能促进产业结构绿色转型。此外，为了使样本数据更具代表性，本章剔除了金融保险行业、ST 和 PT 类样本，剔除了主要变量观测值缺失的样本，为消除可能存在的极端值影响，本章使用 Winsorize 方法，对其按照 1% 和 99% 的水平进行缩尾处理。进一步地，本章还采用人均绿色补贴支出规模做稳健性检验。

3. 绿色投资性支出

目前，学界对绿色投资的概念未形成统一的界定。在微观层面的经验研究中，如 Eyraud 等（2013）认为绿色投资是企业的一种社会责任投资；Krushelnytska（2018）认为任何涉及能源效率和可再生能源以及废物处理和回收、水污染治理、工业污染控制、生物多样性保护、气候变化缓解和适应等的投资均是绿色投资。在区域层面的经验研究中，基于数据可得性和环境保护投资是绿色投资的核心部分等综合考虑，大多采用节能环保支出来衡量绿色投资性支出（廖显春等，2020；曾胜和张明龙，2021）。考虑到本章也是基于区域层面的经验研究，因此参考标准文献的做法，采用节能环保支出占地方财政支出的比重衡量政府投资性财政支出。进一步地，本章采用人均绿色投资性支出规模做稳健性检验。

4. 交通运输支出

作为生产性财政支出的重要组成部分，交通运输支出主要通过加速高素质人才在区域间或行业间的自由流动，促进地区内和行业内的知识积累和创新产出，进而为产业结构绿色转型提供外部环境。关于交通运输支出指标的度量，本章采用交通运输支出占地方一般公共预算支出的比重作为交通运输支出的代理变量。

5. 科教文卫支出

作为民生性财政支出的主要组成部分，科教文卫支出在积累人力资本和技术创新等方面具有重要作用（陈思霞和卢洪友，2014），可以为绿色技术创新提供良好的外部环境，进而推动产业结构绿色转型升级。关于科教文卫支出指标的度量，本章采用教育支出、科技支出、医疗卫生支出、文化体育与传媒支出占地方财政支出的比例予以度量。

（三）控制变量

借鉴韩永辉等（2017）的做法，本章控制变量的选取参照产业结构绿色转型升级的供给和需求两类驱动因素加以归纳。供给因素变量包括：

（1）市场化水平（*ML*），采用各省非国有企业就业比重来度量；（2）人力资本（*HC*），采用高等学校平均在校生数取对数表示；（3）金融发展水平（*LFD*），使用金融机构年末贷款余额与 GDP 之比表示。需求因素变量包括：（1）居民消费（*RC*），采用各省居民消费水平表示；（2）国外需求（*FD*），选用地区出口额与 GDP 比值度量衡量；（3）投资需求（*IN*），采用外商直接投资总额与 GDP 比值度量。具体指标定义与计算方法如表 5－1 所示。

表 5－1　　主要变量的定义与计算方式

变量	指标构建	变量名
横向耦合度	参见前文产业结构绿色转型指标测度	*LC*
纵向闭合度	参见前文产业结构绿色转型指标测度	*VC*
绿色采购支出	政府采购项目中绿色采购项目总金额/地方财政支出	*GPS*
绿色补贴支出	上市企业财务报表附注中绿色补助总金额/地方财政支出	*GSE*
绿色投资性支出	节能环保支出/地方财政支出	*GIS*
交通运输支出	交通运输支出/地方财政支出	*TE*
科教文卫支出	（教育＋科技＋医疗卫生＋文化体育与传媒）/地方财政支出	*SECH*
市场化水平	非国有企业就业比重	*ML*
人力资本	高等学校平均在校生数取对数	*HC*
金融发展水平	金融机构年末贷款余额/GDP	*LFD*
居民消费	居民消费水平	*RC*
国外需求	地区出口额/GDP	*FD*
投资需求	外商直接投资总额/GDP	*IN*

三、数据来源与描述性统计

本章所采用的数据为中国 30 个省市（除西藏、港澳台地区外）2008—2019 年的中国省际面板数据，未经特殊说明，文中所示数据均来自《中国统计年鉴》《中国财政年鉴》《中国劳动统计年鉴》《中国固定资产投资统计年鉴》《中国能源统计年鉴》《中国政府采购年鉴》、CSMAR 数据库、CNRDS 数据库、中国政府采购网、各省历年统计年鉴和

EPS 数据库。对部分未公布的数据，即缺失值的处理，本章借鉴邓敏等（2013）和屈超等（2016）的做法，采用线性趋势法填补缺失值。

表 5 - 2 为本章主要变量的描述性统计结果。结果显示，产业结构绿色转型的横向耦合度的最大值为 -0.037，最小值为 -0.899；产业结构绿色转型的纵向闭合度的最大值为 0.974，最小值为 0.151；另外，其他核心变量和控制变量同样在不同地区间也存在着明显的差异，说明符合回归分析的要求。这也与我国各地发展不均衡的实际情况相吻合。

表 5 - 2　　描述性统计结果

变量名	样本量	均值	标准差	最小值	最大值
横向耦合度	360	-0.277	0.136	-0.899	-0.037
纵向闭合度	360	0.620	0.151	0.297	0.974
绿色采购支出	142	0.025	0.101	0.000	0.255
绿色补贴支出	360	0.005	0.007	0.001	0.047
绿色投资性支出	360	0.031	0.010	0.010	0.068
交通运输支出	360	0.063	0.024	0.007	0.167
科教文卫支出	360	0.437	0.038	0.339	0.680
市场化水平	360	0.751	0.120	0.365	1.045
金融发展水平	360	1.289	0.443	0.537	2.585
居民消费	360	1.744	1.018	0.443	6.535
国外需求	360	0.143	0.156	0.007	0.835
投资需求	360	0.014	0.010	0.000	0.058
人力资本	360	7.778	0.321	6.876	8.817

第二节　直接导向绿色发展的财政支出影响产业结构绿色转型的实证分析

中国正逐步进入“新常态”经济，在此过程中，产业结构绿色转型升级是经济增长的基本特征之一。当前产业结构绿色转型升级，一方面体现在政府大力扶持新材料、高端装备制造、信息技术和新能源等新兴产业，旨在通过推动低碳产业比重上升，实现产业结构“前向低碳化”；另一方面体现在政府引导高碳产业实现低碳化的技术改造，旨在通过推广节能减排技术，实现产业结构“后向低碳化”。可见，提高绿色技术创新水平，是实现产业结构绿色转型的关键；而随着技术进步，具体又可体现在要素投入端，提高能源利用效率，以及在产出端提高碳减排效率，进而实现资源节约和环境保护的现代化产业结构的形成。作为直接引导和激励企业提高绿色技术创新水平和实现绿色发展的重点支出，政府绿色采购支出、绿色补贴支出和绿色投资性支出三类支出，就是通过提高企业绿色技术创新水平，提高能源利用效率和碳减排效率等路径，促进产业结构绿色转型升级。

一、绿色采购支出影响产业结构绿色转型的实证分析

作为政府采购活动的一种制度创新，政府绿色采购是将环境准则纳入政府采购活动的一项新制度安排。因为市场机制的缺陷，即存在市场失灵的情况，这为政府干预经济活动提供了合理且正当的理由。要实现产业结构绿色转型，其关键在于提升企业绿色技术创新水平。然而现实中，绿色技术创新因具有高研发、见效慢、外部性等特点，使得企业不愿自发地加大研发投入来提高绿色技术创新水平，此时市场对资源配置未能实现帕累托最优，即出现市场失灵的问题。此时通过政府绿色采购的方式介入资源配置过程，可以引导可持续消费和清洁生产，实现生产和消费领域环境外部性的内部化，有利于解决“市场失灵”和“政府失灵”问题。一方面，政府绿色采购可以对社会的绿色低碳消费起到推动和示范作用，引导和带动更多政策和社会资金支持绿色低碳发展；另一方面，政府绿色采购还可以引导和倒逼企业增加研发投入，提高绿色技术创新水平，对开展清洁生产和节能减排等活动起到良好的推动作用，进而有助于形成资源节约、环境保护的产业结构和生产生活方式，实现经济社会发展全面绿色转型。

（一）实证结果分析

表5－3报告了政府绿色采购支出对产业结构绿色转型影响的基准

回归结果。第（1）（2）列表示被解释变量为横向耦合度的估计结果，第（3）（4）列表示被解释变量为纵向闭合度的估计结果。结果显示，在没有加入控制变量的第（1）列回归结果中，绿色采购支出变量的估计系数显著为正，表明政府绿色采购支出对产业结构绿色转型的横向耦合度有显著正向影响；第（2）列在第（1）列基础上加入控制变量后，绿色采购支出变量的估计系数依旧显著为正，表明政府绿色采购支出对产业结构绿色转型的横向耦合度的正向影响具有一定稳健性。同理，对于产业结构绿色转型的纵向闭合维度，第（3）（4）列结果显示，绿色采购支出变量的估计系数均显著为正，表明政府绿色采购支出对产业结构绿色转型的纵向闭合度有显著正向影响。这意味着，提高政府绿色采购支出，不仅可以促进三次产业间绿色耦合协调发展，还可以提高各产业内部绿色生产能力，实现产业结构绿色转型升级。

表 5－3　绿色采购支出与产业结构绿色转型：基准回归结果

变量	（1）	（2）	（3）	（4）
	横向耦合度		纵向闭合度	
绿色采购支出	0.148**	0.237**	0.078**	0.134**
	（0.073）	（0.115）	（0.038）	（0.064）
常数项	－0.313***	－3.092***	0.613***	－1.729***
	（0.014）	（0.483）	（0.013）	（0.284）
控制变量	否	是	否	是
省份效应	是	是	是	是
年份效应	是	是	是	是
样本量	142	142	142	142
R^2	0.008	0.370	0.003	0.780

注：***、**、*分别表示1%、5%、10%的显著性水平，括号内为稳健标准误，下同。

（二）内生性与稳健性检验

地方政府制定绿色采购政策的动机和能力可能是与当地产业结构绿色转型水平和产业发展水平相关联的。一方面，地方政府绿色采购政策的制定和实施可能是依据经济发展及产业调整形势而做出的，比如在“双碳”目标下，产业结构绿色转型进入调整期，则地方政府可能出台相应的绿色采购政策，再如经济发展水平较高、产业结构发展较为完善的地区，政府财政支出也会更偏向于民生性支出，增加社会福利水平，而对于经济欠发达的地区，政府财政支出则更偏向于生产性支出；另一方面，地方政府出台绿色采购政策的能力和水平可能有差别，那些产业绿色发展水平较高的地区，可能会出台更加有效与合理的绿色采购政策。因此，政府绿色采购支出与产业结构绿色转型之间可能存在反向因果或遗漏变量等内生性问题。为此，本章采用四种方法对政策变量的内生性问题进行检验：

（1）所有自变量取滞后一期重新回归。将所有自变量取滞后一期重新回归，可以在一定程度上缓解因反向因果导致的内生性问题，与此同时，还可以检验政府绿色采购支出对产业结构绿色转型影响的持续效应。表5－4第（1）（2）列报告了相应的回归结果。结果显示，无论被解释变量为横向耦合度还是纵向闭合度，绿色采购支出滞后一期变量的估计系数均在5%统计水平上显著为正，这一结论与本章基本结论相符，说明本章基本结论具有一定稳健性。与此同时，也说明政府绿色采购支出对产业结构绿色转型具有正向持续影响效应，企业可能会参照政府前期的绿色采购行为，增加绿色研发投入，提高绿色技术创新水平，生产绿色产品，从而从整体上实现产业结构的绿色转型。

（2）以绿色采购支出的滞后项作为工具变量进行回归。一方面，地方政府绿色采购支出具有一定延续性，故而绿色采购支出的前一期与当期具有相关性；另一方面，绿色采购支出滞后项，是事前的行为，与当期产业结构绿色转型指数或扰动项不相关，具有外生性，故而，将绿色采购支出滞后项作为工具变量满足相关性和外生性的两个约束条件。因此，将其作为工具变量具有一定合理性。表5－4第（3）（4）列报告了相应的回归结果。结果显示，面板2SLS第一阶段回归联合检验稳健的F值为59.986，远大于10，故通过了弱工具变量检验。第（3）（4）列结果还显示，绿色采购支出变量的估计系数均在5%统计水平上显著为正，这一结论与基准回归一致，证明了本章选取的工具变量的合理性，说明本章基本结论具有一定稳健性。

表 5-4　所有自变量滞后一期与面板 2SLS 回归结果

变量	(1)	(2)	(3)	(4)
	所有自变量滞后一期		面板 2SLS 回归	
	横向耦合度	纵向闭合度	横向耦合度	纵向闭合度
绿色采购支出			0.321**	0.152**
			(0.141)	(0.064)
L. 绿色采购支出	0.204**	0.115**		
	(0.095)	(0.057)		
常数项	-3.516***	-1.853***	-3.590***	-1.636***
	(0.567)	(0.307)	(0.548)	(0.295)
第一阶段 F 值			59.986	59.986
控制变量	是	是	是	是
省份效应	是	是	是	是
年份效应	是	是	是	是
样本量	116	116	109	109
R^2	0.374	0.769	0.437	0.776

注：L. 表示一期滞后算子。下同。

(3) 采用差分 GMM 和系统 GMM 估计方法回归。有别于最小二乘法、工具变量法和极大似然法等需要满足一定假设才能获得可靠的估计量，动态面板模型的 GMM 估计方法因不需要知道随机误差项的准确分布信息，允许随机误差项存在异方差和序列相关，因而所得到的参数估计量比其他参数估计方法更有效，在模型参数估计中得到广泛应用。通常而言，动态面板模型的 GMM 估计方法有两种，分别是差分 GMM 和系统 GMM 估计方法。然而，考虑到差分 GMM 方法无法估计不随时间变动的因素影响，而系统 GMM 方法能克服这一问题，且在一定程度上缓解内生性问题的同时提高估计效率。因此，本章进一步采用系统 GMM 方法重新估计，将差分 GMM 估计结果也同时列出，作为对照。表 5-5 报告了相应的回归结果。其中，第 (1)(2) 列为差分 GMM 估计结果，第 (3)(4) 列为系统 GMM 估计结果。结果显示，无论是差分 GMM 估计结果，还是系统 GMM 估计结果，其 AR (1)、AR (2) 和 Sargan 值检验结果显示，扰动项的差分存在一阶自相关，但不存在二阶自相关，并且满足“所有工具变量均有效”的原假设，表明采用动态面板模型的 GMM 估计方法的合理性和有效性。表中无论被解释变量为横向耦合度还是纵向闭合度，绿色采购支出变量的估计系数均显著为正，这一结论与本章基本结论相符，进一步表明本章基本结论具有稳健性。

表 5－5　　　　差分 GMM 估计和系统 GMM 估计结果

变量	(1)	(2)	(3)	(4)
	差分 GMM		系统 GMM	
	横向耦合度	纵向闭合度	横向耦合度	纵向闭合度
L. 横向耦合度	0.823***		0.967***	
	(0.066)		(0.056)	
绿色采购支出	0.025**	0.014**	0.040**	0.015**
	(0.012)	(0.006)	(0.019)	(0.007)
L. 纵向闭合度		0.113***		0.562***
		(0.016)		(0.049)
常数项			1.560***	－1.123***
			(0.313)	(0.396)
控制变量	是	是	是	是
省份效应	是	是	是	是
年份效应	是	是	是	是
AR（1）	0.009	0.003	0.007	0.005
AR（2）	0.630	0.384	0.395	0.194
Hansen J	0.850	0.579	0.996	0.830
样本量	109	109	142	142

（4）更换核心解释变量度量方式。采用人均绿色采购支出来度量政府绿色采购支出，为了削弱异方差性，对其进一步取对数处理。表 5－6 中第（1）（2）列报告了相应的估计结果。结果显示，人均绿色采购支出变量的系数均显著为正，这一结论同样本章基本结论相符，进一步佐证本章基本结论具有稳健性。与此同时，这一结论也说明了，增加政府绿色采购规模可以促进产业结构绿色转型。

（5）排除宏观因素系统性变化进行固定效应估计。考虑到各地区资源禀赋与发展阶段不同，而经济发展水平较高和产业结构较完善的地区更易获得优先发展的机会，因而在政府支持力度和产业绿色发展上拥有先发优势，使得本章实证分析面临内生性问题。为克服这一问题，本章通过设定省份与年份交互项效应，以此缓解政府绿色采购支出和产业发展可能带来的宏观系统性变化。表5－6中第（3）（4）列报告了相应的回归结果。结果显示，绿色采购支出变量的估计系数均显著为正，这一结论与本章基本结论保持一致，表明在控制宏观因素系统性变化后，实证结果依旧保持稳健。

表5－6　排除宏观因素系统性变化和更换核心解释变量度量方式

变量	（1）	（2）	（3）	（4）
	更换核心解释变量度量方式		排除宏观因素系统性变化	
	横向耦合度	纵向闭合度	横向耦合度	纵向闭合度
绿色采购支出			0.213* （0.115）	0.141** （0.064）
人均绿色采购支出	0.005* （0.002）	0.006*** （0.002）		
常数项	－3.109*** （0.514）	－1.599*** （0.279）	－3.201*** （0.518）	－1.821*** （0.288）
控制变量	是	是	是	是
省份效应	是	是	是	是
年份效应	是	是	是	是
省份×年份效应			是	是
样本量	142	142	142	142
R^2	0.404	0.792	0.410	0.784

（三）传导机制分析

1. 绿色技术创新机制

如前文所述，绿色技术创新是经济社会实现低碳转型发展和降低碳排放的重要引擎，是产业结构实现全面绿色转型的重要指标。在指标的度量上，现有文献（欧阳晓灵等，2022；徐佳等，2020）主要采用两种度量方式，一种是采用绿色专利申请数量予以度量，另一种则采用绿色专利授权数予以度量。考虑到绿色专利授权存在一定滞后性，一项专利从申请到授权往往需要一到两年时间，相较之下，绿色专利申请数据则更具稳定性、可靠性和及时性。因此，本章采用人均绿色专利申请数来衡量地方绿色技术创新水平，其数据来源于中国数据研究服务平台（CNRDS）数据库。为了检验绿色技术创新水平是政府绿色采购支出影响地区产业结构绿色转型的作用机制，表5－7报告了相应的回归结果。结果显示，第（1）列绿色采购支出变量的估计系数在1%统计水平上显著为正，表明地方政府绿色采购支出显著促进了当地绿色技术创新水平。第（2）列中绿色技术创新变量在1%统计水平上显著为正，而绿色采购支出变量的估计系数不显著，表明绿色技术创新对产业结构绿色转型的横向耦合发展产生了完全中介效应。同样地，在第（3）列中绿色技术创新变量在1%统计水平上显著为正，而绿色采购支出变量不显著，表明绿色技术创新对产业结构绿色转型的纵向闭合发展也产生了完全中介效应。这意味着绿色技术创新在推进产业结构绿色转型全过程中发挥着重要作用，不仅促进了各产业间绿色协调耦合发展，还提高了各产业内部绿色生产能力。政府绿色采购对企业增加研发投入，提升绿色技术水平，进行绿色化生产和生产绿色化产品，形成了较好的倒逼机制。与此同时，随着绿色技术创新成果有效转化为企业绿色生产力，不仅可以推动生产生活向绿色低碳转型，而且能够助推能源清洁生产和能源结构转型，助力产业结构的优化升级，从而不断降低能源消耗，减少碳排放量，有效发挥经济社会实现低碳转型发展和降低碳排放的重要引擎作用。

表5－7　绿色采购支出与产业结构绿色转型：绿色技术创新机制

变量	(1)	(2)	(3)
	绿色技术创新	横向耦合度	纵向闭合度
绿色技术创新		0.043***	0.049***
		(0.016)	(0.008)
绿色采购支出	3.150***	0.076	0.019
	(0.605)	(0.123)	(0.063)

续表

变量	(1)	(2)	(3)
	绿色技术创新	横向耦合度	纵向闭合度
常数项	-17.367***	-2.439***	-0.882***
	(2.680)	(0.569)	(0.291)
控制变量	是	是	是
省份效应	是	是	是
年份效应	是	是	是
样本量	142	142	142
R^2	0.859	0.441	0.826

2. 能源利用效率机制

能源资源是产业结构实现全面绿色转型的重要因素，能源利用效率的高低在一定程度上决定了产业结构绿色转型的程度。关于能源利用效率指标的度量，现有文献主要采用能源消费强度和能源消费弹性系数这两个指标来衡量能源利用效率（史丹，2002；陶静等，2019）。在《中共中央　国务院关于完整准确全面贯彻新发展理念做好碳达峰碳中和工作的意见》中提出，要把节约能源资源放在首位，持续降低单位产出能源资源消耗和碳排放，提高投入产出效率。鉴于此，本章采用单位GDP能源消耗量来度量能源利用效率更契合实现碳达峰碳中和目标的要求，该指标的数据来源于《中国能源统计年鉴》和《中国统计年鉴》；另外，考虑到该指标是逆向指标，在计量检验中对其取相反数，值越大，表明能源利用效率越高。表5-8报告了相应的回归结果。从第（1）列回归结果看，绿色采购支出变量的估计系数显著为正，说明绿色采购支出的增加，可以提高能源利用效率。第（2）（3）列中能源利用效率变量系数显著为正，绿色采购支出变量的估计系数为正，但不显著，说明能源利用效率的提升促进了产业结构绿色转型升级，无论是在横向耦合维度，还是纵向闭合维度上，均发挥了完全中介效应。这表明，地方政府绿色采购支出能够通过提高能源利用效率的路径，持续降低单位产出能源资源消耗，提高投入产出效率，进而促进产业结构绿色转型，实现从源头和入口形成有效的碳排放控制阀门机制。

表 5－8　绿色采购支出与产业结构绿色转型：能源利用效率机制

变量	(1)	(2)	(3)
	能源利用效率	横向耦合度	纵向闭合度
能源利用效率		0.367***	0.149***
		(0.025)	(0.019)
绿色采购支出	0.622**	0.016	0.041
	(0.247)	(0.071)	(0.054)
常数项	−6.973***	−0.629*	−0.689**
	(1.095)	(0.352)	(0.267)
控制变量	是	是	是
省份效应	是	是	是
年份效应	是	是	是
样本量	142	142	142
R^2	0.550	0.784	0.853

3. 碳减排效率机制

碳排放也是构成产业结构绿色转型的重要考量因素，碳减排效率的高低同样制约着产业结构全面绿色转型。关于碳减排效率指标的度量，本章遵循大部分文献的做法（程叶青等，2013；杨莉莎等，2019），采用碳排放强度来度量碳减排效率指标，即单位 GDP 二氧化碳排放量，考虑到该指标是逆向指标，在计量实证中，我们对其取相反数，值越大，表明碳减排效率越高；其中二氧化碳排放量，采用本章测算的三次产业二氧化碳排放量汇总计算得到（具体计算方法，参见前文，在此不再赘述），其数据来源于《中国统计年鉴》和各省统计年鉴。表 5－9 报告了相应的回归结果。第（1）列的结果显示，绿色采购支出变量的估计系数显著为正，表明绿色采购支出显著提高了碳减排效率。第（2）（3）列结果显示，碳减排效率变量系数显著为正，绿色采购支出变量的估计系数为正，但不显著，说明碳减排效率机制对产业结构绿色转型产生了完全中介效应。这意味着，提高碳排放强度或控碳技术是绿色采购支出影响产业结构绿色转型的一个重要机制。

表 5－9　绿色采购支出与产业结构绿色转型：碳减排效率机制

变量	(1)	(2)	(3)
	碳减排效率	横向耦合度	纵向闭合度
碳减排效率		0.064***	0.030***
		(0.005)	(0.004)
绿色采购支出	2.132*	0.087	0.076
	(1.265)	(0.080)	(0.052)
常数项	-15.957***	-2.090***	-1.215***
	(5.317)	(0.365)	(0.237)
控制变量	是	是	是
省份效应	是	是	是
年份效应	是	是	是
样本量	142	142	142
R^2	0.275	0.715	0.858

（四）进一步分析

根据本书研究的目的，本章从影响产业结构绿色转型的外部环境和内部环境两个方面，展开异质性分析。其中，外部环境因素主要选取地区宏观税负和知识产权保护程度，内部环境因素主要选取地区工业化程度和能源依赖程度。选择这四个因素的原因主要在于，税负的高低、知识产权保护程度、工业化程度和能源依赖程度是影响企业增加研发投入，提升技术创新水平，实现绿色转型的重要因素，因而有必要对其展开异质性分析。下同。

1. 地区税负水平的异质性

宏观税负一直是学者和决策层关注的重要问题，也是税收政策的核心内容。一国或地区税负水平的高低，不仅影响着市场营商环境，还是政府履行政府职能的财力保障，对市场主体起到调节和经济杠杆的作用。理论上，税负水平对产业结构绿色转型（在微观层面即对应企业绿色转型）的影响主要有两个路径：一是政府减税能够降低企业税收成本和税负压力，缓解了企业融资约束，使得企业更有动力增加企业研发投入，提高技术创新水平，进而实现企业生产效率的提升；二是政府减税可以降低因高税负导致的市场价格扭曲效应，提高市场要素资源配置水平，提高要素资源利用效率，进而实现企业生产效率的提升（申广军等，2016）。党的十八大以来，以供给侧结构性改革为主线，政府采取了持续性、大规模的减税降费政策在优化资源配置，缓解企业税负压力和融资约束等方面发挥了重要作用，对激发市场主体活力，提高技术创新水平，展现出来了积极效应。可见，税负水平是影响地区创新活力和企业生产效率的重要因素。由此进一步推断，政府绿色采购支出对产业结构绿色转型的影响可能在不同税负水平的地区存在异质性。

关于宏观税负变量的度量，本章采用大多文献的通用做法，采用地区税收收入占地区 GDP 的比重度量，并在样本期中按照均值将其分为两组，高于样本均值的地区为宏观税负高的组，反之则反是。表 5－10 报告了在不同税负水平地区绿色采购支出对产业结构绿色转型的异质性影响。结果显示，第（1）列中绿色采购支出与宏观税负的交互项系数显著为正，这意味着相较于宏观税负水平较低的地区，在宏观税负高的地区，提高政府绿色采购支出力度，更能显著促进地区产业间绿色耦合协调发展。第（2）列中绿色采购支出与宏观税负的交互项系数显著为正，这意味着相较于宏观税负水平较低的地区，提高政府绿色采购支出力度，更能显著促进地区产业内部绿色生产能力。这可能的原因是，相较于宏观税负水平较低的地区，宏观税负较高的地区也是经济实力更强和产业基础更雄厚的地区，其企业绿色技术创新水平也较之更高，因而政府绿色采购政策对其形成的绿色技术创新的倒逼激励效应自然更强。综合来看，一方面，相较于宏观税负水平较低的地区，提高政府绿色采购支出力度，更能促进地区产业结构绿色转型升级的整体水平；另一方面，相较于宏观税负水平较低的地区，增加政府绿色采购支出力度，对该地区企业增加研发投入，提升绿色创新水平，促进企业节能环保和清洁生产等方面形成了较好的倒逼机制。

表 5-10　绿色采购支出与产业结构绿色转型：宏观税负的异质性

变量	(1)	(2)
	横向耦合度	纵向闭合度
绿色采购支出×宏观税负	0.640**	0.348**
	(0.276)	(0.156)
常数项	-3.184***	-1.728***
	(0.502)	(0.283)
控制变量	是	是
省份效应	是	是
年份效应	是	是
样本量	142	142
R^2	0.419	0.781

2. 工业化程度的异质性

随着工业化进程的深入推进，中国实现了较长时间的经济增长奇迹。但是，长期较快的经济增长及粗放的经济增长方式也造成了中国能源浪费和环境污染的严重问题。而高投入、高消耗、高污染的工业增长是导致能源浪费和环境污染的重要原因。当一国的经济结构由农业向工业转变，即工业化进程加快时，大量资源被开发利用，各种废弃物排放量随之增加，从而导致环境质量下降（Cherniwchan，2012；Wang 等，2013）。相较于农业和服务业，工业对能源的利用和依赖更大，以及污染物排放更多。因此，在推动节能减排和产业结构绿色转型过程中，工业承担着重大的责任，与此同时，也对其形成巨大的转型阻力。

基于此，本章进一步观察政府绿色采购支出在不同工业化程度的地区对产业结构绿色转型的异质性影响。在工业化程度的指标度量上，本章主要参考标准文献的方法，以第二产业增加值占地区生产总值的比重来衡量各地区工业化程度，并依据样本期内工业化程度的均值将地区工业化程度分为高低两组。表 5-11 报告了相应的回归结果。结果显示，无论被解释变量是横向耦合度还是纵向闭合度，绿色采购支出与工业化程度的交互项系数均显著为正。这表明相对于工业化程度较低的地区，在工业化程度高的地区，增加政府绿色采购支出对产业结构绿色转型的横向耦合度和纵向闭合度均有显著促进作用。意即提高对工业化程度较高地区政府绿色采购力度，更能促进地区产业间绿色耦合协调发展，以及产业内部绿色生产能力的提升。这说明相较于工业化程度较低的地区，增加政府绿色采购支出，对该地区企业增加研发投入，提升绿色技术创新水平具有更强的倒逼激励效应。

表 5－11　　绿色采购支出与产业结构绿色转型：工业化程度的异质性

变量	（1）横向耦合度	（2）纵向闭合度
绿色采购支出×工业化程度	0.197*	0.087**
	（0.115）	（0.043）
常数项	－3.242***	－1.758***
	（0.508）	（0.287）
控制变量	是	是
省份效应	是	是
年份效应	是	是
样本量	142	142
R^2	0.404	0.774

3. 知识产权保护程度的异质性

知识产权制度及在其保护下的技术创新日益成为综合国力竞争的决定性因素。政府通过构建知识产权制度，加强知识产权执法力度，为激励市场主体增加研发投入，提高技术创新水平，提供了坚实的制度保障（吴超鹏和唐菂，2016）。技术创新是企业发展的动力源，体现了其在市场中的竞争力，但往往也遭受着被模仿和侵占的风险。一般来讲，一国或地区知识产权保护程度高，在严格的知识产权执法上，可以严厉打击创新或专利被模仿和侵占的行为，增加创新模仿和侵占的成本，实现对原创的知识产权的保护，为企业进一步加强研发投入，提高技术创新水平，实现生产效率的提升，提供了制度保障；然而若一国或地区知识产权保护程度低，知识产权执法力度上软弱，将使得创新被模仿或被侵占的成本降低，这不仅会抑制企业进一步增加研发投入的积极性，同时还会扰乱市场秩序，降低市场要素资源的配置效率和政府公信力。

基于此，有必要展开政府绿色采购支出对产业结构绿色化的影响在不同知识产权保护程度地区的异质性分析。表5－12报告了相应的估计结果。其中，关于知识产权保护程度指标的度量，本章借鉴Mario（2007）、吴超鹏和唐菂（2016）的做法，采用各省份专利侵权纠纷的结案数占专利侵权纠纷案件总数的比重度量地区的知识产权保护程度，其值越大，表明该省份知识产权保护程度越高，其数据来源于《中国知识产权年鉴》和CSMAR数据库。本章按照样本期内知识产权保护程度的均值将地区知识产权保护程度分为高低两组，并与绿色采购支出变量取交互项展开回归估计。第（1）列表示被解释变量为横向耦合度的回归结果，第（2）列表示被解释变量为纵向闭合度的回归结果。结果显示，相对于知识产权保护程度较低的地区，在知识产权保护较高的地区，增加政府绿色采购支出，可以显著促进地区产业结构绿色转型的横向耦合度和纵向闭合度，即更能促进该地区各产业间实现绿色耦合协调发展和提高各产业内部绿色生产能力。这说明在地区知识产权制度及其保护力度更好的市场环境下，政府增加绿色采购支出的力度，可以更好地倒逼企业增加研发投入，提升绿色技术创新水平，实现节能减排和清洁生产。这一结论的启示为：相较于知识产权保护程度较低的地区，在知识产权保护程度较高的地区，增加政府绿色采购支出力度，更能发挥促进企业增加研发投入，提升绿色技术创新水平的倒逼机制。

表5－12　绿色采购支出与产业结构绿色转型：知识产权保护程度的异质性

变量	(1)	(2)
	横向耦合度	纵向闭合度
绿色采购支出×知识产权程度	0.235**	0.158**
	(0.116)	(0.079)
常数项	－3.103***	－1.691***
	(0.486)	(0.264)
控制变量	是	是
省份效应	是	是
年份效应	是	是

续表

变量	(1)	(2)
	横向耦合度	纵向闭合度
样本量	142	142
R^2	0.362	0.776

4. 能源依赖程度的异质性

我国是能源消费大国，其能源消费结构以化石能源为主，2019 年高达 85% 左右，其中煤炭消费比重占 58%，石油消费比重占 19%。在一定程度上，一个地区的能源禀赋构成了该地区的能源消费结构。因此，地区间能源依赖程度的差异，可能使得不同地区在实现碳达峰碳中和目标上具有异质性。一般来讲，相较于能源依赖程度较低的地区，在能源依赖程度较高的地区，推动节能减排的难度会更大。表 5－13 报告了政府绿色采购支出在不同能源依赖程度地区对产业结构绿色转型的异质性影响。其中，关于能源依赖程度指标的度量，本章采用人均能源消费予以度量，并根据其样本均值，划分为高低两组，将能源依赖程度低的组设定为 1，反之则为 0，在实证估计中，通过与绿色采购支出设定交互项，以此观测不同能源依赖程度的地区，绿色采购支出对产业结构绿色转型的异质性。从表 5－13 可知，相对于能源依赖高的地区，在能源依赖程度低的地区，政府绿色采购支出更能促进产业结构绿色转型升级。这可能的原因是，中国是世界上最大的能源消费国，当前能源对于中国产业发展依旧是不可或缺的生产要素，对能源的依赖程度很高，加之当前政府绿色采购支出力度还不高，使得在能源依赖高的地区，对其所形成的倒逼和示范效应不足以弥足企业减少或放弃能源消费的成本，故而未能在能源依赖高的地区促进产业结构绿色转型升级。

表 5－13　绿色采购支出与产业结构绿色转型：能源依赖程度的异质性

变量	(1)	(2)
	横向耦合度	纵向闭合度
绿色采购支出 × 能源依赖程度	0.246**	0.141**
	(0.115)	(0.064)

续表

变量	(1)	(2)
	横向耦合度	纵向闭合度
常数项	-3.092*** (0.482)	-1.728*** (0.283)
控制变量	是	是
省份效应	是	是
年份效应	是	是
样本量	142	142
R^2	0.371	0.780

二、绿色补贴支出影响产业结构绿色转型的实证分析

融资约束是企业是否增加绿色投资和绿色研发的重要考量因素。政府绿色补贴可以通过缓解企业融资约束的程度，弥补企业进行绿色投资和绿色研发的成本，提高绿色技术创新水平，促进产业结构绿色转型。具体来讲，一方面，政府绿色补贴是企业增加绿色研发活动较为重要的资金来源。政府绿色补贴直接为企业绿色研发活动提供了部分资金支持，缓解了企业融资约束，降低了企业因研发活动带来的不确定性风险。另一方面，政府对企业的绿色补贴行为，可以向社会起到信息传递的作用，从而吸引其他非政府的绿色补贴支持企业的研发活动，进一步缓解企业融资约束，弥补企业绿色投资成本，进而激励企业进行绿色投资和绿色研发。可见，企业在融资约束得到缓解后，会通过增加绿色投资和绿色研发，提高自身绿色技术创新水平，随着技术进步，其能源利用效率和碳减排效率也会随之提高，在产业结构层面，实现产业结构绿色转型升级。

（一）实证结果分析

为估计的有效性，本章模型采用双向固定效应方法进行估计，以便尽可能降低内生性问题。表5-14报告了政府绿色补贴支出影响产业结构绿色转型的基准回归结果。第（1）（2）列表示被解释变量为横向耦合度的回归结果，第（3）（4）列表示被解释变量为纵向闭合度的回归

结果。第（1）列为未加入控制变量的估计结果，结果显示，绿色补贴支出变量的估计系数在1%统计水平上显著为正，第（2）列在第（1）列基础上，加入控制变量后，绿色补贴支出变量的估计系数依旧在1%统计水平上显著为正，估计结果保持稳健。这意味着，绿色补贴支出每增加1个单位，会显著促进产业结构绿色转型的横向耦合度指数提高0.388个单位。其经济含义为：提高绿色补贴支出可以促进能源资源、碳排放和产业增加值在三次产业间的合理配置，即提高三次产业间的绿色耦合协调程度。

第（4）列在第（3）列基础上，加入控制变量，绿色补贴支出变量的估计系数为0.212，依旧保持1%的正向显著性水平，表明绿色补贴支出每增加1个单位，将显著促进地方产业结构绿色转型的纵向闭合度指数提高0.212个单位。说明提高绿色补贴支出可以提高各产业的绿色生产能力，实现兼顾节约资源、保护环境和经济增长协同发展的产业结构。

从上述回归结果可见，无论被解释变量为产业结构绿色转型的横向耦合度，还是纵向闭合度，绿色补贴支出变量的估计系数均显著为正，这说明政府绿色补贴支出能够显著促进产业结构绿色转型的横向耦合水平和纵向闭合水平。表明政府绿色补贴能够有效缓解企业融资约束，促进企业绿色投资和增加研发支出，提升绿色技术创新水平，进而促进地区产业结构绿色转型升级。这意味着，改变财政支出结构、提高政府绿色补贴支出能够显著促进地区产业结构绿色转型升级，进而实现经济高质量发展。

表5-14　绿色补贴支出与产业结构绿色转型：基准回归结果

变量	(1)	(2)	(3)	(4)
	横向耦合度		纵向闭合度	
绿色补贴支出	0.703***	0.388***	0.860***	0.212***
	(0.102)	(0.122)	(0.115)	(0.078)
常数项	-0.280***	-1.689***	0.596***	-0.877***
	(0.023)	(0.185)	(0.026)	(0.144)
控制变量	否	是	否	是

续表

变量	(1)	(2)	(3)	(4)
	横向耦合度		纵向闭合度	
省份效应	是	是	是	是
年份效应	是	是	是	是
样本量	360	360	360	360
R^2	0.171	0.424	0.149	0.696

（二）内生性与稳健性检验

地方政府制定绿色补贴政策的动机和能力可能是与当地产业结构绿色转型水平和产业发展水平相关联的。一是地方政府绿色补贴政策的制定和实施可能是依据经济发展及产业调整形势而做出的，比如产业结构绿色转型进入调整期，则地方政府可能相应出台相应的绿色补贴政策，再如经济发展水平较高、产业结构发展较为完善的地区，其财政支出结构也会更偏向于民生性支出，增加社会福利水平；二是地方政府出台绿色补贴政策的能力和水平可能有差别，那些产业绿色发展水平较高的地区，可能会出台更加有效与合理的绿色补贴政策。为此，本章采用五种方法对政策变量的内生性问题进行检验：

（1）所有自变量取滞后一期重新回归。将所有自变量取滞后一期重新回归，可以在一定程度上缓解因反向因果导致的内生性问题，与此同时，还可以检验政府绿色补贴支出对产业结构绿色转型影响的持续效应。表5-15第（1）（2）列报告了相应的回归结果。结果显示，绿色补贴支出滞后一期变量的估计系数至少在5%统计水平上显著为正，这一结论与本章基本结论相符，说明本章基本结论具有一定稳健性。与此同时，也说明政府绿色补贴支出对产业结构绿色转型具有正向持续影响效应。

（2）以绿色补贴支出的滞后项作为工具变量进行回归。一方面，地方政府绿色补贴支出具有一定延续性，故而绿色补贴支出的前一期与当期具有相关性；另一方面，绿色补贴支出滞后项，是事前的行为，对当期产业结构绿色转型指数或扰动项不相关，具有外生性，故而，将绿色补贴支出滞后项作为工具变量满足相关性和外生性的两个约束条件。因此，将其作为工具变量具有一定合理性。表5-15第（3）（4）列报告了相应的回归结果。结果显示，面板 2SLS 第一阶段回归联合检验稳健的 F 值为 195.906，远大于 10，故通过了弱工具变量检验。第（3）（4）列结果还显示，绿色补贴支出变量的估计系数均至少在 5% 统计水平上显著为正，这一结论与基准回归一致，证明了本章选取的工具变量的合理性，说明本章基本结论具有一定稳健性。

表 5-15　所有自变量滞后一期与面板 2SLS 回归结果

变量	(1)	(2)	(3)	(4)
	所有自变量滞后一期		面板 2SLS 回归	
	横向耦合度	纵向闭合度	横向耦合度	纵向闭合度
绿色补贴支出			0.593*** (0.155)	0.216** (0.092)
L. 绿色补贴支出	0.503*** (0.130)	0.201** (0.083)		
常数项	-1.616*** (0.197)	-0.950*** (0.151)	-1.666*** (0.225)	-0.991*** (0.159)
第一阶段 F 值			195.906	195.906
控制变量	是	是	是	是
省份效应	是	是	是	是
年份效应	是	是	是	是
样本量	330	330	330	330
R^2	0.408	0.694	0.411	0.708

（3）采用差分 GMM 和系统 GMM 估计方法回归。有别于最小二乘法、工具变量法和极大似然法等需要满足一定假设才能获得可靠的估计量，动态面板模型的 GMM 估计方法因不需要知道随机误差项的准确分布信息，允许随机误差项存在异方差和序列相关，因而所得到的参数估计量比其他参数估计方法更有效，在模型参数估计中得到广泛应用。本章进一步采用系统 GMM 方法重新估计，将差分 GMM 估计结果也同时列出，作为对照。表 5-16 报告了相应的回归结果。其中，第（1）（2）列为差分 GMM 估计结果，第（3）（4）列为系统 GMM 估计结果。结果显示，无论是差分 GMM 估计结果，还是系统 GMM 估计结果，其 AR（1）、AR（2）和 Sargan 值检验结果显示，扰动项的差分存在一阶自相

关，但不存在二阶自相关，并且满足“所有工具变量均有效”的原假设，表明采用动态面板模型的 GMM 估计方法的合理性和有效性。表 5－16 中，绿色补贴支出变量的估计系数均至少在 5% 统计水平上显著为正，进一步表明本章基本结论具有稳健性。

表 5－16　　差分 GMM 估计和系统 GMM 估计结果

变量	(1)	(2)	(3)	(4)
	差分 GMM		系统 GMM	
	横向耦合度	纵向闭合度	横向耦合度	纵向闭合度
L. 横向耦合度	0.552*** (0.058)		0.547*** (0.051)	
绿色补贴支出	0.116** (0.056)	0.229*** (0.027)	0.015** (0.007)	0.060*** (0.013)
L. 纵向闭合度		0.178*** (0.038)		0.749*** (0.037)
常数项			0.151 (0.405)	−0.982*** (0.203)
控制变量	是	是	是	是
省份效应	是	是	是	是
年份效应	是	是	是	是
AR (1)	0.002	0.010	0.000	0.006
AR (2)	0.898	0.808	0.250	0.364
Hansen J	0.993	0.982	0.980	0.999
样本量	300	300	330	330

（4）更换核心解释变量度量方式。采用人均绿色补贴支出来度量政府绿色补贴支出，为了削弱异方差性，对其进一步取对数处理。表 5－17 中第（1）（2）列报告了相应的估计结果。结果显示，绿色补贴支出变量的系数均显著为正，这一结论与本章基本结论相符，进一步佐证本章基本结论具有稳健性。

（5）排除宏观因素系统性变化进行固定效应估计。考虑到各地区资源禀赋与发展阶段不同，而经济发展水平较高和产业结构较完善的地区更易获得优先发展的机会，因而在政府支持力度和产业绿色发展上拥有先发优势，使得本章实证分析面临内生性问题。为克服这一问题，本章通过设定省份与年份交互项效应，以此缓解政府绿色补贴支出和产业绿色发展可能带来的宏观系统性变化。表5－17中第（3）（4）列报告了相应的回归结果。结果显示，绿色补贴支出变量的估计系数均显著为正，表明在控制宏观因素系统性变化后，实证结果依旧保持稳健。

表5－17　更换核心解释变量度量方式和排除宏观因素系统性变化

变量	(1)	(2)	(3)	(4)
	更换核心解释变量度量方式		排除宏观因素系统性变化	
	横向耦合度	纵向闭合度	横向耦合度	纵向闭合度
绿色补贴支出			0.417***	0.180**
			(0.124)	(0.089)
人均绿色补贴支出	0.023***	0.028***		
	(0.006)	(0.007)		
常数项	−1.826***	−1.051***	−1.793***	−1.071***
	(0.177)	(0.131)	(0.197)	(0.150)
控制变量	是	是	是	是
省份效应	是	是	是	是
年份效应	是	是	是	是
省份×年份效应			是	是
样本量	360	360	360	360
R^2	0.391	0.739	0.428	0.733

（三）传导机制分析

1. 绿色技术创新机制

为了检验绿色技术创新水平是政府绿色补贴支出影响地区产业结构绿色转型的作用机制，表5－18报告了相应的回归结果。关于绿色技术创新指标的度量，前文已做说明，在此不再赘述。结果显示，第（1）列绿色补贴支出变量的估计系数在1%统计水平上显著为正，表明地方政府绿色补贴支出显著促进了当地绿色技术创新水平。第（2）列中绿色技术创新变量和绿色补贴支出变量均显著为正，表明绿色技术创新对产业结构绿色转型的横向耦合发展产生了部分中介效应。第（3）列中绿色技术创新变量在1%统计水平上显著为正，而绿色补贴变量不显著，表明绿色技术创新对产业结构绿色转型的纵向闭合发展产生了完全中介效应。综合来看，这意味着绿色技术创新在推进产业结构绿色转型全过程中发挥着重要作用，不仅促进了各产业间绿色协调耦合发展，还提高了各产业内部绿色生产能力。随着绿色技术创新成果有效转化为企业绿色生产力，不仅可以推动生产生活向绿色低碳转型，而且能够助推能源清洁生产和能源结构转型，助力产业结构的优化升级，从而不断降低能源消耗，减少碳排放量，有效发挥经济社会实现低碳转型发展和降低碳排放的重要引擎作用。

进一步地，由于绿色技术创新在促进产业结构绿色转型的横向耦合发展中起到部分中介效应，可结合估计系数间的关系，进一步求得绿色技术创新效应对横向耦合维度总效应的贡献度约为21.49%。据此，政府绿色补贴支出通过绿色技术创新效应作用于产业结构绿色转型的机制得到验证。

表5-18　　绿色补贴支出与产业结构绿色转型：绿色技术创新机制

变量	(1)	(2)	(3)
	绿色技术创新	横向耦合度	纵向闭合度
绿色技术创新		0.040***	0.052***
		(0.009)	(0.007)
绿色补贴支出	2.087***	0.305**	0.033
	(0.699)	(0.121)	(0.087)
常数项	-3.552***	-1.548***	-0.752***
	(1.058)	(0.183)	(0.132)
控制变量	是	是	是
省份效应	是	是	是
年份效应	是	是	是
样本量	360	360	360
R^2	0.792	0.454	0.770

2. 能源利用效率机制

能源资源是产业结构实现全面绿色转型的重要因素，能源利用效率的高低在一定程度上决定了产业结构绿色转型的程度。关于能源利用效率指标的度量，前文已有详细说明，此处不再赘述。为了检验能源利用效率是政府绿色补贴影响产业结构绿色转型的重要机制，表 5－19 报告了相应的回归结果。结果显示，在第（1）列回归结果中，绿色补贴支出变量的估计系数显著为正，说明绿色补贴支出的增加，可以提高能源利用效率。第（2）（3）列中能源利用效率变量系数显著为正，绿色补贴支出变量的估计系数为正，但不显著，说明能源利用效率的提升促进了产业结构绿色转型升级，无论是在横向耦合维度，还是纵向闭合维度上，均发挥了完全中介效应。这表明地方政府绿色补贴支出能够通过提高能源利用效率的路径，持续降低单位产出能源资源消耗，提高投入产出效率，进而促进产业结构绿色转型，实现从源头和入口形成有效的碳排放控制阀门机制。

表 5－19　　绿色补贴支出与产业结构绿色转型：能源利用效率机制

变量	(1)	(2)	(3)
	能源利用效率	横向耦合度	纵向闭合度
能源利用效率		0.197***	0.161***
		(0.017)	(0.012)
绿色补贴支出	1.397***	0.114	0.081
	(0.336)	(0.106)	(0.078)
常数项	-5.696***	-0.569***	-0.024
	(0.508)	(0.182)	(0.135)
控制变量	是	是	是
省份效应	是	是	是
年份效应	是	是	是
样本量	360	360	360
R^2	0.632	0.592	0.819

3. 碳减排效率机制

进一步检验碳减排效率作为绿色补贴支出影响产业结构绿色转型的重要机制，表 5－20 报告了相应的回归结果。其中，关于碳减排效率指标的度量，前文已有详细说明，此处不再赘述。第（1）列的结果显示，绿色补贴支出变量的估计系数显著为正，表明绿色补贴支出显著提高了碳减排效率。第（2）列结果显示，碳减排效率变量和绿色补贴支出变量的估计系数均显著为正，表明碳减排效率机制对产业结构绿色转型的横向耦合发展产生了部分中介效应。第（3）列结果显示，碳减排效率变量系数显著为正，绿色补贴支出变量的估计系数为正，但不显著，说明碳减排效率机制对产业结构绿色转型产生了完全中介效应。这意味着，提高碳排放强度或控碳技术是绿色补贴支出影响产业结构绿色转型的一个重要机制。进一步地，由于碳减排效率在促进产业结构绿色转型的横向耦合发展中起到部分中介效应，可结合估计系数间的关系，进一步求得碳减排效率对横向耦合维度总效应的贡献度约为 43.58%。综上，政府绿色补贴支出通过碳减排效率作用于产业结构绿色转型的机制得到验证。

表 5－20　　绿色补贴支出与产业结构绿色转型：碳减排效率机制

变量	(1)	(2)	(3)
	碳减排效率	横向耦合度	纵向闭合度
碳减排效率		0.037***	0.031***
		(0.003)	(0.003)
绿色补贴支出	4.572***	0.219**	0.002
	(1.648)	(0.107)	(0.079)
常数项	－11.360***	－1.268***	－0.587***
	(2.494)	(0.165)	(0.122)
控制变量	是	是	是
省份效应	是	是	是
年份效应	是	是	是
样本量	360	360	360
R^2	0.383	0.568	0.810

（四）进一步分析

1. 地区税负水平的异质性

表 5－21 报告了绿色补贴支出对产业结构绿色转型的影响效应在不同宏观税负水平上的异质性结果。其中，关于税负水平指标的度量，本

章采用税收收入占地区 GDP 比重度量。借鉴李青原和肖泽华（2020）的思路，按照样本期内税负水平的均值将地区税负水平程度分为高低两组。第（1）（2）列表示被解释变量为横向耦合度的回归结果，第（3）（4）列表示被解释变量为纵向闭合度的回归结果。结果显示，相较于税负水平低的地区，在税负水平高的地区，增加政府绿色补贴支出可以显著促进地区产业结构绿色转型的横向耦合水平和纵向闭合水平。这一方面说明了，政府绿色补贴支出对产业结构绿色转型的影响在不同税负水平的地区存在异质性，另一方面也说明了宏观税负是影响地区创新活力和企业生产效率的重要原因，进而影响产业结构绿色转型；而地方政府通过提高绿色补贴支出的方式，可以降低企业税收成本，缓解融资压力，推动企业增加绿色研发，提高绿色生产能力，实现绿色转型升级。

表 5-21　　绿色补贴支出与产业结构绿色转型：宏观税负的异质性

变量	(1)	(2)	(3)	(4)
	横向耦合度		纵向闭合度	
	税负水平高	税负水平低	税负水平高	税负水平低
绿色补贴支出	0.386**	-0.269	0.192**	0.010
	(0.154)	(0.306)	(0.091)	(0.234)
常数项	-0.569*	-2.001***	-1.362***	-0.547***
	(0.288)	(0.268)	(0.169)	(0.206)
控制变量	是	是	是	是
省份效应	是	是	是	是
年份效应	是	是	是	是
样本量	135	225	135	225
R^2	0.461	0.505	0.903	0.677

2. 工业化程度的异质性

表 5-22 报告了绿色补贴支出在不同工业化程度的地区对产业结构绿色转型的异质性影响。其中，关于工业化程度指标的度量，前文已有详细说明，在此不再赘述。结果显示，对于工业化程度高的地区，政府绿色补贴支出对产业结构绿色转型的横向耦合度和纵向闭合度均无显著影响；而对于工业化程度低的地区，政府绿色补贴支出对产业结构绿色

转型的横向耦合度和纵向闭合度均产生了显著正向影响。这可能的原因是，相较于工业化程度低的地区，工业化程度更高的地区，对能源利用和依赖更强，产生的污染程度更大，因而推动产业结构绿色转型的难度也更大，政府绿色补贴支出的激励不足以满足该地区（尤其是重工业）产业为节能减排所付出的成本。这意味着，一方面，相较于工业化程度高的地区，在工业化水平低的地区，增加政府绿色补贴支出，更能显著促进地区产业结构绿色转型升级；另一方面，对于工业化程度高的地区，要实现节能减排和产业结构绿色转型升级，需要在提高工业（特别是重工业）能源利用效率和调整工业（特别是重工业）结构上着手，降低高污染产业的比重，大力发展具有高附加值的技术密集型产业，通过提高绿色技术创新水平，提高能源利用效率和碳减排效率，实现产业结构绿色转型升级。

表 5－22　　绿色补贴支出与产业结构绿色转型：工业化程度的异质性

变量	(1)	(2)	(3)	(4)
	横向耦合度		纵向闭合度	
	工业化程度高	工业化程度低	工业化程度高	工业化程度低
绿色补贴支出	0. 130	0. 454 ***	0. 111	0. 340 ***
	(0. 214)	(0. 113)	(0. 152)	(0. 106)
常数项	－1. 889 ***	－1. 174 ***	－0. 970 ***	－0. 744 ***
	(0. 242)	(0. 265)	(0. 172)	(0. 250)
控制变量	是	是	是	是
省份效应	是	是	是	是
年份效应	是	是	是	是
样本量	228	132	228	132
R^2	0. 444	0. 534	0. 753	0. 634

3. 知识产权保护程度的异质性

表 5－23 报告了绿色补助支出在不同知识产权保护程度的地区对产业结构绿色转型的异质性影响。其中，关于知识产权保护程度的指标度量，前文已有详细说明，在此不再赘述。结果显示，第（1）（2）列表示被解释变量为横向耦合度的回归结果，第（3）（4）列表示被解释变

量为纵向闭合度的回归结果。结果显示，相对于知识产权保护程度高的地区，在知识产权保护低的地区，增加政府绿色补贴支出，可以显著促进地区产业结构绿色转型的横向耦合度和纵向闭合度，即更能促进该地区各产业间实现绿色耦合协调发展和提高各产业内部绿色生产能力。本章的结论与张杰等（2015）的研究保持一致。这意味着，在知识产权保护程度低的地区，更需要地方政府的绿色补贴支持地区产业结构绿色转型升级。

表 5－23　绿色补贴支出与产业结构绿色转型：知识产权保护程度的异质性

变量	(1)	(2)	(3)	(4)
	横向耦合度		纵向闭合度	
	知识产权保护程度高	知识产权保护程度低	知识产权保护程度高	知识产权保护程度低
绿色补贴支出	0.310	0.420**	0.112	0.298***
	(0.207)	(0.182)	(0.117)	(0.107)
常数项	－1.902***	－1.492***	－1.041***	－0.724***
	(0.249)	(0.291)	(0.198)	(0.215)
控制变量	是	是	是	是
省份效应	是	是	是	是
年份效应	是	是	是	是
样本量	193	167	193	167
R^2	0.446	0.470	0.717	0.680

4. 能源依赖程度的异质性

表 5－24 报告了政府绿色补贴支出在不同能源依赖程度地区对产业结构绿色转型的异质性影响。其中，关于能源依赖程度指标的度量，前文已做详细说明，在此不再赘述。从表 5－24 可知，无论被解释变量为横向耦合度还是纵向闭合度，相对于能源依赖高的地区，在能源依赖程度低的地区，政府绿色补贴支出更能促进产业结构绿色转型升级。这可能的原因是，中国是世界上最大的能源消费国，当前能源对于中国产业发展依旧是必不或缺的生产要素，对能源的依赖程度很高，加之当前政府绿色补贴支出力度还不高，使得在能源依赖高的地区，政府绿色补贴

对缓解企业融资约束和激励企业绿色技术创新的动力不足，故而未能在能源依赖高的地区促进产业结构绿色转型升级。

表5-24　绿色补贴支出与产业结构绿色转型：能源依赖程度的异质性

变量	(1)	(2)	(3)	(4)
	横向耦合度		纵向闭合度	
	能源依赖程度高	能源依赖程度低	能源依赖程度高	能源依赖程度低
绿色补贴支出	0.108 (0.222)	0.256** (0.103)	0.233 (0.148)	0.227*** (0.083)
常数项	-0.707*** (0.229)	-1.639*** (0.199)	-1.025*** (0.172)	-0.347* (0.192)
控制变量	是	是	是	是
省份效应	是	是	是	是
年份效应	是	是	是	是
样本量	127	233	127	233
R^2	0.788	0.423	0.854	0.688

三、绿色投资性支出影响产业结构绿色转型的实证分析

不同于其他控制型环境规制措施，政府绿色投资性支出的特殊性在于具有社会投资和环保规制的双重属性。政府绿色投资性支出对产业结构绿色转型的作用机理，可以从“直接效应”和“间接效应”两个方面发挥作用。在直接效应方面，政府绿色投资性支出为企业进行绿色技术创新提供了直接的资金支持，企业在获得绿色投资后，通过加大绿色研发投入，提高绿色技术创新水平，随着技术进步，会提高自身能源利用效率和碳减排效率，实现清洁低碳生产，进而促进整个产业结构实现绿色化转升级。在间接效应方面，政府绿色投资性支出通过政策的导向作用，并通过税收、补贴、折旧政策等，引导非政府投资向绿色低碳行业集聚，引导非政府部门增加绿色投资规模和投资结构，形成绿色发展的产业生态，促进整个产业结构绿色转型升级。

（一）实证结果分析

为估计的有效性，采用双向固定效应方法进行估计，以便尽可能降

低内生性问题。表 5 - 25 报告了政府绿色投资性支出影响产业结构绿色转型的基准回归结果。其中，第（1）（2）列表示被解释变量为横向耦合度的回归结果，第（3）（4）列表示被解释变量为纵向闭合度的回归结果。结果显示，第（1）列为未加入控制变量的估计结果，绿色投资性支出变量的估计系数在 1% 统计水平上显著为正，第（2）列在第（1）列基础上，加入控制变量后，绿色补贴支出变量的估计系数依旧在 1% 统计水平上显著为正，估计结果保持稳健。这意味着，绿色投资性支出每增加 1 个单位，会显著促进产业结构绿色转型的横向耦合度指数提高 0.388 个单位。其经济含义为：提高绿色投资性支出可以促进能源资源、碳排放和产业增加值在三次产业间的合理配置，即提高三次产业间的绿色耦合协调程度。

第（4）列在第（3）列基础上，加入控制变量，绿色投资性支出变量的估计系数为 0.916，依旧保持 5% 的正向显著性水平，表明绿色补贴支出每增加 1 个单位，将显著促进地方产业结构绿色转型的纵向闭合度指数提高 0.916 个单位。说明提高绿色投资性支出可以提高各产业的绿色生产能力，实现兼顾节约资源、保护环境和经济增长协同发展的产业结构。

从上述回归结果可见，无论被解释变量为产业结构绿色转型的横向耦合度，还是纵向闭合度，绿色投资性支出变量的估计系数均显著为正，这说明政府绿色投资性支出能够显著促进产业结构绿色转型的横向耦合水平和纵向闭合水平。表明政府绿色投资性能够有效缓解企业融资约束，促进企业绿色投资和增加研发支出，提升绿色技术创新水平，进而促地区产业结构绿色转型升级。

表 5 - 25　　绿色投资性支出与产业结构绿色转型：基准回归结果

变量	(1)	(2)	(3)	(4)
	横向耦合度		纵向闭合度	
绿色投资性支出	1.712***	2.320***	0.413**	0.916**
	(0.567)	(0.549)	(0.205)	(0.453)
常数项	-0.308***	-1.494***	0.641***	-1.047***
	(0.022)	(0.387)	(0.012)	(0.143)

续表

变量	(1)	(2)	(3)	(4)
	横向耦合度		纵向闭合度	
控制变量	否	是	否	是
省份效应	是	是	是	是
年份效应	是	是	是	是
样本量	360	360	360	360
R^2	0.222	0.426	0.165	0.693

（二）内生性与稳健性检验

考虑到模型可能因遗漏变量、反向因果等因素存在内生性问题，本章进行如下检验。

（1）所有自变量取滞后一期重新回归。将所有自变量取滞后一期重新回归，可以在一定程度上缓解因反向因果导致的内生性问题，与此同时，还可以检验政府绿色投资性支出对产业结构绿色转型影响的持续效应。表5－26中第（1）（2）列报告了相应的回归结果。结果显示，绿色投资性支出滞后一期变量的估计系数至少在5%统计水平上显著为正，这一结论与本章基本结论相符，说明本章基本结论具有一定稳健性，不存在反向因果问题。与此同时，也说明政府绿色投资性支出对产业结构绿色转型具有正向持续影响效应。

（2）以绿色补贴支出的滞后项作为工具变量进行回归。一方面，地方政府绿色投资性支出具有一定延续性，故而绿色投资性支出的前一期与当期具有相关性；另一方面，绿色投资性支出滞后项，是事前的行为，对当期产业结构绿色转型指数或扰动项不相关，具有外生性，故而，将绿色投资性支出滞后项作为工具变量满足相关性和外生性的两个约束条件。因此，将其作为工具变量具有一定合理性。表5－26第（3）（4）列报告了相应的回归结果。结果显示，面板2SLS第一阶段回归联合检验稳健的F值为64.775，远大于10，故通过了弱工具变量检验。第（3）（4）列结果还显示，绿色投资性支出变量的估计系数均在1%统计水平上显著为正，这一结论与基准回归一致，证明了本章选取的工具变量的合理性，说明本章基本结论具有一定稳健性。

表 5 -26　　所有自变量滞后一期与面板 2SLS 回归结果

变量	(1)	(2)	(3)	(4)
	所有自变量滞后一期		面板 2SLS 回归	
	横向耦合度	纵向闭合度	横向耦合度	纵向闭合度
绿色投资性支出			4.167 ***	1.369 **
			(1.233)	(0.641)
L. 绿色投资性支出	2.080 ***	1.258 **		
	(0.636)	(0.511)		
常数项	-1.409 ***	-1.142 ***	-1.804 ***	-1.209 ***
	(0.417)	(0.149)	(0.524)	(0.151)
第一阶段 F 值			64.775	64.775
控制变量	是	是	是	是
省份效应	是	是	是	是
年份效应	是	是	是	是
样本量	330	330	330	330
R^2	0.423	0.695	0.847	0.706

（3）采用差分 GMM 和系统 GMM 估计方法回归。表 5 -27 报告了相应的回归结果。其中，第（1）（2）列为差分 GMM 估计结果，第（3）（4）列为系统 GMM 估计结果。结果显示，无论是差分 GMM 估计结果，还是系统 GMM 估计结果，其 AR（1）、AR（2）和 Sargan 值检验结果显示，扰动项的差分存在一阶自相关，但不存在二阶自相关，并且满足“所有工具变量均有效”的原假设，表明采用动态面板模型的 GMM 估计方法的合理性和有效性。表中，绿色投资性支出变量的估计系数均至少在 5% 统计水平上显著为正，进一步表明本章基本结论具有稳健性。

表 5 -27　　差分 GMM 估计和系统 GMM 估计结果

变量	(1)	(2)	(3)	(4)
	差分 GMM		系统 GMM	
	横向耦合度	纵向闭合度	横向耦合度	纵向闭合度
L. 横向耦合度	0.568 ***		0.520 ***	
	(0.052)		(0.064)	

续表

变量	(1)	(2)	(3)	(4)
	差分 GMM		系统 GMM	
	横向耦合度	纵向闭合度	横向耦合度	纵向闭合度
绿色投资性支出	0.187** (0.093)	2.489*** (0.357)	0.031** (0.015)	1.424*** (0.273)
L. 纵向闭合度		0.211*** (0.044)		0.698*** (0.039)
常数项			-0.125 (0.571)	-0.948*** (0.312)
控制变量	是	是	是	是
省份效应	是	是	是	是
年份效应	是	是	是	是
AR (1)	0.001	0.003	0.001	0.005
AR (2)	0.929	0.203	0.262	0.242
Hansen J	0.990	0.988	0.898	0.796
样本量	300	300	330	330

(4) 更换核心解释变量度量方式。采用人均绿色投资性支出来度量政府绿色补贴支出，为了削弱异方差性，对其进一步取对数处理。表5-28中第（1）（2）列报告了相应的估计结果。结果显示，绿色投资性支出变量的系数均显著为正，这一结论与本章基本结论相符，进一步佐证本章基本结论具有稳健性。

(5) 排除其他政策的干扰。影响本章基准回归结果可靠性的另一个潜在问题是混淆了其他政策的效果，特别是在环境规制政策。环境规制可以通过对企业施加环境约束，鼓励企业进行环境技术研发和清洁生产设备投资，进而从源头上控制污染的产生和排放，实现产业绿色转型。为了排除这一政策对本章结论的干扰，借鉴伍格致和游达明（2022）的做法，将其作为控制变量加入基准模型，进行重新回归。关于环境规制变量的度量，本章借鉴钟茂初等（2015）和时乐乐和赵军（2018）的做法，采用环境污染治理投资总额衡量环境规制，为了消除人口因素和数据异方差的影响，本章对其取人均值并做对数处理。

表 5-28 中第（3）（4）列报告了相应的估计结果。结果显示，在控制了环境规制政策后，绿色投资性支出变量的估计系数均显著为正，这一结论与本章基准结论相符，说明本章基准结论具有一定稳健性。

表 5-28　更换核心解释变量度量方式和排除环境规制政策的干扰

变量	(1)	(2)	(3)	(4)
	更换核心解释变量度量方式		排除环境规制政策的干扰	
	横向耦合度	纵向闭合度	横向耦合度	纵向闭合度
绿色投资性支出			2.249***	1.209***
			(0.557)	(0.458)
人均绿色投资性支出	0.094***	0.054***		
	(0.017)	(0.011)		
常数项	-1.794***	-0.693***	-1.367***	-1.452***
	(0.387)	(0.148)	(0.422)	(0.152)
控制变量	是	是	是	是
省份效应	是	是	是	是
年份效应	是	是	是	是
样本量	360	360	360	360
R^2	0.450	0.379	0.427	0.721

（三）传导机制分析

1. 绿色技术创新机制

为了检验绿色技术创新水平是政府绿色投资性支出影响地区产业结构绿色转型的作用机制，表 5-29 报告了相应的回归结果。关于绿色技术创新指标的度量，前文已做说明，在此不再赘述。结果显示，第（1）列绿色投资性支出变量的估计系数在 1% 统计水平上显著为正，表明地方政府绿色投资性支出显著促进了当地绿色技术创新水平。第（2）列中绿色技术创新变量和绿色投资性支出变量均显著为正，表明绿色技术创新对产业结构绿色转型的横向耦合发展产生了部分中介效应。第（3）列中绿色技术创新变量在 1% 统计水平上显著为正，而绿色投资性支出变量不显著，表明绿色技术创新对产业结构绿色转型的纵向闭合发展产生了完全中介效应。综合来看，这意味着绿色技术创新在推进产业结构绿色转型全过程中发挥着重要作用，不仅促进了各产业间绿色协调耦合发展，还提高了各产业内部绿色生产能力。随着绿色技术创新成果有效转化为企业绿色生产力，不仅可以推动生产生活向绿色低碳转型，而且能够助推能源清洁生产和能源结构转型，助力产业结构的优化升级，从而不断降低能源消耗，减少碳排放量，有效发挥经济社会实现低碳转型发展和降低碳排放的重要引擎作用。

进一步地，由于绿色技术创新在促进产业结构绿色转型的横向耦合发展中起到部分中介效应，可结合估计系数间的关系，进一步求得绿色技术创新效应对横向耦合维度总效应的贡献度约为 5.52%。据此，政府绿色投资性支出通过绿色技术创新效应作用于产业结构绿色转型的机制得到验证。

表 5-29　绿色投资性支出与产业结构绿色转型：绿色技术创新机制

变量	(1)	(2)	(3)
	绿色技术创新	横向耦合度	纵向闭合度
绿色技术创新		0.041***	0.055***
		(0.009)	(0.007)
绿色投资性支出	2.567***	1.801***	0.735
	(3.291)	(0.545)	(0.452)
常数项	3.822	-1.652***	-0.709***
	(2.319)	(0.377)	(0.131)
控制变量	是	是	是
省份效应	是	是	是
年份效应	是	是	是
样本量	360	360	360
R^2	0.811	0.461	0.772

2. 能源利用效率机制

能源资源是产业结构实现全面绿色转型的重要因素，能源利用效率的高低在一定程度上决定了产业结构绿色转型的程度。关于能源利用效率指标的度量，前文已有详细说明，此处不再赘述。为了检验能源利用效率是政府绿色投资性支出影响产业结构绿色转型的重要机制，

表5－30报告了相应的回归结果。结果显示，在第（1）列回归结果中，绿色投资性支出变量的估计系数显著为正，说明绿色投资性支出的增加，可以提高能源利用效率。第（2）（3）列中能源利用效率变量和绿色投资性支出变量的系数均显著为正，说明能源利用效率的提升促进了产业结构绿色转型升级，无论是在横向耦合维度，还是纵向闭合维度上，均发挥了部分中介效应。这表明地方政府绿色投资性支出能够通过提高能源利用效率的路径，持续降低单位产出能源资源消耗，提高投入产出效率，进而促进产业结构绿色转型，实现从源头和入口形成有效的碳排放控制阀门机制。

进一步地，由于能源利用效率在促进产业结构绿色转型的横向耦合和纵向闭合发展中起到部分中介效应，可结合估计系数间的关系，进一步求得能源利用效率对横向耦合维度和纵向闭合维度的总效应的贡献度分别约为61.08%和49.75%。据此，政府绿色投资性支出通过能源利用效应作用于产业结构绿色转型的机制得到验证。

表5－30　绿色投资性支出与产业结构绿色转型：能源利用效率机制

变量	（1）	（2）	（3）
	能源利用效率	横向耦合度	纵向闭合度
能源利用效率		0.210***	0.170***
		（0.017）	（0.012）
绿色投资性支出	8.683***	1.162**	1.491***
	（1.722）	（0.551）	（0.401）
常数项	－5.809***	－0.614***	－0.022
	（0.489）	（0.180）	（0.131）
控制变量	是	是	是
省份效应	是	是	是
年份效应	是	是	是
样本量	360	360	360
R^2	0.641	0.596	0.826

3. 碳减排效率机制

进一步检验碳减排效率作为绿色投资性支出影响产业结构绿色转型

的重要机制，表5－31报告了相应的回归结果。其中，关于碳减排效率指标的度量，前文已有详细说明，在此不再赘述。第（1）列的结果显示，绿色投资性支出变量的估计系数显著为正，表明绿色投资性支出显著提高了碳减排效率。第（2）（3）列结果显示，碳减排效率变量和绿色投资性支出变量的估计系数均显著为正，表明碳减排效率机制对产业结构绿色转型的横向耦合和纵向闭合发展产生了部分中介效应。这意味着，提高碳排放强度或控碳技术是绿色投资性支出影响产业结构绿色转型的一个重要机制。进一步地，由于碳减排效率在促进产业结构绿色转型的横向耦合和纵向闭合发展中起到部分中介效应，可结合估计系数间的关系，进一步求得碳减排效率对横向耦合维度和纵向闭合维度的总效应的贡献度分别约为5.33%和4.77%。据此，政府绿色投资性支出通过碳减排效率作用于产业结构绿色转型的机制得到验证。

表5－31　　绿色投资性支出与产业结构绿色转型：碳减排效率机制

变量	(1)	(2)	(3)
	碳减排效率	横向耦合度	纵向闭合度
碳减排效率		0.082***	0.032***
		(0.010)	(0.003)
绿色投资性支出	1.507**	2.196***	0.963**
	(0.685)	(0.498)	(0.409)
常数项	－14.577***	－0.295	－0.634***
	(1.992)	(0.380)	(0.118)
控制变量	是	是	是
省份效应	是	是	是
年份效应	是	是	是
样本量	360	360	360
R^2	0.759	0.529	0.813

（四）进一步分析

1. 地区税负水平的异质性

表5－32报告了绿色投资性支出对产业结构绿色转型的影响效应在不同宏观税负水平上的异质性结果。其中，关于税负水平指标的度量，

本章采用税收收入占地区 GDP 比重度量。借鉴李青原和肖泽华（2020）的思路，按照样本期内税负水平的均值将地区税负水平程度分为高低两组。第（1）（2）列表示被解释变量为横向耦合度的回归结果，第（3）（4）列表示被解释变量为纵向闭合度的回归结果。结果显示，相较于税负水平低的地区，在税负水平高的地区，增加政府绿色投资性支出可以显著促进地区产业结构绿色转型的横向耦合水平和纵向闭合水平。这一方面说明了，政府绿色投资性支出对产业结构绿色转型的影响在不同税负水平的地区存在异质性，另一方面也说明了宏观税负是影响地区创新活力和企业生产效率的重要原因，进而影响产业结构绿色转型；而地方政府通过提高绿色投资性支出的方式，可以降低企业税收成本，缓解融资压力，推动企业增加绿色研发和绿色投资，提高绿色生产能力，实现绿色转型升级。

表 5－32　　　绿色投资性支出与产业结构绿色转型：宏观税负的异质性

变量	(1)	(2)	(3)	(4)
	横向耦合度		纵向闭合度	
	税负水平高	税负水平低	税负水平高	税负水平低
绿色投资性支出	2.133***	1.023	1.647***	0.518
	(0.640)	(0.861)	(0.565)	(0.402)
常数项	－2.309***	－0.081	－1.486***	1.487***
	(0.420)	(0.654)	(0.164)	(0.305)
控制变量	是	是	是	是
省份效应	是	是	是	是
年份效应	是	是	是	是
样本量	135	225	135	225
R^2	0.565	0.463	0.906	0.455

2. 工业化程度的异质性

本章进一步观察政府绿色投资性支出在不同工业化程度的地区对产业结构绿色转型的异质性影响。在工业化程度的指标度量上，本章主要参考标准文献的方法，以第二产业增加值占地区生产总值的比重来衡量各地区工业化程度，并依据样本期内工业化程度的均值将地区工业化程度分为高低两组。表5－33报告了相应的回归结果。结果显示，对于工业化程度高的地区，政府绿色投资性支出对产业结构绿色转型的横向耦合度和纵向闭合度均无显著影响；而对于工业化程度低的地区，政府绿色投资性支出对产业结构绿色转型的横向耦合度和纵向闭合度均产生了显著正向影响。这可能的原因是，相较于工业化程度低的地区，工业化程度更高的地区，对能源利用和依赖更强，产生的污染程度更大，因而推动产业结构绿色转型的难度也更大，政府绿色投资性支出的激励不足以满足该地区（尤其是重工业）产业为节能减排所付出的成本。这意味着，一方面，相较于工业化程度高的地区，在工业化水平低的地区，增加政府绿色投资性支出，更能显著促进地区产业结构绿色转型升级；另一方面，对于工业化程度高的地区，要实现节能减排和产业结构绿色转型升级，需要在提高工业（特别是重工业）能源利用效率和调整工业（特别是重工业）结构上着手，降低高污染产业的比重，大力发展具有高附加值的技术密集型产业，通过提高绿色技术创新水平，提高能源利用效率和碳减排效率，实现产业结构绿色转型升级。

表5－33　绿色投资性支出与产业结构绿色转型：工业化程度的异质性

变量	(1)	(2)	(3)	(4)
	横向耦合度		纵向闭合度	
	工业化程度高	工业化程度低	工业化程度高	工业化程度低
绿色投资性支出	0.731	2.384***	0.800	2.828***
	(0.733)	(0.771)	(0.580)	(0.845)
常数项	-1.887***	-1.267***	-0.883***	-1.088***
	(0.644)	(0.427)	(0.182)	(0.232)
控制变量	是	是	是	是
省份效应	是	是	是	是
年份效应	是	是	是	是
样本量	228	132	228	132
R^2	0.485	0.578	0.755	0.637

3. 知识产权保护程度的异质性

表5－34报告了政府绿色投资性支出对产业结构绿色化的影响在不

同知识产权保护程度地区的异质性影响。其中，知识产权保护程度的度量，本章借鉴 Mario（2007）、吴超鹏和唐菂（2016）的做法，采用各省份专利侵权纠纷的结案数占专利侵权纠纷案件总数的比重度量地区的知识产权保护程度，其值越大，表明该省份知识产权保护程度越高，其数据来源于《中国知识产权年鉴》和 CSMAR 数据库。本章按照样本期内知识产权保护程度的均值将地区知识产权保护程度分为高低两组。第（1）（2）列表示被解释变量为横向耦合度的回归结果，第（3）（4）列表示被解释变量为纵向闭合度的回归结果。结果显示，相对于知识产权保护程度低的地区，在知识产权保护高的地区，增加政府绿色投资性支出，可以显著促进地区产业结构绿色转型的横向耦合度和纵向闭合度，即更能促进该地区各产业间实现绿色耦合协调发展和提高各产业内部绿色生产能力。这意味着，在知识产权保护程度高的地区，更需要地方政府的绿色投资支持地区产业结构绿色转型升级。

表 5－34 绿色投资性支出与产业结构绿色转型：知识产权保护程度的异质性

变量	(1)	(2)	(3)	(4)
	横向耦合度		纵向闭合度	
	知识产权保护程度高	知识产权保护程度低	知识产权保护程度高	知识产权保护程度低
绿色投资性支出	4.043***	1.653	0.845**	0.675
	(0.782)	(1.066)	(0.416)	(0.688)
常数项	－1.368**	－1.482**	－1.139***	－0.956***
	(0.567)	(0.635)	(0.194)	(0.215)
控制变量	是	是	是	是
省份效应	是	是	是	是
年份效应	是	是	是	是
样本量	193	167	193	167
R^2	0.512	0.455	0.718	0.668

4. 能源依赖程度的异质性

表 5－35 报告了政府绿色投资性支出在不同能源依赖程度地区对产业结构绿色转型的异质性影响。其中，关于能源依赖程度指标的度量，

前文已做详细说明，在此不再赘述。从表5－35可知，无论被解释变量为横向耦合度还是纵向闭合度，相对于能源依赖低的地区，在能源依赖程度高的地区，政府绿色投资性支出更能促进产业结构绿色转型升级。这可能的原因是，中国是世界上最大的能源消费国，当前能源对于中国产业发展依旧是必不或缺的生产要素，对能源的依赖程度很高，作为缓解企业融资约束和激励企业进行绿色技术创新重要资金基础，政府绿色投资性支出不仅可以直接提供丰厚的资金支持，还可以引导非政府的绿色投资加入绿色投资者的行列，形成向产业绿色低碳行业聚集，从而实现整个产业结构的绿色转型升级。

表5－35　绿色投资性支出与产业结构绿色转型：能源依赖程度的异质性

变量	(1)	(2)	(3)	(4)
	横向耦合度		纵向闭合度	
	能源依赖程度高	能源依赖程度低	能源依赖程度高	能源依赖程度低
绿色投资性支出	3.119***	0.344	1.392**	0.928
	(0.804)	(0.524)	(0.676)	(0.590)
常数项	－1.377*	－1.102***	－0.509***	－1.197***
	(0.811)	(0.292)	(0.181)	(0.182)
控制变量	是	是	是	是
省份效应	是	是	是	是
年份效应	是	是	是	是
样本量	127	233	127	233
R^2	0.789	0.382	0.683	0.852

第三节　间接促进绿色发展的财政支出影响产业结构绿色转型的实证分析

间接促进绿色发展的财政支出是指可以通过促进资源流动、人力资本积累和技术创新等渠道来为产业绿色转型提供支持的财政支出项目。

一般来讲，间接促进绿色发展的财政支出包括很多支出项目，结合本书研究的主题和目的以及已有文献的研究基础（周业安等，2012；李华和俞卫，2013；卞元超等，2020；高培勇等，2020；贾婷月等，2022），本章主要选取交通运输支出、科教文卫支出等进行实证考察。其中，交通运输支出是生产性财政支出的重要组成部分，是政府为了修正市场在交通运输领域的失灵现象、弥补私人投资不足、直接投资交通运输所发生的财政支出，对社会经济稳定运行和可持续增长具有重要支持作用。合理的交通运输支出规模有利于促进要素资源包括高素质人才的流动，实现人力资源的优化配置，从而有助于提升辖区内人力资本水平和技术创新产出，为产业结构绿色转型提供外部环境支持。而科教文卫类支出作为民生性财政支出的主要组成部分，在积累人力资本和促进技术创新等方面同样发挥着重要作用（陈思霞和卢洪友，2014），可以为绿色技术创新提供良好的外部环境，进而推动产业结构绿色转型升级。其中，教育支出是指一个国家用于教育方面的全部开支；医疗卫生支出是指财政用于医疗、卫生、保健服务方面的支出；科技支出是指政府为支持科技活动而安排的经费支出。

一、交通运输支出影响产业结构绿色转型的实证分析

表5－36报告了交通运输支出对产业结构绿色转型影响的回归结果。其中，关于交通运输支出指标的度量，本章主要选取交通运输支出占地方财政支出的比重予以度量。回归结果显示，从线性估计结果看，第（1）（3）列结果显示，提高交通运输支出均会显著负向影响产业结构绿色转型的横向耦合度和纵向闭合度。从非线性估计结果看，交通运输支出与产业结构绿色转型的横向耦合度和纵向闭合度均存在显著的倒“U”形关系，其拐点值分别约为5.96%和6.12%。在样本期内，交通运输支出均值约为6.30%。这意味着，中国当前的交通运输支出已迈过倒“U”形曲线的拐点值，即超过了正向促进产业结构绿色转型升级的最优占比值。其原因可能是，一方面，作为生产性支出的重要组成部分，当前我国在交通运输支出方面的投入比例过高，已经超过了促进产业结构绿色转型的最优占比或规模，使得增加交通运输支出，反而抑制

了私人部门的投资活动，产生挤出效应；另一方面，与交通运输财政支出自身属性有关，其主要是通过增加要素投入，形成物质资本的积累，进而作用于经济效率的提升，但这种模式也是高污染排放的模式，不利于促进企业绿色技术创新，从而抑制经济可持续发展和绿色转型升级。这一结论也进一步证实了我国财政支出结构存在“重基础设施建设，轻人力资本等民生性支出”的典型事实。因此，当前若进一步提高交通运输支出占比，则将会进一步挤占民生性财政支出对产业结构绿色转型的支持。鉴于此，后续将不再对交通运输支出对产业结构绿色转型的影响展开进一步分析。

表 5-36　　交通运输支出影响产业结构绿色转型的检验结果

变量	(1)	(2)	(3)	(4)
	横向耦合度		纵向闭合度	
交通运输支出	-0.294** (0.145)	0.650** (0.323)	-0.147*** (0.056)	0.887*** (0.339)
交通运输支出平方		-5.453** (2.601)		-7.247*** (2.766)
常数项	-1.671*** (0.222)	-1.790*** (0.225)	-0.850*** (0.187)	-1.035*** (0.186)
控制变量	是	是	是	是
省份效应	是	是	是	是
年份效应	是	是	是	是
样本量	360	360	360	360
R^2	0.416	0.427	0.663	0.683

二、科教文卫支出影响产业结构绿色转型的实证分析

（一）基准回归结果

表 5-37 报告了科教文卫支出影响产业结构绿色转型的基准回归结果。第（1）至（3）列表示被解释变量为横向耦合度的回归结果，第（4）至（6）列表示被解释变量为纵向闭合度的回归结果。结果显示，第（1）列为未加入控制变量的估计结果，科教文卫类支出占比变量的

估计系数在1%统计水平上显著为正，第（2）列在第（1）列基础上，加入控制变量后，科教文卫支出变量的估计系数依旧在1%统计水平上显著为正，估计结果保持稳健。这意味着，科教文卫支出每增加1个单位，会显著促进产业结构绿色转型的横向耦合度指数提高0.604个单位。

第（5）列在第（4）列基础上，加入控制变量，科教文卫支出变量的估计系数为0.501，依旧保持1%的正向显著性水平，表明科教文卫支出每增加1个单位，将显著促进地方产业结构绿色转型的纵向闭合度指数提高0.501个单位。

从上述回归结果可见，在暂且不考虑科教文卫支出的非线性效应下，无论被解释变量为横向耦合度，还是纵向闭合度，科教文卫支出变量的估计系数均显著为正，这说明科教文卫支出能够显著促进产业结构绿色转型的横向耦合水平和纵向闭合水平，初步验证了本章的理论假设。这意味着，改变财政支出结构，提高科教文卫支出占比能够显著促进地区产业结构绿色转型升级。

表5-37　科教文卫支出与产业结构绿色转型：基准回归结果

变量	(1)	(2)	(3)	(4)	(5)	(6)
	横向耦合度			纵向闭合度		
科教文卫支出	0.503***	0.604***	5.967***	0.496**	0.501***	3.344***
	(0.194)	(0.174)	(1.497)	(0.221)	(0.147)	(1.276)
科教文卫支出平方			-5.914***			-3.135**
			(1.640)			(1.398)
常数项	-0.473***	-1.943***	-3.070***	0.412***	-1.019***	-1.616***
	(0.088)	(0.177)	(0.358)	(0.100)	(0.149)	(0.305)
控制变量	否	是	是	否	是	是
省份效应	是	是	是	是	是	是
年份效应	是	是	是	是	是	是
样本量	360	360	360	360	360	360
R^2	0.076	0.434	0.454	0.025	0.673	0.678

注：***、**、*分别表示1%、5%、10%的显著性水平，括号内为稳健标准误，下同。

正如前文分析，如果科教文卫支出占比过高，则意味着（特别是）

生产性支出占比过低，这将导致经济或产业发展所必要的基本建设支出不足，进而抑制市场资源配置效率和经济发展的稳定。因此，科教文卫支出对产业结构绿色转型的影响可能存在非线性效应。为了检验这一非线性效应的存在性，将科教文卫支出平方变量加入基准模型，其回归结果如表 5 - 37 中第（3）、（6）列所示。结果显示，无论被解释变量为横向耦合度，还是纵向闭合度，科教文卫支出变量均显著为正，且科教文卫支出平方变量均显著为负。这表明科教文卫支出对产业结构绿色转型的横向耦合度和纵向闭合度均存在显著的倒“U”形关系。进一步地，根据科教文卫支出变量和科教文卫支出平方变量的估计系数，计算得到倒“U”形曲线的拐点值，即科教文卫支出的最优规模。根据第（3）列，可以得到拐点值约为 0. 5045；根据第（6）列，可以得到拐点值约为 0. 5333。也就是说，如果科教文卫支出占比低于拐点值，那么科教文卫支出对产业结构绿色转型的影响效应就位于倒“U”形曲线左侧的上升阶段，此时增加科教文卫支出占比，将有利于促进产业结构绿色转型升级；而如果科教文卫支出占比高于拐点值，那么科教文卫支出占比对产业结构绿色转型的影响效应就位于倒“U”形曲线右侧的下降阶段，此时增加科教文卫支出占比，则会抑制产业结构绿色转型升级。通过观测全国多年来的科教文卫支出占比数据，可以发现，其随时间变化而呈现持续增长态势，但总体上仍处在较低水平，2008—2019 年样本中 30 个省份的均值约为 0. 4367，均远低于横向耦合维度和纵向闭合维度的拐点值。因此，基本上可以认为，整体而言，我国科教文卫支出对产业结构绿色转型的影响效应仍然处在倒“U”形曲线的左侧。换言之，现阶段增加科教文卫支出占比，即提高民生性财政支出在地方财政支出结构中的比重，将有利于促进各地区产业结构绿色转型升级。

此外，为了进一步观察到科技支出、教育支出、医疗卫生支出、文化体育与传媒支出分别对产业结构绿色转型的影响，本章展开如下分析。

（二）科技支出影响产业结构绿色转型的实证分析

科技支出作为政府加强基础研究和关键核心技术攻关领域最为重要资金来源，对提高人力资本积累和技术创新水平有着积极影响。表 5 - 38

报告了科技支出影响产业结构绿色转型的检验结果。本章以文献中广泛采用的地方政府科学技术支出占一般公共预算支出的比重作为科技支出的代理变量。第（1）列中科技支出变量的估计系数在1%统计水平上显著为正，表明科技支出对产业结构绿色转型的横向耦合度有正向促进作用，意即提高科技支出占比，可以促进地区能源资源、碳排放等要素在三次产业间配置的合理性和均衡性。第（2）列中科技支出变量的估计系数在5%统计水平上显著为正，表明科技支出对产业结构绿色转型的纵向闭合度也有正向影响，这意味着，提高科技占比可以促进地区各产业内部绿色生产能力，实现能源节约、环境保护和经济增长之间协同发展的局面。

表5－38　　科技支出影响产业结构绿色转型的检验结果

变量	(1)	(2)
	横向耦合度	纵向闭合度
科技支出	2.296***	1.076**
	(0.745)	(0.417)
常数项	－1.179***	0.187
	(0.411)	(0.230)
控制变量	是	是
省份效应	是	是
年份效应	是	是
样本量	360	360
R^2	0.414	0.367

（三）教育支出影响产业结构绿色转型的实证分析

作为一国或地区对教育事业的重要程度，教育支出对于提升国民知识和技能素养，促进人力资本积累和技术创新等方面有种重要的作用。表5－39报告了教育支出影响产业结构绿色转型的实证检验结果。本文选取地方教育财政支出占一般公共预算支出的比重作为教育支出的代理变量。其中，第（1）列表示被解释变量为横向耦合度的估计结果，第（2）列表示被解释变量为纵向闭合度的估计结果。结果显示，第（1）列教育支出变量的估计系数为正，表明增加教育支出可以促进产业结构绿色转型的横向耦合水平。第（2）列教育支出变量的估计系数在5%统计水平上显著为正，表明增加教育支出可以促进产业结构绿色转型的纵向闭合度，即提高能源资源、碳排放等要素在各产业内部的绿色生产能力。这意味着，在其他因素不变下，增加教育支出可以通过引致人力资本效应和技术效应，推动产业结构实现绿色转型升级。

表5－39　　教育支出影响产业结构绿色转型的检验结果

变量	(1)	(2)
	横向耦合度	纵向闭合度
教育支出	0.250**	0.431**
	(0.124)	(0.178)
常数项	－1.363***	0.064
	(0.415)	(0.229)
控制变量	是	是
省份效应	是	是
年份效应	是	是
样本量	360	360
R^2	0.397	0.365

（四）医疗卫生支出影响产业结构绿色转型的实证分析

健康是人力资本的重要组成部分和人类生存发展的基础。党的十九大报告提出“健康中国”发展战略，强调人民健康是民族昌盛和国家富强的重要标志。政府医疗卫生支出作为改善人民健康和社会福利水平的重要资金来源，在促进健康人力资本积累方面具有积极影响。通常来讲，一国或地区政府提供的医疗卫生支出水平越高，一方面可以保障当地居民对健康的需求，提升地区健康人力资本水平，同时随着医疗卫生水平的提高，还会吸引其他地区高素质人才向本地区聚集，从而促进当地人力资本的积累，这为产业结构绿色转型提供了良好的外部环境。

表5－40报告了医疗卫生支出影响产业结构绿色转型的实证检验结果。本章选取地方医疗卫生财政支出占一般公共预算支出的比重作为医疗卫生支出的代理变量。其中，第（1）列表示被解释变量为横向耦合度的估计结果，第（2）列表示被解释变量为纵向闭合度的估计结果。

结果显示，第（1）列医疗卫生支出变量的估计系数为正，表明增加医疗卫生支出可以促进产业结构绿色转型的横向耦合水平，促进能源资源、碳排放和产业增加值在三次产业间的耦合协调发展。第（2）列医疗卫生支出变量的估计系数在5%统计水平上显著为正，表明增加医疗卫生支出可以促进产业结构绿色转型的纵向闭合度，即提高能源资源、碳排放、产业增加值等要素在各产业内部的绿色生产能力。这意味着，在其他因素不变下，增加医疗卫生支出可以通过引致人力资本效应，推动产业结构实现绿色转型升级。

表5-40 医疗卫生支出影响产业结构绿色转型的检验结果

变量	(1)	(2)
	横向耦合度	纵向闭合度
医疗卫生支出	1.421***	4.324***
	(0.545)	(0.400)
常数项	-1.873***	-1.025***
	(0.176)	(0.129)
控制变量	是	是
省份效应	是	是
年份效应	是	是
样本量	360	360
R^2	0.425	0.748

（五）文化体育与传媒支出影响产业结构绿色转型的实证分析

文化体育与传媒支出作为构建文化自信，促进文化产业发展和文明强区建设的重要支出，可以通过提高人民的知识素养，进而促进地区人力资本的积累，为产业结构绿色转型升级提供外部环境。表5-41报告了文化体育与传媒支出影响产业结构绿色转型的实证检验结果。本文选取地方文化体育与传媒支出占一般公共预算支出的比重作为文化体育与传媒支出的代理变量。其中，第（1）列表示被解释变量为横向耦合度的估计结果，第（2）列表示被解释变量为纵向闭合度的估计结果。结果显示，第（1）（2）列文化体育与传媒支出变量的估计系数为正，表明增加文化体育与传媒支出可以促进产业结构绿色转型升级，但是均不显著。这可能的原因是，在我国地方财政支出体系中，文化体育与传媒支出占比过低，对促进产业结构绿色转型的作用有限。

表 5－41　　文化教育与传媒支出影响产业结构绿色转型的检验结果

变量	(1)	(2)
	横向耦合度	纵向闭合度
文化体育与传媒支出	1.124	0.312
	(1.358)	(1.144)
常数项	－1.855***	－0.939***
	(0.178)	(0.150)
控制变量	是	是
省份效应	是	是
年份效应	是	是
样本量	360	360
R^2	0.415	0.662

（六）内生性与稳健性检验

地方政府制定财政支出政策的动机和能力可能是与当地产业结构绿色转型水平和产业发展水平相关联的。一是地方政府财政支出政策的制定和实施可能是依据经济发展及产业调整形势而做出的，比如产业结构绿色转型进入调整期，则地方政府可能相应出台相应的财政支出政策，再如经济发展水平较高、产业结构发展较为完善的地区，其财政支出结构也会更偏向于非生产性支出或民生性支出，增加人力资本和社会保障投入，提升社会福利水平；二是地方政府出台财政支出政策的能力和水平可能有差别，那些产业绿色发展水平较高的地区，可能会出台更加有效与合理的财政支出政策。为此，本章采用四种方法对政策变量的内生性问题进行检验：

（1）所有自变量取滞后一期重新回归。将所有自变量取滞后一期重新回归，可以在一定程度上缓解因反向因果导致的内生性问题，与此同时，还可以检验科教文卫支出对产业结构绿色转型影响的持续效应。表 5－42 第（1）（2）报告了相应的回归结果。结果显示，科教文卫支出滞后一期变量的估计系数均显著为正，与本章基本结论相符，说明本章基本结论具有一定稳健性。与此同时，也说明科教文卫支出对产业结构绿色转型具有正向持续影响效应。

（2）以科教文卫支出的滞后项作为工具变量进行回归。一方面，地方政府科教卫生支出具有一定延续性，故而科教文卫支出的前一期与当期具有相关性；另一方面，科教文卫支出的滞后项，是事前的行为，对当期产业结构绿色转型指数或扰动项不相关，具有外生性，故而，将科教文卫支出的滞后项作为工具变量满足相关性和外生性的两个约束条件。因此，将其作为工具变量具有一定合理性。表 5 - 42 第（3）（4）列报告了相应的回归结果。结果显示，面板 2SLS 第一阶段回归联合检验稳健的 F 值均为 244.213，远大于 10，故通过了弱工具变量检验。第（3）（4）列结果还显示，科教文卫支出变量的估计系数均显著为正，这一结论与基准回归一致，证明了本章选取的工具变量的合理性。

表 5 - 42　　所有自变量滞后一期与面板 2SLS 回归结果

变量	(1)	(2)	(3)	(4)
	所有自变量滞后一期		面板 2SLS 回归	
	横向耦合度	纵向闭合度	横向耦合度	纵向闭合度
科教文卫支出			0.987*** (0.272)	0.573*** (0.220)
L. 科教文卫支出	0.664*** (0.188)	0.430*** (0.156)		
常数项	-1.900*** (0.191)	-1.034*** (0.158)	-2.223*** (0.196)	-1.174*** (0.159)
第一阶段 F 值			244.213	244.213
控制变量	是	是	是	是
省份效应	是	是	是	是
年份效应	是	是	是	是
样本量	330	330	330	330
R^2	0.408	0.660	0.420	0.683

注：L. 表示一期滞后算子。

（3）采用差分 GMM 和系统 GMM 估计方法回归。有别于最小二乘法、工具变量法和极大似然法等需要满足一定假设才能获得可靠的估计量，动态面板模型的 GMM 估计方法因不需要知道随机误差项的准确分布信息，允许随机误差项存在异方差和序列相关，因而所得到的参数估计量比其他参数估计方法更有效，在模型参数估计中得到广泛应用。通常而言，动态面板模型的 GMM 估计方法有两种，分别是差分 GMM 和系统 GMM 估计方法。然而，考虑到差分 GMM 方法无法估计不随时间变动的因素影响，而系统 GMM 方法能克服这一问题，且在一定程度上缓解内生性问题的同时提高估计效率。因此，本章进一步采用系统 GMM 方法重新估计，将差分 GMM 估计结果也同时列出，作为对照。表 5－43 报告了相应的回归结果。结果显示，无论是差分 GMM 估计结果，还是系统 GMM 估计结果，其 AR（1）、AR（2）和 Sargan 值检验结果显示，扰动项的差分存在一阶自相关，但不存在二阶自相关，并且满足“所有工具变量均有效”的原假设，表明采用动态面板模型的 GMM 估计方法的合理性和有效性。表 5－43 中，科教文卫支出变量的估计系数均至少在 5% 统计水平上显著为正，进一步表明本章基本结论具有稳健性。

表 5－43　　差分 GMM 估计和系统 GMM 估计结果

变量	(1)	(2)	(3)	(4)
	差分 GMM		系统 GMM	
	横向耦合度	纵向闭合度	横向耦合度	纵向闭合度
L. 横向耦合度	0.571***		0.980***	
	(0.095)		(0.060)	
科教文卫支出	0.472**	0.518**	0.397***	0.591***
	(0.212)	(0.214)	(0.118)	(0.125)
L. 纵向闭合度		0.246***		0.670***
		(0.055)		(0.036)
常数项			−0.119	−1.370***
			(0.348)	(0.257)
控制变量	是	是	是	是
省份效应	是	是	是	是
年份效应	是	是	是	是
AR (1)	0.000	0.007	0.000	0.003

续表

变量	(1)	(2)	(3)	(4)
	差分 GMM		系统 GMM	
	横向耦合度	纵向闭合度	横向耦合度	纵向闭合度
AR (2)	0.760	0.213	0.226	0.770
Hansen J	0.997	0.990	0.920	0.893
样本量	300	300	330	330

(4) 排除宏观因素系统性变化进行固定效应估计。考虑到各地区资源禀赋与发展阶段不同，而经济发展水平较高和产业结构较完善的地区更易获得优先发展的机会，因而在政府支持力度和产业绿色发展上拥有先发优势，使得本章实证分析面临内生性问题。为克服这一问题，本节通过设定省份与年份交互项效应，以此缓解政府科教文卫支出和产业绿色发展可能带来的宏观系统性变化。表 5 - 44 中第 (1) (2) 列报告了相应的回归结果。结果显示，科教卫生支出占比变量的估计系数均显著为正，表明在控制宏观因素系统性变化后，实证结果依旧保持稳健。

(5) 剔除直辖市样本回归。我国 4 个直辖市作为直属中央政府管理的省级区划单位，在全国政治、经济、文化等方面具有重要地位，在行政级别和管理体制上显著异于其他地区，为了排除这一因素的干扰，本节将 4 个直辖市从全样本剔除后再回归。表 5 - 44 中第 (3) (4) 列报告了相应的回归结果，结果显示，科教文卫支出变量的系数均依旧显著为正，表明提高科教文卫支出能够促进地区产业结构绿色转型升级。这一结论同样与本章的基本结论相符，进一步表明本章的基本结论具有稳健性。

表 5 - 44　排除宏观因素系统性变化和剔除直辖市样本回归结果

变量	(1)	(2)	(3)	(4)
	排除宏观因素系统性变化		剔除直辖市样本	
	横向耦合度	纵向闭合度	横向耦合度	纵向闭合度
科教文卫支出	0.445***	0.685***	0.465**	0.330**
	(0.167)	(0.121)	(0.190)	(0.148)

续表

变量	(1)	(2)	(3)	(4)
	排除宏观因素系统性变化		剔除直辖市样本	
	横向耦合度	纵向闭合度	横向耦合度	纵向闭合度
常数项	-2.072***	-1.326***	-1.597***	-0.705***
	(0.198)	(0.144)	(0.248)	(0.194)
控制变量	是	是	是	是
省份效应	是	是	是	是
年份效应	是	是	是	是
省份×年份	是	是		
样本量	360	360	312	312
R^2	0.420	0.753	0.394	0.703

（七）传导机制分析

上述基准回归结果表明，科教文卫支出对产业结构绿色转型有显著正向影响。那么，是什么原因导致这一现象的产生呢？换言之，科教文卫支出影响产业结构绿色转型的传导机制是什么？根据前文的理论分析，本节将从人力资本积累和技术创新水平两个具体渠道来检验科教文卫支出影响产业结构绿色转型的传导机制。

1. 人力资本机制

根据前文，科教文卫支出可以通过人力资本积累来影响产业结构绿色转型。一方面，人力资本，是推动经济高质量发展最为重要的因素之一，尤其是考虑到当前经济发展已全面进入知识经济时代，随着人力资本的积累，可以为企业生产技术创新提供了良好的动力源泉和外部支撑，进而激励企业引进清洁的生产技术和管理方式，最终降低对污染性资源的需求，实现向“低耗能、集约生产”的高端产业链条转化，并优化企业要素投入结构。另一方面，在其他因素保持不变的情况下，增加科教文卫支出，即意味着政府增加教育、科技、医疗卫生等民生性财政投入，这有利于人力资本积累和技术进步。在这里关于人力资本指标的度量，本节遵循大多数文献的做法（沈坤荣和付文林，2005；袁航和朱承亮，2018），采用高等学校平均在校生数来度量，为了消除数据异方差的影响，对其取对数处理。为了验证这一传导机制，在基准模型基础上，通过设置科教文卫支出与人力资本的交互项，检验科教文卫支出是否有效提高了人力资本水平，进而促进了产业结构绿色转型升级。表5-45中第（1）（2）列报告了科教文卫支出影响产业结构绿色转型的人力资本机制的估计结果。人力资本变量的系数均显著为正，表明提高人力资本水平有利于促进产业结构绿色转型升级。进一步分析发现，科教文卫支出与人力资本的交互项系数显著为正，表明人力资本水平的提高，将会进一步增强科教文卫支出对产业结构绿色转型的正向促进作用。因此，人力资本机制得到有效验证。

2. 技术创新机制

根据前文分析，增加科教文卫支出，不仅可以提高人力资本水平，还可以提高技术创新水平，为绿色技术创新提供坚实基础。一方面，政府增加科教文卫支出不仅可以培育高素质高技能人才，还会为技术创新的研发提供资金支持，缓解市场主体融资约束问题。另一方面，政府教育和科技支出在影响辖区内的人力资本水平和知识创新激励的同时，还会吸引其他地区人才和企业的流入，加速本地区的经济发展和转型。为了检验科教文卫支出影响产业结构绿色转型的技术创新机制，本节在基准模型的基础上，增加技术创新变量，并同时设置科教卫生支出变量与技术创新变量的交互项，来检验科教文卫支出是否有效提高了地区技术创新水平，改善了产业结构绿色转型升级。表5-45中第（3）（4）列报告了科教文卫支出影响产业结构绿色转型的技术创新机制的估计结果。其中，关于技术创新变量的度量，本文借鉴余明桂等（2016）、徐佳和崔静波（2020）的做法，采用专利申请数予以度量，为了消除人口规模和异常值等因素的影响，本节采用人均专利申请数并取对数作为地区技术创新的代理变量。回归结果显示，技术创新变量的估计系数均显著为正，表明提高技术创新水平有利于促进产业结构绿色转型升级。进一步分析发现，科教文卫支出变量与技术创新变量的交互项系数均显著为正，表明地方政府增加科教文卫支出时，会对人力资本和技术创新产生正向激励作用，从提升辖区内技术创新水平，实现技术进步，进而促进产业结构绿色转型升级。鉴于此，技术创新机制得到有效验证。

表 5 - 45　科教文卫支出与产业结构绿色转型：人力资本与技术创新机制

变量	(1)	(2)	(3)	(4)
	人力资本机制		技术创新机制	
	横向耦合度	纵向闭合度	横向耦合度	纵向闭合度
科教文卫支出	0.647*** (0.173)	0.521*** (0.147)	0.631*** (0.174)	0.303** (0.138)
科教文卫支出×技术创新			0.489*** (0.142)	0.202* (0.112)
技术创新			0.014** (0.007)	0.075*** (0.010)
人力资本	0.218*** (0.024)	0.157*** (0.020)		
科教文卫支出×人力资本	1.223*** (0.464)	0.563** (0.280)		
常数项	-1.995*** (0.176)	-1.043*** (0.149)	-2.155*** (0.235)	-0.081 (0.186)
控制变量	是	是	是	是
省份效应	是	是	是	是
时间效应	是	是	是	是
样本量	360	360	360	360
R^2	0.445	0.675	0.454	0.724

（八）进一步分析

1. 区域异质性分析

事实上，由于各地区资源禀赋和经济发展阶段的不同，无论是科教文卫支出还是产业结构绿色转型的横向耦合度或是纵向闭合度，在区域分布上都存在着明显的异质性特点。因此，科教文卫支出对产业结构绿色转型的影响也可能存在区域异质性，有必要对此进行深入讨论。在分类回归的检验之前，首先对不同地区之间的科教文卫支出、产业结构绿色转型的横向耦合度和纵向闭合度进行描述性统计说明。由表5－46可知，东部地区和中部地区，无论是在横向耦合度指数，以及纵向闭合度指数，还是科教文卫支出，都要明显高于西部地区，从均值上看，也均高于西部地区。这一结果为科教文卫支出影响产业结构绿色转型的区域异质性检验设定了基础。

表5－46　三大地区科教文卫支出、横向耦合度与纵向闭合度的差异

地区	样本量	均值	标准差	最小值	最大值
横向耦合度					
东部地区	132	－0.239	0.119	－0.572	－0.037
中部地区	96	－0.239	0.082	－0.544	－0.093
西部地区	132	－0.343	0.158	－0.899	－0.092
纵向闭合度					
东部地区	132	0.722	0.122	0.492	0.974
中部地区	96	0.614	0.109	0.380	0.815
西部地区	132	0.522	0.137	0.297	0.861
科教文卫支出					
东部地区	132	0.435	0.039	0.339	0.578
中部地区	96	0.454	0.033	0.396	0.680
西部地区	132	0.426	0.037	0.349	0.489

表5－47报告了科教文卫支出影响产业结构绿色转型的区域异质性检验结果。结果显示，无论是在横向耦合维度上，还是纵向闭合维度上，西部地区科教文卫支出对产业结构绿色转型的横向耦合度和纵向闭合度均有显著正向影响，而在东部地区和中部地区影响不显著。这一结果产生的可能原因在于，相较于东部地区和中部地区，西部地区经济发展水平较低，产业基础较薄弱，西部地区大部分省区的生态环境处于重点保护状态，科教文卫支出的增加更有利于绿色支出或环保支出在企业能源消耗和污染物排放两端形成了更好的约束，从而抑制环境污染，促进产业结构绿色转型的横向耦合水平和纵向闭合水平。

表 5-47　科教文卫支出影响产业结构绿色转型的区域异质性检验

变量	(1)	(2)	(3)	(4)	(5)	(6)
	横向耦合度			纵向闭合度		
	东部	中部	西部	东部	中部	西部
科教文卫支出	-0.122	-0.176	1.052***	-0.045	0.330	0.896***
	(0.251)	(0.203)	(0.328)	(0.304)	(0.240)	(0.222)
常数项	0.741**	-0.936**	-1.388***	-1.122***	-0.165	-1.455***
	(0.314)	(0.390)	(0.297)	(0.379)	(0.461)	(0.201)
控制变量	是	是	是	是	是	是
省份效应	是	是	是	是	是	是
年份效应	是	是	是	是	是	是
样本量	132	96	132	132	96	132
R^2	0.656	0.632	0.638	0.527	0.706	0.779

2. 调节效应分析

与传统的分权理论和国际实践不同，中国地方政府在安排财政支出结构上存在明显的偏向，造就了地方政府公共支出结构“重基本建设、轻人力资本投资和公共服务”的明显扭曲（傅勇和张晏，2007）；并且这一支出结构偏向具有较强的惯性或递延效应（储德银和邵娇，2018）。诚然，这种重生产性支出，轻人力资本积累等民生性支出的财政支出结构或支出格局，将不利于经济可持续发展和社会民生福利水平的提升。然而，在我国地方政府间造成财政支出结构偏向的原因是什么，其根源在哪？这一直是学界热议的重点话题。具有代表性的观点认为，中国式分权制度是造成政府财政支出结构扭曲的根源（傅勇和张晏，2007；傅勇，2008；傅勇，2010；尹恒和朱虹，2011）。在我国的分权体制中，经济分权和财政分权是其主要的核心内容。自分税制改革以来，中央政府实现了财权上收和权责下放，导致地方政府财政收入的下降和支出责任的提升，从而加剧了地方财政压力，即形成所谓的财政纵向失衡问题（杜彤伟等，2019）。鉴于地方官员的政治晋升完全受中央的任命，因此地方政府对公共产品和服务的供给，会更有动机优先满足中央的需求，而不是辖区内企业和居民的需求，从而影响政府支出决策行为。在以经济增长为主要考核目标的晋升激励下，在有限的任期年限，地方政府则更有动机将有限的财政资源投向能够在短期内显示政绩的经济建设领域，在财政支出结构上则表现出“重生产性支出”的扭曲或偏向。而随着央地间财政纵向失衡程度越大，地方政府财政支出结构扭曲行为则愈发严重，进而影响经济可持续发展和社会民生福利水平。

“政治晋升锦标赛理论”为中国地方官员的行为提供了经济学解释(周黎安，2007)。随着我国经济迈入高质量发展阶段，政府绩效考核也变得多元化，除了经济发展的目标考核，也有环境治理的目标考核等等，多目标考核机制无疑是丰富了政绩考核的内容。党的二十大指出，发展是第一要务。因此，高质量发展并不是要摒弃经济的发展，而是要以经济发展为基础，多维度全方面地完善其他领域的发展水平，实现经济社会全方位的整体发展。在高质量发展的进程下，经济指标仍是重要的考核指标。长期以来，在以经济增长为主要目标的“晋升锦标赛”机制下，中国政府在五年规划报告和政府工作报告中定期公布经济增长目标，上级政府通过设立经济增长目标来传达其对经济增长的偏好，并激励下级政府通过努力提高辖区经济增长来赢得晋升锦标赛，即形成所谓的经济增长目标管理制度（徐现祥和刘毓芸，2017；Li et al.，2019)。为了政治晋升，下级政府往往会基于上级政府制定的增长目标而“层层加码”，从而导致政府层级越低，面临的经济增长压力越大，地方官员在较短任期内为了提升政绩效果，则更偏好生产性支出，而轻人力资本投资和公共服务等民生性支出，造成财政支出结构的扭曲。可见，财政纵向失衡和经济增长压力的约束，直接影响着地方政府的支出决策，进而可能制约财政支出结构效应的有效发挥。基于此，本章尝试从财政纵向失衡和经济增长压力两个视角，进一步讨论其对科教文卫支出对产业结构绿色转型效应的影响。

该部分的模型设定为，在基准模型（5-1）式的基础上，添加反映地方政府科教文卫支出和纵向财政失衡以及经济增长压力的交互项，即科教文卫支出×调节变量（$FES \times MOD$）作为解释变量扩展为实证模型（5-2）式：

$$GTIS_{it} = \beta_0 + \beta_1 FES_{it} + \varphi_1 FES_{it} \times MOD_{it} + \varphi_2 MOD_{it} + \beta_2 Z_{it} + \mu_i + \delta_t + \varepsilon_{it}$$

（式5-2）

模型（5-2）式中，MOD_{it}表示调节变量，表示财政纵向失衡（*VFI*）或经济增长压力（*EGP*）。其余变量与模型（5-1）式一致。

（1）财政纵向失衡的调节效应。

鉴于政治集权之下的中国式分权具有显著的非对称性特征，即收入分权程度低、支出分权程度高，而这种收支分权的非对称性导致我国财政纵向失衡相对高于西方财政联邦主义国家。也正因如此，本章基于中国式财政纵向失衡产生的体制诱因与典型表现，在借鉴 Eyraud 和 Lusinyan（2013）、储德银和迟淑娴（2020）的做法，按以下公式进行具体测度：财政纵向失衡=1-（收入分权/支出分权）×（1-地方政府财政自给缺口率）。其中，收入分权=人均地方公共预算收入/（人均地方公共预算收入+人均中央公共预算收入），支出分权=人均地方公共预算支出/（人均地方公共预算支出+人均中央公共预算支出），地方政府财政自给缺口率=（地方公共预算支出-地方公共预算收入）/地方公共预算支出。当中国式分权的非对称性程度越高，即支出分权越高、收入分权越低时，中国式财政纵向失衡程度就越大。

表5-48报告了财政纵向失衡对科教文卫支出与产业结构绿色转型关系的调节效应检验结果。第（1）列表示被解释变量为横向耦合度的回归结果，第（2）列表示被解释变量为纵向闭合度的回归结果。第（1）（2）列结果显示，财政纵向失衡变量的估计系数均在1%统计水平上显著为负，表明财政纵向失衡程度越高，对产业结构绿色转型的横向耦合水平和纵向闭合水平有负向抑制作用。进一步分析发现，科教文卫支出与财政纵向失衡的交互项系数至少在10%统计水平上显著为负，这说明科教文卫支出对横向耦合水平或纵向闭合水平的促进作用，会随着财政纵向失衡程度的增加而减弱。这意味着，财政纵向失衡程度越高，不仅其本身会抑制产业结构绿色转型升级，还会减弱科教文卫支出对产业结构绿色转型的正向促进作用。这背后的原因可能是，当前我国央地之间财政纵向失衡程度高，地方财政压力大，在政治晋升激励机制导向下，地方政府将更多的财政资源投向经济建设领域，以寻求短期内

经济发展，从而减少和挤占了科教文卫这类民生性支出，进而削弱或抑制了科教文卫支出对产业结构绿色转型的积极影响。

表 5-48　　财政纵向失衡的调节作用检验结果

变量	(1)	(2)
	横向耦合度	纵向闭合度
科教文卫支出	0.375**	0.038*
	(0.174)	(0.022)
科教文卫支出×财政纵向失衡	-1.134*	-1.075**
	(0.685)	(0.531)
财政纵向失衡	-0.167***	-0.232***
	(0.056)	(0.043)
常数项	-0.134	-0.096
	(0.257)	(0.199)
控制变量	是	是
省份效应	是	是
年份效应	是	是
样本量	360	360
R^2	0.531	0.771

（2）经济增长压力的调节效应。

长期以来，在以经济增长为主要目标的“晋升锦标赛”机制下，中国政府在五年规划报告和政府工作报告中定期公布经济增长目标，上级政府通过设立经济增长目标来传达其对经济增长的偏好，并激励下级政府通过努力提高辖区经济增长来赢得晋升锦标赛，即形成所谓的经济增长目标管理制度（徐现祥和刘毓芸，2017；Li 等，2019）。为了政治晋升，下级政府往往会基于上级政府制定的增长目标而“层层加码”，从而导致政府层级越低，面临的经济增长压力越大，地方官员在较短任期内为了提升政绩效果，则更偏好生产性支出，而轻人力资本投资和公共服务等民生性支出，造成财政支出结构的扭曲。可见，财政纵向失衡和经济增长压力的约束，直接影响着地方政府的支出决策，进而可能制约科教文卫支出效应的有效发挥。由此可见，经济增长压力对科教文卫支出与产业结构绿色转型关系的影响可能存在调节效应。基于此，借鉴王贤彬等（2021）的做法，采用地方政府工作报告中公布的经济增长速度目标与上一年实际经济增长速度的比值度量经济增长压力。

表5－49报告了经济增长压力对科教文卫支出与产业结构绿色转型关系的调节效应检验结果。第（1）列表示被解释变量为横向耦合度的回归结果，第（2）列表示被解释变量为纵向闭合度的回归结果。回归结果显示，无论被解释变量为横向耦合度，还是纵向闭合度，经济增长压力变量的估计系数均显著为负，表明经济增长压力本身对产业结构绿色转型升级有负向抑制作用；科教文卫支出与经济增长压力的交互项系数均显著为负，表明科教文卫支出对产业结构绿色转型的正向促进作用，会随着经济增长压力的增大而减弱。出现这一现象的原因可能是：在以经济发展为主要目标的“晋升锦标赛”机制下，上级政府通过设立经济增长目标来传达其对经济增长的偏好，激励下级政府通过努力提高辖区经济发展来赢得晋升锦标赛，即所谓的经济增长目标管理（徐现祥和刘毓芸，2017；Li 等，2019），政府为实现既定的经济增长目标，需要把资金引导或配置到某些特定行业或经济活动中去，财政支出结构也形成“重投资，轻民生”结构偏向或扭曲。并且，在实际操作中，地方各级政府在制定本辖区的年度经济增长目标时，为了向上级政府传递执政绩效和治理能力的积极信号，往往会在上级政府的经济增长目标基础上进行“层层加码”（周黎安等，2015），因此，地方政府层级越低，其财政支出结构偏向或扭曲程度越大，科教文卫等民生性支出也越小，从而削弱或抵消其对产业结构绿色转型升级的正向促进作用。

表5－49　经济增长压力的调节作用检验结果

变量	(1)	(2)
	横向耦合度	纵向闭合度
科教文卫支出	0.494***	0.529***
	(0.186)	(0.149)
科教文卫支出×经济增长压力	−0.413*	−0.738*
	(0.248)	(0.443)

续表

变量	(1)	(2)
	横向耦合度	纵向闭合度
经济增长压力	−0.098**	−0.183***
	(0.047)	(0.038)
常数项	−1.909***	−0.921***
	(0.186)	(0.149)
控制变量	是	是
省份效应	是	是
年份效应	是	是
样本量	360	360
R^2	0.388	0.680

第四节　本章小结

财政支出结构蕴含着各类财政支出的组合状态和比例关系，反映了政府在资源配置中的重点与方向。在推动绿色发展，实现碳中和碳达峰进程中，地方政府的绿色财政支出无疑在推动产业结构绿色转型升级方面发挥了重要作用。归纳起来，绿色采购支出、绿色补贴支出和绿色投资性支出等三类支出是地方政府用于直接导向绿色发展的重点支出，可以通过缓解企业融资约束和激励绿色产品的市场需求，引导企业增加绿色投资包括绿色研发投入，进而可以提高绿色技术创新水平，提高能源利用效率和碳减排效应，继而全面推动产业结构绿色转型升级。另一方面，交通运输支出、科教卫文卫支出等作为间接促进绿色发展的重要支出类别，在促进资源流动、积累人力资本和促进技术创新等方面同样发挥着重要作用，同样有助于推动产业结构绿色转型。

另外，长期以来中国财政支出存在“重生产性支出，轻公共服务等社会民生性支出”的支出结构偏向问题。具体来说，在中国财政支出中，地方财政支出所占比例远高于中央财政支出，且地方财政支出占比近年来还在不断上升，由 1994 年的 69.7% 上升至 2019 年的 85.3%。但中国地方财政支出结构长期以来的一个突出特点是，地方政府偏好生产性财政支出（如各类基础设施建设、对企业的经济性补贴等），而轻视民生性财政支出（如教育、医疗等），从而造成地方财政支出结构的偏向或扭曲，最终负面影响地方政府的支出决策。大量文献已经证实，包括教育、科技、医疗等在内的社会民生性支出在优化资源配置，促进人力资本积累，提升技术创新水平，进而实现经济持续健康发展和改善民生福利等方面发挥了积极作用。实践中，地方财政偏向生产性支出的倾向无疑会挤占和约束社会民生性财政支出积极效应的充分发挥。在造成地方财政支出结构扭曲的根源上，至少可以归结于两大因素：一是中国式分权制度下央地之间的财政纵向失衡，二是经济增长目标管理制度。财政纵向失衡和经济增长压力的约束将直接影响地方政府的支出决策，进而可能制约财政支出结构效应的有效发挥，阻碍产业结构绿色转型的进程和效率提高。

基于此，本章利用 2008—2019 年中国省级面板数据，分别对绿色采购支出、绿色补贴支出、绿色投资性支出、交通运输支出、科教文卫支出对产业结构绿色转型的影响及其作用机制展开了实证检验和系统性分析。其中，关于绿色采购支出指标的度量，本章创新性地从中国政府采购网中针对政府采购项目，通过手工整理，采用与绿色相关的关键词进行检索，获得政府绿色采购项目，按照项目所属省份对绿色采购项目金额进行加总，最终获得省级政府绿色采购支出数据。关于绿色补贴支出指标的度量，本章从沪深 A 股上市公司财务报表附注中，通过手工整理，对政府补助明细采用与绿色相关的关键词进行检索，获得政府绿色补助数据，按照企业所属省份将企业绿色补助金额进行加总，最终获得省级政府绿色补贴支出数据。关于绿色投资性支出指标的度量，本章遵循标准文献的通用做法，采用节能环保支出占地方财政支出的比重予以度量。关于交通运输支出指标的度量，本章采用地方政府交通运输支出占地方财政支出的比重予以度量。关于科教文卫支出指标的度量，本章采用科技支出、教育支出、医疗卫生支出和文化体育与传媒支出占地方财政支出的比重度量。为了缓解地方政府生产性支出偏向对政府支出决策行为的影响，本章进一步基于财政纵向失衡和地方经济增长压力两个方面对科教文卫支出（民生性支出）影响产业结构绿色转型展开调节效应分析。得到如下结论：

（1）地方政府绿色采购支出、绿色补贴支出和绿色投资性支出均对产业结构绿色转型具有显著正向促进作用，且基准结论均经过一系列稳健性检验后保持稳健。（2）提高绿色技术创新水平、提高能源利用效率和碳减排效率，是地方政府绿色采购支出、绿色补贴支出和绿色投资性支出影响产业结构绿色转型的重要机制。（3）地方政府绿色采购支出、绿色补贴支出和绿色投资性支出对产业结构绿色转型的影响，在不同税负水平、不同知识产权保护程度、不同工业化（特别是重工业化）程度、不同能源依赖程度的地区表现出异质性。（4）交通运输支出对产业结构绿色转型的具有显著负向影响，两者呈倒"U"形关系，当前我国交通运输支出占比处在倒"U"形曲线拐点值的右边，已经超过正向促进产业结构绿色转型的最优比值。（5）科教文卫支出对产业结构绿色转型具有显著正向促进作用；细分支出项目上，科技支出、教育支出、医疗卫生支出均对产业结构绿色转型具有显著正向促进作用。（6）科教文卫支出总体上与产业结构绿色转型之间呈倒"U"形关系，并且当前我国科教文卫支出占比处在倒"U"形曲线拐点值的左边，正处在有利于促进产业绿色发展的水平上。（7）人力资本和技术创新两个作用渠道是科教文卫支出影响产业结构绿色转型的重要机制。（8）科教卫生支出对产业结构绿色转型的正向影响会随着财政纵向失衡或经济增长压力程度的增加而被减弱。

第六章

研究结论与政策建议

第一节　研究结论

世界已经进入全球气候变化时代，成为人类发展面临的最大的非传统安全挑战。面对日益紧迫的气候问题，越来越多的国家和地区制定了绿色发展新目标，正在以前所未有的努力，积极开展国际合作以共同应对气候危机。世界各国相继提出了碳中和目标。作为全球最大的能源消费和碳排放国家，中国政府也提出 2030 年前实行碳达峰、2060 年前实行碳中和的目标，并明确向世界表态，中国将以新发展理念为引领，在推动高质量发展中促进经济社会发展全面绿色转型。在政策决策层面，进一步明确把碳达峰、碳中和纳入经济社会发展全局，以经济社会发展全面绿色转型为引领，以能源绿色低碳发展为关键，加快形成节约资源和保护环境的产业结构。可见，在此背景下，推动产业结构全面绿色转型已势在必行，俨然已成为实现经济高质量发展的必由之路和必然选择。产业结构绿色转型作为整个国民经济体系的主体架构和核心驱动力量，是实现经济社会全面绿色转型的重要依托。因此，如何推动产业结构绿色转型，进而形成节约资源和环境保护的产业结构，是当前建设现代化产业体系和实现碳达峰碳中和目标所面临的重要课题。

传统的产业结构转型主要采用劳动要素投入、资本要素投入和产出增加值三因子组合对产业间和产业内部资源配置的合理协调与均衡有效进行综合考量。然而，环境的恶化和资源的有限性提出了必须转变经济发展方式、实现经济高质量发展的时代命题。传统的产业结构转型研究对环境因素关注不够，在促进高质量发展上的作用效果有限。在新时代新阶段，产业结构绿色转型是对传统产业结构转型的继承和升级发展，也是传统产业结构转型在新的历史阶段和发展路径上的必然选择。在内涵上，产业结构绿色转型蕴含着资源节约、环境保护和经济增长三者协同发展的生态关系。目前，现有研究对产业结构绿色转型进行科学内涵的界定和指标体系构建的相关研究还很不够。

财政是国家治理的基础和重要支柱。作为国家治理对社会经济运行的必须投入，财政支出是政府调节资源配置、收入分配和宏观经济的重要举措，也是政府履行其职能的主要手段与体现，其对优化资源配置，推动产业结构转型升级，促进经济高质量发展和民生福利等方面发挥着重要作用。现有研究主要依托公共财政理论和经济增长理论，探讨了财政支出与经济增长及社会福利的关系。事实上，财政支出也是影响产业结构绿色转型的重要原因。可遗憾的是，目前学术界关于财政支出与产业结构绿色转型的研究还十分缺乏，关于探讨财政支出规模与产业结构绿色转型、财政支出结构与产业结构绿色转型以及绿色财政支出与产业结构绿色转型的研究则更为稀缺。基于此，本书尝试从财政支出的视角，系统研究财政支出对产业结构绿色转型的影响及作用机理。具体来说，本书开展的工作主要包括以下几个方面：

基于现实挑战和理论背景，本书以产业结构绿色转型为研究对象，试图重点探讨促进产业结构绿色转型的财政支出激励机制。为此，本书遵循“提出问题—理论分析—现状分析—实证检验—结论与政策建议”的研究思路展开深入分析，在借鉴现有研究的基础上，主要聚焦四个方面进行论述。第一，梳理财政支出影响产业结构绿色转型的理论依据，运用可持续发展理论、外部性理论和新结构经济学理论工具建立财政支出影响产业结构绿色转型的理论分析框架。第二，在回顾中国财政支出制度助力产业结构绿色转型的制度变迁基础上，着重分析中国财政支出制度现状、中国产业结构绿色转型测度与现状，以及分析制约中国产业结构绿色转型的财政支出存在的问题及其根源。第三，利用实证研究方法检验财政支出影响产业结构绿色转型的作用效果和机制路径，基于省级、市级和企业层面的面板数据，采用双向固定效应模型（FE）、双重差分模型（DID）、工具变量模型（IV）、系统 GMM 等估计方法，具体研究了财政支出规模、财政支出结构的不同作用效果。第四，基于研究结论提出优化中国产业结构绿色转型的财政支出激励机制的相关政策建议。

基于以上研究，本书的主要结论为以下几个方面：

第一，就中国财政支出与产业结构绿色转型的现状而言。（1）中国财政支出在规模上，伴随经济持续下行，其绝对规模呈缓慢增加，相对规模和增速则呈下降态势。（2）中国财政支出结构上，存在支出结构偏向问题，即重生产性支出，轻民生性支出。（3）央地间事权分配和支出责任划分上，除国防和外交支出外，相较于中央政府，地方政府承担了大量事务支出。（4）中国产业结构绿色转型上，产业结构绿色转型的总体水平不高，且横向耦合度水平和纵向闭合度水平在区域间发展不平衡。（5）制约产业结构绿色转型的财政支出表现主要为两方面：一是地方财政支出结构扭曲影响政府支出决策行为，削弱了财政支出对产业结构绿色转型的积极效应，二是政府间事权和支出责任划分不合理，相较于中央政府，地方政府面临更大的财政压力，且呈“省级—市级—县乡级”自上而下逐级增加，下级政府更偏向生产性财政支出，以寻求短期经济增长和政治晋升。（6）中国财政支出存在问题的根源来自上下级政府偏好错位和信息不对称，导致下级政府偏向显示性公共产品的提供和事权的推诿，上级政府则对下级政府采取反制措施。

第二，在财政支出规模影响产业结构绿色转型的实证检验上，本书发现：（1）地方政府财政支出规模显著促进了地区产业结构绿色转型的横向耦合度和纵向闭合度。（2）政府力量和市场力量的协同作用更能够推动地区产业结构绿色转型升级，特别是在推动产业结构绿色转型的纵向闭合维度上，市场力量在其中发挥了决定性作用。(3) 财政支出规模效应的有效发挥还取决于地方政府财政支出效率。(4) 微观企业层面的经验证据显示，节能减排财政支出激励政策显著促进了企业绿色转型升级。

第三，在财政支出结构影响产业结构绿色转型的实证检验上，本书发现：(1) 直接导向绿色发展的地方政府绿色采购支出、绿色补贴支出和绿色投资性支出均对产业结构绿色转型具有显著正向促进作用。(2) 提升绿色技术创新水平、提高能源利用效率和碳减排效率是地方政府绿色采购支出、绿色补贴支出和绿色投资性支出影响产业结构绿色转型的重要机制。(3) 地方政府绿色采购支出、绿色补贴支出和绿色投资性支出对产业结构绿色转型的影响在不同税负水平、不同知识产权保护程度、不同工业化（特别是重工业化）程度、不同能源依赖程度的地区表现出异质性。(4) 交通运输支出对产业结构绿色转型具有显著负向影响，且两者存在倒"U"形关系，当前中国交通运输支出占比已经超过倒"U"形曲线的拐点值。(5) 科教文卫支出总体上对产业结构绿色转型具有显著正向促进作用；细分支出项目看，科技支出、教育支出和医疗卫生支出均对产业结构绿色转型也具有显著正向促进作用。(6) 科教文卫支出与产业结构绿色转型之间呈倒"U"形关系，当前中国科教文卫支出占比处在倒"U"形曲线拐点值的左边，正处在有利于促进产业绿色发展的水平上。(7) 人力资本和技术创新是科教文卫支出影响产业结构绿色转型的重要机制。(8) 科教文卫支出对产业结构绿色转型的正向影响，随着财政纵向失衡或经济增长压力程度的增加而被减弱。

第二节　政策建议

一、扩大财政支出规模支持产业结构绿色转型需求

（一）扩大财政支出规模，支持重点行业领域绿色转型

财政支出规模代表了政府对市场的干预程度。作为国家治理对社会经济运行的必须投入，财政支出是政府调节资源配置、收入分配和宏观

经济的重要举措，也是政府履行其职能的主要手段与体现，其对优化资源配置，推动产业结构转型升级，促进经济高质量发展和民生福利等方面有着重要作用和重要职责。本书的研究表明，增加财政支出规模和边际增量，均对产业结构绿色转型具有显著促进作用。当前，我国作为世界最大能源消费和碳排放国家，要求 2030 年前实行碳达峰、2060 年前实行碳中和，这对我国推动产业结构绿色转型既提出了要求，也面临巨大压力。为了更加高效精准地推动产业结构绿色转型，以实现双碳目标，财政支出责无旁贷。一方面，在政策支持力度上，要继续增加财政支出规模，合理安排财政支出项目，发挥财政支出规模对产业结构绿色转型促进作用。另一方面，也是最为紧迫且重要的方面，即在政策支持行业领域上，要进一步明确哪些行业领域是推动绿色低碳转型的重点，哪些行业领域是当前最需要优先实现绿色低碳转型的排头兵。总的来讲，就是要根据服务于经济社会发展全面绿色转型的重要程度和先后顺序，政府应对其进行有针对性的政策支持和引导。具体来讲，一是鉴于工业行业是能源消耗强度大，污染排放高的行业领域，政府在财政支出政策支持和引导上应重点向该领域倾斜，促进该行业领域节能减排，实现绿色转型升级。二是在新能源和高新技术产业领域，政府应加强对这些行业领域的政策扶持，加大财政支出规模（特别是科技研发支出），降低新能源和高新技术产业研发创新的成本，推动该行业领域向高端智能化、低碳清洁化发展。三是鉴于北方地区地理位置和气候等原因，相较于南方地区，其常年在能源消耗和污染排放方面远高于南方地区，因此政府应该着重支持和引导北方地区特别是在建筑和房屋等方面推动节能改造，以及采用清洁能源供暖供热。四是对化石能源依赖高的行业，要持续推进对这些行业领域的电能替代和清洁能源替代，强化节能减排的源头治理，发挥财政资金支持绿色低碳发展的高效性和精准性。此外，考虑到各地区资源禀赋差异，政府制定节能减排政策和财政支出规划，应因地制宜，统筹推进，采用差异化政策，稳妥有序推进各地区产业结构绿色转型；与此同时，要进一步加强财政资源统筹，常态化实施财政资金直达机制。

（二）提升财政支出效率，释放财政资金支持引导作用

政府运作效率的高低是政府有效调节资源配置、收入分配和宏观经济的依赖条件。本书的实证研究表明，在财政支出端，财政支出效率的高低直接影响着财政支出对产业结构绿色转型升级的影响效果。提升财政支出效率，是更好地发挥“有为政府”的重要内容，对推动产业结构绿色转型升级具有重要的积极影响。而如何有效提升政府财政支出效率，结合我国当前财政支出效率的实际情况，本书认为可从以下几个方面展开：首先，在财政体制建设方面，一方面要构建法治政府，特别是在政府官员腐败和寻租事件上，坚决做到“零容忍”，提高政府廉洁性和社会公信力；另一方面要构建公共服务型政府，牢固树立以人民为中心的服务理念，强化政府公共服务职能，减少冗余的行政审批，精简臃肿的行政机构，为市场主体和人的生存发展创造良好的生态生活环境，提高政府运作效率。其次，在财政支出政策分配方面，要向重点行业领域倾斜，着重支持有利于提升科学技术水平的行业和部门，提高要素资源利用效率和财政资金使用效率。最后，在财政支出政策落实方面，要以新发展理念为引领，以实现高质量发展和碳达峰碳中和为发展目标，坚持财政支出政策要提质增效，提高财政资金使用效率，助力产业结构绿色转型升级进程。

（三）推动市场化进程，发挥财政支出与市场力量的协同效应

本书的实证研究表明，市场化水平的提高显著推动了产业结构绿色转型升级。这意味着，提高市场化水平有利于促进地区内各产业间以及各产业内部资源配置的耦合协调性，促进各产业内部的绿色技术创新水平，提高各产业内部的绿色生产能力，实现产业结构绿色转型升级。当前，随着我国经济迈入高质量发展阶段，我国市场化改革（主要在经济市场化领域）不断取得新成效，但是在地区间（特别是东部地区与中西部地区间）仍存在较大的差距，表现出不平衡不充分的发展；然而，这种地区间不平衡不充分发展格局在要素市场化方面尤为突出（徐朝阳等，2020；付敏杰和张平，2022）。推动市场化进程，以强化有效市场对产业结构绿色转型升级的效用，本书认为：首先，应把要素市场化改革作为接下来持续推进我国市场化改革的重点，规范要素市场

交易平台，减少政府对要素市场化定价的干预，增加要素市场交易的透明度；其次，优化户籍制度改革，为人力资本或社会劳动力在不同地区间或城乡间的自由流动提供制度保障；最后，加强对垄断行业的价格监管，引入市场竞争机制，加强社会对其的监督，促进垄断行业健康可持续发展。

另外，基于对我国经济发展的历史经验总结和对经济发展规律的科学研判，党的十八届三中全会提出，要使市场在资源配置中起到决定性的作用和更好的发挥政府作用。这既是强调有效市场在资源配置的基础性和决定性作用，也是肯定有为政府在弥补市场失灵，发挥宏观调控的重要作用。从发展型政府视角看，政府力量与市场机制是一种相互协调和互补的关系。这一结论在本书的研究中也得到证明。因此，政府在采用财政支出政策支持地方产业结构绿色转型发展的同时，在政策顶层制度设计上，要坚持以新发展理念为引领，以实现碳达峰碳中和为目标，理顺政府与市场的关系，积极发挥有效市场和“有为政府”对产业结构绿色转型的协同效应，共同推动经济社会发展全面绿色转型。

二、优化财政支出结构培育产业结构绿色转型动力

（一）优化政府绿色采购，倒逼企业绿色转型

实证研究表明，政府绿色采购支出对产业结构绿色转型发挥了显著促进作用。一方面，反映了政府绿色采购对社会的绿色低碳消费起到推动和示范作用，引导和带动更多政策和社会资金支持绿色低碳发展；另一方面，对引导和倒逼企业增加研发投入，提高绿色技术创新水平，开展清洁生产和节能减排等活动起到良好的推动作用。结合当前我国政府采购的实际情况，在优化政府绿色采购的具体路径上，本书认为可以从以下几个方面展开：一是加大对清洁低碳产品的采购规模。政府对清洁低碳产品的采购，一方面可以增加和倒逼企业对清洁低碳产品的供给，另一方面政府采购行为可以诱导其他产业或企业向清洁低碳行业领域集聚，形成集聚效应，进而发展和壮大清洁低碳行业，进而扩大对清洁低碳产品的市场供给，满足消费者对清洁低碳消费的需求。二是在政府公务用车方面，要进一步加大对新能源汽车和新能源船舶的采购力度，替

换燃油汽车和船舶的采购和使用，引导和激励新能源产业发展。三是优化政府对绿色建筑和绿色建材领域的采购需求和采购标准，促进建筑行业向智能化绿色转型升级。四是加强政府绿色采购的采购人主体责任。提高采购人在绿色采购工作中的积极性和主动性，对于责任心强、工作表现优异的采购人给予奖励，反之则给予相应的惩罚，以此完善政府绿色采购的绩效考核和监督奖惩机制，支持完善产业绿色低碳发展。

（二）优化政府绿色补贴，缓解企业融资约束

政府绿色补贴作为环境治理和推动产业结构绿色转型的另一重要手段，主要是通过缓解企业融资约束，激励企业增加研发投入，提升绿色技术创新水平，从而实现从微观个体到宏观产业结构全方位的绿色转型升级。可见，推动产业结构绿色转型的关键在于提高企业绿色技术创新水平。而现实中，鉴于绿色技术创新是一项资金需求大、投入时间长、见效慢且面临不确定性风险等因素影响的项目，单靠企业自身自发地增加研发投入，提高绿色技术创新水平的动力是不足的，此时政府对其给予绿色补助支持，无疑，在一定程度上可以缓解企业融资约束，激励企业提高绿色技术创新水平。而对于如何优化政府绿色补贴制度，本书认为，首先，应该进一步扩大政府绿色补贴规模，支持产业结构绿色转型的需求；其次，在绿色补贴对象上应向重点行业领域倾斜，例如能源消耗和污染排放较大的工业行业、新能源汽车行业以及建筑行业等。另外，对于受融资约束壁垒的非国有工业企业，以及属于技术密集型的处在衰退期的工业企业，政府应该给予绿色补贴的资金支持，缓解其融资约束，激励其增加研发投入，提高绿色技术创新水平，推动实现绿色转型升级。

（三）优化政府绿色投资，培育绿色产业生态

绿色投资作为环境友好型的投资手段，能够促进资源、环境、经济可持续发展。与传统投资相比，绿色投资的收益是三重盈余，不仅创造经济收益，还能附带社会和生态效益。政府绿色投资性支出为企业进行绿色技术创新提供了直接的资金支持，在促进企业实现绿色转型的同时，也引导非政府投资向绿色低碳行业领域集聚，壮大了绿色产业规模。本书建议，当前应继续完善政府绿色投资政策：一是继续加强绿色

投资力度，倡导绿色发展理念，培育和壮大绿色经济产业；二是合理配置政府绿色投资支出的范围和方向，发挥其对经济效益和社会环境的正外部性；三是完善绿色投资市场机制，激发社会资本参与绿色投资的积极性；四是加强绿色投资的绩效监管，建立“筹资—投资—绩效反馈”的完整筹资投资链条，提高资金使用效率；五是扩展融资渠道，借助PPP、绿色金融等方式丰富绿色投资的资金筹措方式。

（四）优化民生性支出，夯实绿色创新外部环境

实证研究表明，以科教文卫支出为代表的民生性支出的扩张，有利于积累人力资本和技术创新，这为企业绿色技术创新提供了良好的外部支撑，并激励其引进清洁的生产技术和管理方式，降低了对污染性资源的需求。此外，人力资本的累积也有利于企业投入要素结构的优化，促使其向“低耗能、集约生产”的高端产业链条转化。优化民生性财政支出，本书认为，一方面要以新发展理念为引领，以“双碳”目标为导向，引导地方政府从对生产性支出偏向转向为满足公共需求和市场失灵的民生性支出，以矫正政府财政支出结构的扭曲行为。另一方面要着重加大教育、科技、医疗卫生等民生性财政支出规模，通过培育高质量人力资本以激发创新活力，加快推动节能降碳技术应用与低碳前沿技术研究，利用生态协调的财政体系，推动产业结构绿色转型走出一条绿色低碳发展的道路。

三、缓解财政纵向失衡调动地方发展绿色产业积极性

（一）科学划分央地政府间的事权与支出责任

中央政府与地方各级政府之间事权与支出职责的科学划分，不仅可以降低央地间财政纵向失衡程度，更是中国新一轮财税体制改革的重要内容和指导方向。分税制改革以来，中央实现了财权的上收、事权和支出责任的下移，导致地方政府财政收入汲取能力的下降和财政压力的上升，在央地政府间表现出财政纵向失衡的现象。有效缓解中央与地方之间财政纵向失衡程度，应进一步科学划分中央和地方之间的事权和支出责任，构建权责清晰、财力协调和区域均衡的新型央地政府间财政关系，从而为新时代新阶段推动产业结构绿色低碳转型，实现经济高质量

发展提供新的制度红利和动力源泉。在具体的优化路径上，本书认为，一是科学调整中央与地方政府间的事权分配。对于哪些事务该由中央管，哪些事务该由地方管，以及哪些事务该由中央和地方一起管，应该进一步界定清楚，减少不必要的资源浪费和成本损失，特别是对于一些规模效应强、外溢性大的事务，如社会保障、生态环境治理、医疗卫生等等，在这些领域应加强中央的事权，以降低地方政府的财政压力。二是进一步减少中央和地方政府之间共同事权，并完善地方税体系，增加地方政府的财源。央地之间财政纵向失衡在本质上反映了地方政府的财政压力，在经济增长目标约束和政治晋升考核机制下，央地之间财政纵向失衡程度越大，地方政府的财政压力也相应上升，地方政府更有动机向社会提供显示性公共产品，偏向生产性财政支出，以寻求在短期取得可观的政绩，这一做法无疑会加重生态环境的恶化。因此，减少中央和地方之间的事权，同时完善地方税体系，即在减轻地方事权压力的同时，合理增加地方财源，是缓解中央和地方间财政纵向失衡的有效路径。总之，中央和地方财力的合理分配，可以规避财政纵向失衡水平上升对政府财政支出结构的扭曲以及对产业结构绿色转型的负面效应，进而从根本上解决地方财政可持续的问题。

（二）调整与优化转移支付的制度设计

本书的研究表明，中央与地方政府之间的财政纵向失衡，不仅其本身不利于地区产业结构绿色转型，而且还会削弱政府财政支出对产业结构绿色转型的积极影响。大量文献已经证实，中央对地方政府的转移支付是矫正财政纵向失衡的重要政策工具（储德银和费冒盛，2021）。因此，调整和优化转移支付的制度设计，对推动地区产业结构绿色转型升级有着重要的积极意义。在具体的政策建议上，本书认为可从以下两个方面展开：一是调整与优化一般性转移支付制度。加强中央对经济发展落后地区（特别是中西部地区）的一般性转移支付，在弥补经济发展落后地区财政收支缺口的同时，缩小地区间的财力差距，实现地区间公共服务均等化。二是调整与优化专项转移支付制度。一方面要加强中央对贫困地区专项转移支付的力度，解决地区间基本公共服务均等化失衡的问题，另一方面要进一步优化调整专项转移支付结构，严格控制新设立的专项转移支付项目，加大专项转移支付清理整合力度，提高财政资金绩效，协调区域间不平衡不充分发展的问题。

四、优化地方政府绩效考评机制及管理模式

（一）央地治理模式从为增长而竞争转向为和谐而竞争

随着中国经济发展进入新常态，各地的发展重心应当从简单的经济增长向经济结构升级和高质量发展转变。在“为增长而竞争”的模式下，地方政府会更偏向于促进经济增长的努力，“为和谐而竞争”的模式则能够促使地方政府兼顾发展地方经济与提供地方公共品这两个方面的努力（陈钊和徐彤，2011）。在央地治理模式上，应从为增长而竞争向为和谐而竞争转变，增加政府对环境治理的投入和关注，促进产业结构绿色转型升级。在实现路径的具体建议上，本书认为，上级政府对下级政府的任免制度和考核机制，应该改变过去“唯经济增长”的单一考核指标，应从多个维度综合且客观的构建行政绩效考核机制。改革开放以来，我国经济在一定程度上确实在经济增长目标导向下取得了巨大的成就，实现了经济的腾飞，从一个经济落后的大国一跃成为全球第二大经济体。但是以往多以牺牲环境为代价的粗放型经济发展模式，特别是随着生态环境的不断恶化和能源资源的短缺，逐渐暴露出了粗放型经济发展模式的不可持续性，因此要求经济发展方式由劳动密集型向资源集约型和技术密集型转变已势在必行。在官员绩效考核机制上，要求不能仅仅将经济增长这一个维度的指标，作为官员政绩考核的唯一标准，对于有利于改善民生和社会福利水平的其他维度的指标，如环境治理、安全生产、廉洁程度等等指标，都应该同时纳入官员政绩考核体系。总的来讲，就是要从人民的对美好生活的需求出发，以追求经济发展为基础，同时注重人民对生态环境的需求，以及政府官员自身的廉洁程度，强调并践行人与自然和谐共生发展。

（二）经济增长目标管理模式从硬性约束向柔性约束转变

长期以来，在以经济增长为主要目标的“晋升锦标赛”机制下，我国政府在五年规划报告和政府工作报告中定期公布经济增长目标，上级政府通过设立经济增长目标的方式向下级政府传达其对经济增长的偏

好，并以此为目标约束，激励下级政府通过努力提高辖区经济发展来赢得政治晋升的机会，即形成所谓的经济增长目标管理制度。近些年，经济增长目标管理已经成为理解我国长期经济增长和宏观经济治理的新视角。而作为一种普遍的宏观经济管理现象，经济增长目标管理在全球范围内都广泛存在，在我国更是由来已久，并一直处于不断演进和改革完善之中。在现实中，为了取得既定的经济增长目标进而实现官员政治晋升，下级政府往往会基于上级政府制定的增长目标而"层层加码"，从而导致政府层级越低，面临的经济增长压力越大，地方官员在较短任期内为了凸显政绩效果，则更偏好生产性财政支出。本书的研究表明，"层层加码"使得更低层级的政府面临更高的经济增长目标压力，不利于地方产业结构绿色转型升级。这要求新型经济增长目标管理模式应从硬性约束目标向"以定性表述为主"的柔性约束目标的适时转变，有利于发挥市场在资源配置中的决定性作用。具体可从三个方面着重展开：第一，更高层级政府在制定经济增长目标时要考虑到层级制结构下可能出现的"层层加码"的现象，避免制定过高的初始目标。第二，地方政府在设定经济增长目标过程中要更多地结合自身的要素禀赋和发展潜力，选择适宜的投资项目，避免出现经济增长目标设定过程中的锦标赛效应。与此同时，中央政府应尽量不干预地方经济增长目标设定，对经济增长目标完成情况不能过度要求。第三，无论是中央还是地方在制定经济增长目标时都应"留有余地"，比起使用"之上""确保""力争"等硬性约束方式制定经济增长目标，使用"上下""左右""之间"等留有余地的柔性约束方式制定经济增长目标，将使得地方政府更有余力考虑其他政策目标的实现，更有利于地方产业结构绿色转型升级。

五、其他配套措施

（一）加强知识产权保护力度

本书发现加强知识产权保护执法力度，对提升企业绿色技术创新具有正面影响。因此，各级政府部门可以通过加强知识产权保护执法力度，改善企业绿色技术创新的法制环境，从而提升企业的绿色创新能力，以科技创新驱动供给侧结构性改革，实现地区经济发展方式的绿色转型。当前，政府加强知识产权保护的着力点可放在如下两方面：第一，提升各级法院以及地方知识产权局的执法水平，加强对侵权行为的惩罚力度；第二，加强党报对知识产权保护的宣传力度，优化技术创新的法制环境。

（二）降低企业创新活动的税费负担

本书的研究发现，较高的企业税费负担对企业的创新活动有着负面影响，从而阻碍产业结构绿色转型升级。本书建议，在财政支出压力大、减税空间有限的情况下，要推动企业绿色技术创新升级，应当深化结构性减税改革：一方面，进一步降低企业绿色创新活动的税费负担，把税收优惠的着力点放在企业创新能力的提高和创新成果的取得上，建立起以激励企业绿色创新、推动企业绿色转型升级为核心的税收激励政策体系；另一方面，可以适当提高对创新活动没有负面影响甚至可以倒逼企业绿色创新的个别税费负担水平，发挥特别税种对企业绿色低碳转型的激励约束作用，如落实环境保护税、资源税、消费税、车船税、车辆购置税、增值税、企业所得税等税收政策，落实节能节水、资源综合利用等税收优惠政策，研究支持碳减排相关税收政策，更好地发挥税收对市场主体绿色低碳发展的促进作用。

（三）鼓励清洁低碳消费

推动产业结构绿色转型，除了发挥企业社会责任，以及来自政府对企业污染治理的激励和约束外，鼓励消费者清洁低碳消费同样对推动产业结构绿色转型有着重要的积极作用。长期以来，消费是驱动经济增长的内生动力。因此，经济社会要实现全面绿色转型和绿色发展，自然离不开消费者消费行为和消费模式的改变。具体来讲，在经济社会层面，要鼓励居民形成清洁低碳的消费理念，增加其对绿色低碳消费品的需求，以及对绿色低碳生态环境的需求，这一方面可以倒逼企业在产品的供给端提供清洁低碳的消费品，促使企业提高绿色技术创新水平，增强控碳减排技术，生产清洁低碳产品；另一方面可以倒逼政府增加对生态环境治理的投入力度，从整体上实现政府、居民、企业多主体协同推进经济社会全面绿色转型的良好局面。鼓励消费者清洁低碳消费，关键在于提高消费者对清洁低碳或环境污染的认知能力。在社会面，政府和相关社会组织应当积极向消费者宣传和普及清洁低碳的相关知识，在校园中，政府应该引导和督促教育部门，加强对校园清洁低碳理念和文化的建设，提高教师和学生清洁低碳的认知能力。通过加强对各个层面的消费者群体对清洁低碳的认知能力，促使在经济社会发展的全局形成资源节约、环境保护的产业结构、生产生活方式和清洁低碳消费格局。

第三节　不足之处与未来研究展望

虽然本书从多个角度分析了财政支出对产业结构绿色转型的影响问题，并对其作用效果展开了解释。但是，客观来讲，本书在研究数据、研究内容和研究方法上，可能还存在以下不足，同时这也是进一步要研究和改进的方向：

一是本书尝试使用多种计量方法，从财政支出规模和财政支出结构两个方面较为系统的建立了财政支出影响产业结构绿色转型的理论分析框架，但是限于论文篇幅，本书在财政支出结构方面只选择了相对重要的两个方面，即直接导向绿色发展的财政支出（绿色采购、绿色补贴和绿色投资）和间接促进绿色发展的财政支出（交通运输、科技、教育、文化体育与传媒、医疗卫生）进行分析，并未涵盖所有的财政支出类型。

二是限于作者自身的水平和数据的局限性，本书对财政支出影响产业结构绿色转型的原因和效果的分析可能还不够深入，有待日后进一步深化。

参考文献

[1] 安苑，王珺．财政行为波动影响产业结构升级了吗？——基于产业技术复杂度的考察［J］．管理世界，2012（09）：19—35+187.

[2] 卞元超，吴利华，白俊红．高铁开通、要素流动与区域经济差距［J］．财贸经济，2018，39（06）：147—161.

[3] 蔡建明．产业结构调整：财政支出政策的效应分析［J］．财政研究，2006（12）：37—39.

[4] 陈诗一，祁毓．“双碳”目标约束下应对气候变化的中长期财政政策研究［J］．中国工业经济，2022（05）：5—23.

[5] 陈思霞，卢洪友．公共支出结构与环境质量：中国的经验分析［J］．经济评论，2014（01）：70—80.

[6] 储德银，迟淑娴．财政纵向失衡对地方经济增长的非线性影响及其转换特征［J］．经济研究，2020，55（11）：50—66.

[7] 储德银，费冒盛．财政纵向失衡、转移支付与地方政府治理［J］．财贸经济，2021，42（02）：51—66.

[8] 储德银，费冒盛，李悦．均衡性转移支付、公共支出结构与经济高质量发展［J］．经济理论与经济管理，2020（09）：20—35.

[9] 储德银，邵娇．财政纵向失衡、公共支出结构与经济增长［J］．经济理论与经济管理，2018（10）：30—43.

[10] 储德银，邵娇．财政纵向失衡与公共支出结构偏向：理论机制诠释与中国经验证据［J］．财政研究，2018（04）：20—32.

[11] 戴魁早，骆莙函．环境规制、政府科技支持与工业绿色全要素生产率［J］．统计研究，2022，39（04）：49—63.

［12］邓敏，蓝发钦．金融开放条件的成熟度评估：基于综合效益的门槛模型分析［J］．经济研究，2013，48（12）：120—133.

［13］董直庆，滕建洲．我国财政与经济增长关系：基于 Bootstrap 仿真方法的实证检验［J］．数量经济技术经济研究，2007（01）：13—21.

［14］杜彤伟，张屹山，杨成荣．财政纵向失衡、转移支付与地方财政可持续性［J］．财贸经济，2019，40（11）：5—19.

［15］冯博，王雪青．中国各省建筑业碳排放脱钩及影响因素研究［J］．中国人口·资源与环境，2015，25（4）：28—34.

［16］付敏杰，张平．社会主义市场经济体制改革中的经济增长——一种政治经济学探索［J］．经济研究，2022，57（07）：189—208.

［17］傅勇．财政分权、政府治理与非经济性公共物品供给［J］．经济研究，2010，45（08）：4—15＋65.

［18］傅勇．中国的分权为何不同：一个考虑政治激励与财政激励的分析框架［J］．世界经济，2008（11）：16—25.

［19］傅勇，张晏．中国式分权与财政支出结构偏向：为增长而竞争的代价［J］．管理世界，2007（03）：4—12＋22.

［20］干春晖，郑若谷，余典范．中国产业结构变迁对经济增长和波动的影响［J］．经济研究，2011，46（05）：4—16＋31.

［21］高培勇．论国家治理现代化框架下的财政基础理论建设［J］．中国社会科学，2014（12）：102—122＋207.

［22］高培勇，袁富华，胡怀国等．高质量发展的动力、机制与治理［J］．经济研究，2020，55（04）：4—19.

［23］郭杰．我国政府支出对产业结构影响的实证分析［J］．经济社会体制比较，2004（03）：121—126.

［24］郭庆旺，贾俊雪．地方政府间策略互动行为、财政支出竞争与地区经济增长［J］．管理世界，2009，193（10）：17—27＋187.

［25］郭庆旺，贾俊雪．政府公共资本投资的长期经济增长效应［J］．经济研究，2006（07）：29—40.

［26］郭庆旺，吕冰洋，何乘才．我国的财政赤字“过大”吗？

[J]. 财贸经济，2003（08）：37—41+53—97.

[27] 郭庆旺，吕冰洋，张德勇. 财政支出结构与经济增长 [J]. 经济理论与经济管理，2003（11）：5—12.

[28] 郭小东，刘长生，简玉峰. 政府支出规模、要素积累与产业结构效应 [J]. 南方经济，2009（03）：51—61.

[29] 郭晔，赖章福. 政策调控下的区域产业结构调整 [J]. 中国工业经济，2011，277（04）：74—83.

[30] 郭长林. 财政政策扩张、纵向产业结构与中国产能利用率 [J]. 管理世界，2016，277（10）：13—33+187.

[31] 韩亚芬，孙根年. 我国"十一五"各省区节能潜力测算 [J]. 统计研究，2008（01）：43—46.

[32] 韩永辉，黄亮雄，王贤彬. 产业政策推动地方产业结构升级了吗？——基于发展型地方政府的理论解释与实证检验 [J]. 经济研究，2017，52（08）：33—48.

[33] 胡鞍钢. 中国实现2030年前碳达峰目标及主要途径 [J]. 北京工业大学学报（社会科学版），2021，21（03）：1—15.

[34] 黄少安，陈言，李睿. 福利刚性、公共支出结构与福利陷阱 [J]. 中国社会科学，2018（01）：90—113+206.

[35] 贾敬全，殷李松. 财政支出对产业结构升级的空间效应研究 [J]. 财经研究，2015，41（09）：18—28.

[36] 贾俊雪. 公共基础设施投资与全要素生产率：基于异质企业家模型的理论分析 [J]. 经济研究，2017，52（02）：4—19.

[37] 贾俊雪. 税收激励、企业有效平均税率与企业进入 [J]. 经济研究，2014，49（07）：94—109.

[38] 贾俊雪，郭庆旺. 财政规则、经济增长与政府债务规模 [J]. 世界经济，2011，34（01）：73—92.

[39] 贾康. 中国财税改革30年：简要回顾与评述 [J]. 财政研究，2008（10）：2—20.

[40] 贾婷月，司继春，胡映洁. 基本公共服务支出对地区收入水平的影响——基于劳动力结构的研究 [J]. 中国人口科学，2022，209

(02)：61—73+127.

［41］姜爱华，朱晗．政府采购对扶持不发达地区经济发展的影响研究——基于省级面板数据的实证分析［J］．财政研究，2018（06）：42—53.

［42］姜智强，刘伊霖，曾智，秦光远．财政环保支出对农业生态效率的影响研究——来自长江经济带发展战略的经验证据［J］．经济问题，2022（06）：113—122.

［43］金戈．中国基础设施与非基础设施资本存量及其产出弹性估算［J］．经济研究，2016，51（05）：41—56.

［44］靳春平．财政政策效应的空间差异性与地区经济增长［J］．管理世界，2007，166（07）：47—56+171.

［45］景鹏，郑伟．养老保险缴费率、财政支出结构与经济增长［J］．世界经济，2019，42（12）：121—144.

［46］孔令池，高波，李言．市场开放、地方财税竞争与产业结构调整——基于我国省级面板数据的实证研究［J］．经济理论与经济管理，2017，322（10）：45—57.

［47］蓝庆新，陈超凡．新型城镇化推动产业结构升级了吗？——基于中国省级面板数据的空间计量研究［J］．财经研究，2013，39（12）：57—71.

［48］雷明，虞晓雯．地方财政支出、环境规制与我国低碳经济转型［J］．经济科学，2013（05）：47—61.

［49］李波，张俊飚，李海鹏．中国农业碳排放时空特征及影响因素分解［J］．中国人口·资源与环境，2011，21（8）：80—86.

［50］李稻葵等．中国的经验：改革开放四十年的经济学总结［M］．上海：上海三联书店，2020.

［51］李华，俞卫．政府卫生支出对中国农村居民健康的影响［J］．中国社会科学，2013，214（10）：41—60+205.

［52］李青原，肖泽华．异质性环境规制工具与企业绿色创新激励——来自上市企业绿色专利的证据［J］．经济研究，2020，55（09）：192—208.

［53］李戎，田晓晖．财政支出类型、结构性财政政策与积极财政政策提质增效［J］．中国工业经济，2021，395（02）：42—60.

［54］李淑瑞，薛钢．省以下生态转移支付制度环境保护激励效应［J］．中国人口·资源与环境，2022，32（01）：138—145.

［55］李小奕．地方财政支出效率与制造业绿色转型升级［J］．财经问题研究，2021（09）：75—82.

［56］李永友，沈坤荣．财政支出结构、相对贫困与经济增长［J］．管理世界，2007，170（11）：14—26+171.

［57］李永友，严岑．服务业“营改增”能带动制造业升级吗？［J］．经济研究，2018，53（04）：18—31.

［58］李子伦，马君．财政政策支持产业结构升级的国际经验借鉴［J］．财政研究，2014（06）：78—80.

［59］廖显春，李小慧，施训鹏．绿色投资对绿色福利的影响机制研究［J］．中国人口·资源与环境，2020，30（02）：148—157.

［60］林伯强．碳中和进程中的中国经济高质量增长［J］．经济研究，2022，57（01）：56—71.

［61］林毅夫．新结构经济学［M］．北京：北京大学出版社，2012.

［62］刘俸奇，张同斌．财政收支结构变动、产业结构转型与环境质量改善［J］．财政研究，2020（10）：57—73.

［63］刘凯．中国特色的土地制度如何影响中国经济增长——基于多部门动态一般均衡框架的分析［J］．中国工业经济，2018，No.367（10）：80—98.

［64］刘昆．深入推进节能减排财政政策综合示范［J］．中国财政，2015（05）：10—13.

［65］刘穷志，何奇．人口老龄化、经济增长与财政政策［J］．经济学（季刊），2013，12（01）：119—134.

［66］刘蓉，余英杰，刘若水．绿色低碳产业发展与财税政策支持［J］．税务研究，2022（06）：97—101.

［67］娄洪．长期经济增长中的公共投资政策——包含一般拥挤性公共基础设施资本存量的动态经济增长模型［J］．经济研究，2004

(03)：10—19.

［68］卢洪友，杜亦譞，祁毓．中国财政支出结构与消费型环境污染：理论模型与实证检验［J］．中国人口·资源与环境，2015，25(10)：61—70.

［69］逯元堂，吴舜泽，朱建华．中央财政环境保护专项资金优化设计探讨［J］．中国人口·资源与环境，2010，20（1）：424—427.

［70］吕冰洋．央地关系：寓活力于秩序［M］．北京：商务印书馆，2022.

［71］吕炜，王伟同．政府服务性支出缘何不足？——基于服务性支出体制性障碍的研究［J］．经济社会体制比较，2010（01）：12—23.

［72］马树才，孙长清．经济增长与最优财政支出规模研究［J］．统计研究，2005（01）：15—20.

［73］马拴友．政府规模与经济增长：兼论中国财政的最优规模［J］．世界经济，2000（11）：59—64.

［74］彭俞超，鄢莉莉，方意．保经济增长下限与非线性财政政策——基于偶然约束模型的分析［J］．经济学（季刊），2020，19（01）：309—328.

［75］齐鹰飞，Li Yuanfei. 财政支出的部门配置与中国产业结构升级——基于生产网络模型的分析［J］．经济研究，2020，55（04）：86—100.

［76］齐鹰飞，李苑菲．政府消费的生产性——基于生产网络模型的刻画、分解和检验［J］．管理世界，2021，37（11）：56—70＋105＋5＋71—75.

［77］秦炳涛，余润颖，葛力铭．环境规制对资源型城市产业结构转型的影响［J］．中国环境科学，2021，41（7）：3427—3440.

［78］屈超，陈甜．中国2030年碳排放强度减排潜力测算［J］．中国人口·资源与环境，2016，26（07）：62—69.

［79］饶晓辉，刘方．政府生产性支出与中国的实际经济波动［J］．经济研究，2014，49（11）：17—30.

［80］任爱华，郭净．我国不同时期财政政策的产业结构优化效应

[J]. 财政研究，2017（11）：19—33.

[81] 沈坤荣，付文林. 中国的财政分权制度与地区经济增长[J]. 管理世界，2005（01）：31—39+171—172.

[82] 石奇，孔群喜. 动态效率、生产性公共支出与结构效应[J]. 经济研究，2012，47（01）：92—104.

[83] 时乐乐，赵军. 环境规制、技术创新与产业结构升级[J]. 科研管理，2018，39（01）：119—125.

[84] 史丹. 我国经济增长过程中能源利用效率的改进[J]. 经济研究，2002（09）：49—56+94.

[85] 宋丽颖，张安钦. 中国“压力型”财政激励的产业结构调整效应[J]. 财贸经济，2021，42（06）：21—36.

[86] 宋凌云，王贤彬. 政府补贴与产业结构变动[J]. 中国工业经济，2013（04）：94—106.

[87] 隋建利，李玥蓉，李悦欣. 宏观调控政策与经济结构变迁[J]. 经济评论，2020，223（03）：37—53.

[88] 孙军. 需求因素、技术创新与产业结构演变[J]. 南开经济研究，2008（5）：58—71.

[89] 孙琳，王姝黛. 中期支出框架与走出“顺周期陷阱”——基于88个国家的数据分析[J]. 中国工业经济，2019，380（11）：5—23.

[90] 唐大鹏，杨真真. 地方环境支出、财政环保补助与企业绿色技术创新[J]. 财政研究，2022（01）：79—93.

[91] 陶静，胡雪萍. 环境规制对中国经济增长质量的影响研究[J]. 中国人口·资源与环境，2019，29（06）：85—96.

[92] 田淑英，孙磊，许文立，范子英. 绿色低碳发展目标下财政政策促进企业转型升级研究——来自“节能减排财政政策综合示范城市”试点的证据[J]. 财政研究，2022（08）：79—96.

[93] 万建香. 中国财政预算支出对经济增长、资源消耗、环境保护的绩效分析[J]. 财政研究，2015（03）：6—10.

[94] 汪德华，张再金，白重恩. 政府规模、法治水平与服务业发

展［J］. 经济研究，2007（06）：51—64 + 118.

［95］王春元. 我国政府财政支出结构与经济增长关系实证分析［J］. 财经研究，2009，35（06）：120—130.

［96］王方方，李宁. 我国财政政策对产业结构优化的时变效应［J］. 数量经济技术经济研究，2017，34（11）：132—147.

［97］王华，龚珏. 完善支持科技创新的财税政策 推动产业结构调整［J］. 税务研究，2013（03）：3—9.

［98］王贤彬，刘淑琳，黄亮雄. 经济增长压力与地区创新——来自经济增长目标设定的经验证据［J］. 经济学（季刊），2021，21（04）：1147—1166.

［99］王贤彬，张莉，徐现祥. 地方政府土地出让、基础设施投资与地方经济增长［J］. 中国工业经济，2014，316（07）：31—43.

［100］王昀，孙晓华. 政府补贴驱动工业转型升级的作用机理［J］. 中国工业经济，2017（10）：99—117.

［101］文雁兵. 政府规模的扩张偏向与福利效应——理论新假说与实证再检验［J］. 中国工业经济，2014，314（05）：31—43.

［102］吴超鹏，唐菂. 知识产权保护执法力度、技术创新与企业绩效——来自中国上市公司的证据［J］. 经济研究，2016，51（11）：125—139.

［103］伍国勇，刘金丹，杨丽莎. 中国农业碳排放强度动态演进及碳补偿潜力［J］. 中国人口·资源与环境，2021，31（10）：69—78.

［104］武威，刘国平. 政府采购与经济发展：转型效应与协同效应——基于产业结构升级视角［J］. 财政研究，2021，462（08）：77—90.

［105］习近平. 继往开来，开启全球应对气候变化新征程［N］. 人民日报，2020－12－13（002）.

［106］习近平. 在第七十五届联合国大会一般性辩论上的讲话［N］. 人民日报，2020－09－23（003）.

［107］徐朝阳，白艳，王韡. 要素市场化改革与供需结构错配［J］. 经济研究，2020，55（02）：20—35.

［108］徐朝阳，林毅夫. 发展战略与经济增长［J］. 中国社会科

学，2010，183（03）：94—108+222.

［109］徐佳，崔静波．低碳城市和企业绿色技术创新［J］．中国工业经济，2020（12）：178—196.

［110］徐现祥，刘毓芸．经济增长目标管理［J］．经济研究，2017，52（07）：18—33.

［111］鄢哲明，邓晓兰，陈宝东．绿色技术进步对中国产业结构低碳化的影响［J］．经济社会体制比较，2016（4）：25—39.

［112］严成樑．延迟退休、财政支出结构调整与养老金替代率［J］．金融研究，2017（09）：51—66.

［113］严成樑，龚六堂．财政支出、税收与长期经济增长［J］．经济研究，2009，44（06）：4—15+51.

［114］严成樑，吴应军，杨龙见．财政支出与产业结构变迁［J］．经济科学，2016（01）：5—16.

［115］严成樑，徐翔．生产性财政支出与结构转型［J］．金融研究，2016，435（09）：99—114.

［116］杨大楷，孙敏．公共投资与宏观经济结构的实证研究［J］．经济问题，2009（04）：21—24.

［117］杨翔，李小平，周大川．中国制造业碳生产率的差异与收敛性研究［J］．数量经济技术经济研究，2015，32（12）：3—20.

［118］杨子晖．政府规模、政府支出增长与经济增长关系的非线性研究［J］．数量经济技术经济研究，2011，28（06）：77—92.

［119］易信，刘凤良．金融发展、技术创新与产业结构转型——多部门内生增长理论分析框架［J］．管理世界，2015（10）：24—39，90.

［120］尹恒，徐琰超．地市级地区间基本建设公共支出的相互影响［J］．经济研究，2011，46（07）：55—64.

［121］尹恒，朱虹．县级财政生产性支出偏向研究［J］．中国社会科学，2011（01）：88—101+222.

［122］游家兴，于明洋，伍翕婷．地方政府施政风格与经济高质量发展——基于股价崩盘风险的研究视角［J］．经济学（季刊），

2022，22（02）：485—504.

［123］余明桂，范蕊，钟慧洁．中国产业政策与企业技术创新［J］．中国工业经济，2016（12）：5—22.

［124］余泳泽，邓姗姗．我国节能减排的现状、问题与解决路径——一个文献综述［J］．产业经济评论，2014（6）：33—43.

［125］余长林，杨惠珍．分权体制下中国地方政府支出对环境污染的影响　基于中国 287 个城市数据的实证分析［J］．财政研究，2016（07）：46—58.

［126］虞晓雯，雷明．面板 VAR 模型框架下我国低碳经济增长作用机制的动态分析［J］．中国管理科学，2014，22（1）：731—740.

［127］虞义华，郑新业，张莉．经济发展水平、产业结构与碳排放强度——中国省级面板数据分析［J］．经济理论与经济管理，2011（3）：72—81.

［128］袁航，朱承亮．国家高新区推动了中国产业结构转型升级吗［J］．中国工业经济，2018（08）：60—77.

［129］袁航，朱承亮．政府研发补贴对中国产业结构转型升级的影响：推手还是拖累？［J］．财经研究，2020，46（09）：63—77.

［130］张杰，陈志远，杨连星，新夫．中国创新补贴政策的绩效评估：理论与证据［J］．经济研究，2015，50（10）：4—17＋33.

［131］张军，高远，傅勇，张弘．中国为什么拥有了良好的基础设施？［J］．经济研究，2007（03）：4—19.

［132］张可，汪东芳，周海燕．地区间环保投入与污染排放的内生策略互动［J］．中国工业经济，2016（02）：68—82.

［133］张权．公共支出效率促进产业结构升级的实现机制与经验辨识［J］．财贸经济，2018，39（05）：146—159.

［134］张曙光．市场主导与政府诱导——评林毅夫的《新结构经济学》［J］．经济学（季刊），2013，12（03）：1079—1084.

［135］张腾飞，杨俊．绿色发展绩效的环境保护财政支出效应评价及政策匹配［J］．改革，2019（05）：60—69.

［136］张同斌，高铁梅．财税政策激励、高新技术产业发展与产

业结构调整［J］. 经济研究，2012，47（05）：58—70.

［137］张伟，朱启贵，高辉. 产业结构升级、能源结构优化与产业体系低碳化发展［J］. 经济研究，2016，51（12）：62—75.

［138］张卫国，任燕燕，侯永建. 地方政府投资行为对经济长期增长的影响——来自中国经济转型的证据［J］. 中国工业经济，2010，269（08）：23—33.

［139］张征宇，朱平芳. 地方环境支出的实证研究［J］. 经济研究，2010，45（05）：82—94.

［140］中国科学院可持续发展战略研究组. 中国可持续发展战略报告——绿色发展与创新［M］. 北京：科学出版社，2010.

［141］中国社会科学院工业经济研究所课题组，李平. 中国工业绿色转型研究［J］. 中国工业经济，2011（04）：5—14.

［142］中国社会科学院经济研究所经济增长前沿课题组. 财政政策的供给效应与经济发展［J］. 经济研究，2004（09）：4—17.

［143］钟茂初，李梦洁，杜威剑. 环境规制能否倒逼产业结构调整——基于中国省际面板数据的实证检验［J］. 中国人口·资源与环境，2015，25（08）：107—115.

［144］周黎安. 中国地方官员的晋升锦标赛模式研究［J］. 经济研究，2007（07）：36—50.

［145］周黎安，刘冲，厉行，翁翕. "层层加码"与官员激励［J］. 世界经济文汇，2015（01）：1—15.

［146］周业安，程栩，赵文哲等. 地方政府的教育和科技支出竞争促进了创新吗？——基于省级面板数据的经验研究［J］. 中国人民大学学报，2012，26（04）：53—62.

［147］周游，吴钢. 新中国地方财政支出的空间关联及其解释——基于复杂网络分析方法［J］. 统计研究，2021，38（01）：79—91.

［148］朱小会，陆远权. 开放经济、环保财政支出与污染治理——来自中国省级与行业面板数据的经验证据［J］. 中国人口·资源与环境，2017，27（10）：10—18.

［149］祝树金，虢娟. 开放条件下的教育支出、教育溢出与经济

增长［J］. 世界经济，2008，357（05）：56—67.

［150］庄子银，邹薇. 公共支出能否促进经济增长：中国的经验分析［J］. 管理世界，2003（07）：4—12+154.

［151］Acemoglu D，Garcia-Jimeno C，Robinson J A. State Capacity and Economic Development：A Network Approach［J］. American Economic Review，2015，105（8）：2364—2409.

［152］Acemoglu D，Gucrricri V. Capital Dccpcning and Non-Balanced Economic Growth［J］. Journal of Political Economy，2008，116（3）：467—498.

［153］Adewuyi A O. Effects of public and private expenditures on environmental pollution：A dynamic heterogeneous panel data analysis［J］. Renewable and Sustainable Energy Reviews，2016，65：489—506.

［154］Agénor P R，Neanidis K C. The Allocation of Public Expenditure and Economic Growth［J］. Manchester School，2011，79（4）：899—931.

［155］Aghion P，Jing C，Dewatripont M，et al. Industrial Policy and Competition［J］. American Economic Journal：Macroeconomics，2015，7（4）：1—32.

［156］Aschauer，D. Is Government Spending Productive?［J］. Journal of Monetary Economics 1989，23：177—200.

［157］Atul A Dar，et al. Government size，factor accumulation，and economic growth：evidence from OECD countries［J］. Journal of Policy Modeling，2002，24（7）：679—692.

［158］Barro R J. Government Spending in a Simple Model of Endogeneous Growth［J］. Journal of Political Economy，1990，98（5）：103—126.

［159］Baxter M，R G KOing. Fiscal Policy in General Equilibrium［J］. American Economic Review，1993，83：315—334.

［160］Bleaney M，Gemmell N，Kneller R. Testing the Endogenous Growth Model：Public Expenditure，Taxation，and Growth over the Long Run［J］. The Canadian Journal of Economics，2001，34（1）：36—57.

[161] Bom P R D, J E Ligthart. Public Infrastructure Investment, Output Dynamics, and Balanced Budget Fiscal Rules [J]. Journal of Economic Dynamics and Control, 2014, 40: 334—354.

[162] Chen B L. Economic Growth with an Optimal Public Spending Composition [J]. Oxford Economic Papers, 2006, 58 (1): 123—136.

[163] Dasgupta P, J Stiglitz. Uncertainty, Industrial Structure, and the Speed of R&D [J]. Bell Journal of Economics, 1980, 11 (1): 1—28.

[164] Devarajan S, Swaroop V, Zou H. The composition of public expenditure and economic growth [J]. Journal of Monetary Economics, 1996, 37 (2): 313—344.

[165] Dormont B, Grignon M, Huber H. Health expenditure growth: reassessing the threat of ageing [J]. HAL, 2006. 5 (9) . 947—963.

[166] Ercolano S, Romano O. Spending for the environment: General government expenditure trends in Europe [J]. Social Indicators Research, 2018, 138 (3): 1145—1169.

[167] Eyraud L, Lusinyan L. Vertical Fiscal Imbalances and Fiscal Performance In-advanced Economies [J]. Journal of Monetary Economics, 2013, 60: 571—587.

[168] Fan W, Li L, Wang F R, Li D. Driving factors of CO2 emission inequality in China: The role of government expenditure [J]. China Economic Review, 2020: 101545.

[169] Feng Y, Zhong S, Li Q, et al. Ecological well-being performance growth in China (1994—2014): From perspectives of industrial structure green adjustment and green total factor productivity [J]. Journal of Cleaner Production, 2019, 236 (1): 1—13.

[170] Fisher W H, Turnovsky S J. Public Investment, Congestion, and Private Capital Accumulation [J]. Economic Journal, 1998, 108 (447): 399—413.

[171] Galinato G I, Galinato S P. The effects of government spending on deforestation due to agricultural land expansion and CO_2 related emissions

[J]. Ecological Economics, 2016 (122): 43—53.

[172] Gemmell N, Kneller R, Sanz I. Does the Composition of Government Expenditure Matter for Economic Growth? [J]. Oxford Bulletin of Economics and Statistics, 2016, 78 (4): 522—547.

[173] Glomm G, Kaganovich M. Social security, public education and the growth-inequality relationship [J]. European Economic Review, 2008, 52 (6): 1009—1034.

[174] Gupta M R, Barman T R. Fiscal policies, environmental pollution and economic growth [J]. Economic Modelling, 2009, 26 (26): 1018—1028.

[175] Gupta S, Clements B, Baldacci E et al. Fiscal Policy, Expenditure Composition, and Growth in Low-Income Countries [J]. Journal of International Money and Finance, 2005, 24 (3): 441—463.

[176] Guy M, Ferdinand R, Redding S J. Urbanization and Structural Transformation [J]. Quarterly Journal of Economics, 2008 (2): 535—586.

[177] Halkos G E, Paizanos E A. The effect of government expenditure on the environment: An empirical investigation [J]. Ecological Economics, 2013, 91: 48—56.

[178] Heyes A. A proposal for the greening of textbook macro: 'IS-LM-EE' [J]. Ecological Economics, 2000, 32 (1): 1—7.

[179] Hou J, Teo T S H, Zhou F, et al. Does industrial green transformation successfully facilitate a decrease in carbon intensity in China? An environmental regulation perspective [J]. Journal of Cleaner Production, 2018, 184 (20): 1060—1071.

[180] Huang J T. Sulfur dioxide (SO2) emissions and government spending on environmental protection in China-Evidence from spatial econometric analysis [J]. Journal of Cleaner Production, 2018, 175 (20): 431—441.

[181] IMF. Vulnerability, Legacies, and Policy Challenges: Risks

Rotating to Emerging Markets [R]. IMF World Economic and Financial Surveys Global Financial Stability Report, 2015: 119—120.

[182] Jia J, Guo Q, Zhang J. Fiscal decentralization and local expenditure policy in China [J]. China Economic Review, 2014, 28: 107—122.

[183] Kaganovich M, Zilcha I. Education, social security, and growth [J]. Journal of Public Economics, 1999, 71 (2): 289—309.

[184] Kalaitzidakis P, Tzouvelekas V. On the Growth and Welfare Maximizing Allocation of Public Investment [J]. Journal of Economics, 2011, 104 (2): 127—137.

[185] Kolko J. Urbanization, Agglomeration, and Coagglomeration of Service Industries [J]. NBER Chapters, 2010: 151—180.

[186] Landau D. Government Expenditure and Economic Growth: A Cross-Country Study [J]. Southern Economic Journal, 1983, 49 (3): 783—792.

[187] Levine R, Renelt D A. Sensitivity Analysis of Cross-Country Growth Regressions [J]. American Economic Association, 1992, 82 (4): 942—963.

[188] Li X, Liu C, Weng X, et al. Target setting in tournaments: theory and evidence from China [J]. The Economic Journal, 2019, 129 (623): 2888—2915.

[189] Lin B, Zhu J. Fiscal spending and green economic growth: Evidence from China [J]. Energy economics, 2019, 83 (9): 264—271.

[190] Lin J Y, Rosenblatt D. Shifting patterns of economic growth and rethinking development [J]. Journal of Economic Policy Reform, 2012, 15 (3): 171—194.

[191] López R, Galinato G I, Islam F. Fiscal spending and the environment: theory and empirics [J]. Journal of Environmental Economics and Management, 2011, 62: 180—198.

[192] Mao W, Wang W, Sun H. Driving patterns of industrial green transformation: A multiple regions case learning from China [J]. The Sci-

ence of the Total Environment, 2019, 697 (20): 1—16.

[193] Mario I Kafouros, Peter J Buckley. Under what conditions do firms benefit from the research efforts of other organizations? [J]. Research Policy, 2007, 37 (2): 225—239.

[194] Mérette M F. Population ageing and economic growth in seven OECD countries [J]. Economic Modelling, 1999, 16 (1), 411—427.

[195] Nadiri M I, Mamuneas T P. Infrastructurc and Public R&D Investments and the Growth of Factor Productivity in US Manufacturing Industries. NBER Working Paper, No. 4845, 1994.

[196] Ott I, Turnovsky S J. Excludable and Non-Excludable Public Inputs: Consequences for Economic Growth [J]. Economica, 2006, 73 (11): 725—748.

[197] Pereira A M, Andraz J M. Public Investment in Transportation Infrastructures and Industry Performance in Portugal [J]. Journal of Economic Development, 2007, 32 (1): 1—20.

[198] Piyabha K, Sergio R, D Xie. Beyond Balanced Growth [J]. Review of Economic Studies, 2001 (4): 869—882.

[199] Pollard P. Dependent children and aged parents: funding education and social security in an aging economy [J]. Journal of Macroeconomics, 2002, 24 (2), 145—169.

[200] Qian Y, Weingast B R. Federalism as a Commitment to Perserving Market Incentives [J]. Journal of Economic Perspectives, 1997, 11 (4): 83—92.

[201] Ram R. Government Size and Economic Growth: A New Framework and Some Evidence from Cross-Section and Time-Series Data: Reply [J]. American Economic Review, 1989, 79 (1): 281—284.

[202] Rauch J E, Evans P B. Bureaucratic structure and bureaucratic performance in less developed countries [J]. Journal of public economics, 2000, 75 (1): 49—71.

[203] Robert E Lucas, et al. On the mechanics of economic develop-

ment [J]. Journal of Monetary Economics, 1988, 22 (1), 3—42.

[204] Shao Y, Chen Z. Can government subsidies promote the green technology innovation transformation? Evidence from Chinese listed companies [J]. Economic Analysis and Policy, 2022, 74: 716—727.

[205] Shi X, Wang X, Chen P. A network-based approach for analyzing industrial green transformation: A case study of Beijing, China [J]. Journal of Cleaner Production, 2021 (1): 128281.

[206] Sim N C S. Environmental Keynesian macroeconomics: some further discussion [J]. Ecological Economics, 2006, 59: 401—405.

[207] Timmons J Roberts, et al. Carbon intensity and economic development 1962—1991: A brief exploration of the environmental Kuznets curve [J]. World Development, 1997, 25 (2): 191—198.

[208] Turnovsky S J. The effects of taxes and dividend policy on capital accumulation and macroeconomic behavior [J]. Journal of Economic Dynamics and Control, 1990, 14: 491—521.

[209] Turnovsky S J, Fisher W H. The composition of government expenditure and its consequences for macroeconomic performance [J]. Journal of Economic Dynamics and Control, 1995, 19 (4): 747—786.

[210] Vidal B P. Private versus public financing of education and endogenous growth [J]. Journal of Population Economics, 2000, 13 (3): 387—401.

[211] Xu C. The Fundamental Institutions of China's Reforms and Development [J]. Journal of Economic Literature, 2011, 49 (4): 1076—1151.

[212] Yumei H, Iqbal W, Irfan M, et al. The dynamics of public spending on sustainable green economy: role of technological innovation and industrial structure effects [J]. Environmental Science and Pollution Research, 2022, 29 (16): 22970—22988.

[213] Zhang D, Mohsin M, Rasheed A K, et al. Public spending and green economic growth in BRI region: Mediating role of green finance [J].

Energy Policy, 2021 (153): 112256.

[214] Zhao W, Xu Y. Public Expenditure and Green Total Factor Productivity: Evidence from Chinese Prefecture-Level Cities [J]. International Journal of Environmental Research and Public Health, 2022, 19 (9): 5755.